삶으로 설명한 신앙

삶으로 설명한 신앙

© 생명의말씀사 2018

2018년 2월 5일 1판 1쇄 발행
2021년 5월 14일   2쇄 발행

펴낸이 | 김창영
펴낸곳 | 생명의말씀사

등록 | 1962. 1. 10. No.300-1962-1
주소 | 서울시 종로구 경희궁1길 6 (03176)
전화 | 02)738-6555(본사) · 02)3159-7979(영업)
팩스 | 02)739-3824(본사) · 080-022-8585(영업)

지은이 | 박영덕

기획편집 | 서정희, 김유미, 장주연
디자인 | 윤보람
인쇄 | 예원프린팅
제본 | 정문바인텍

ISBN 978-89-04-16615-2 (03230)

저작권자의 허락없이 이 책의 일부 또는 전체를
무단 복제, 전재, 발췌하면 저작권법에 의해 처벌을 받습니다.

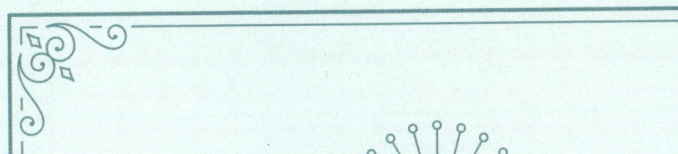

성경 인물 인생 수업

삶으로 설명한 신앙

박영덕 지음

아담 · 가인 · 노아 · 아브라함 · 이삭 · 야곱 · 요셉 · 모세 · 여호수아

생명의말씀사

서문

_ 나그넷길을 가는 동안 빛나는 삶을 살 수 있기를

성경을 한 장, 한 장 연구하고 한 권, 한 권 끝낼 때마다 하나님의 뜻을 더 배우고, 그분의 섭리를 더 많이 깨달았습니다. 과연 성경 말씀은 "내 발에 등이요 내 길에 빛"(시 119:105)이었습니다. 그렇게 성경 66권의 강해 설교를 마쳤습니다.

성경 66권 강해 설교를 마친 후에는 성경의 주요 인물들에 대해 살펴보고 싶었습니다. 성경 인물들과 신앙 선배들의 삶을 정리하면서 그들의 삶을 배우고 적용해 보고자 했습니다. 늘 시간과 기회가 없어 열망만 있다가 성경별 설교가 끝나자마자 바로 인물별 연구를 집중적으로 할 수 있었습니다.

저는 인물 연구를 하면서 신학적 틀이나 기존 관점을 배제한 채 각 인물들을 있는 그대로 보려고 했습니다. 우리와 같은 인간으로서 우리와 같은 삶을 산 그들의 모습을 그대로 따라가 보면서 오늘날 우리 믿음의 후배들이 무엇을 배울 수 있을지에 초점을 맞추었습니다. 그들이 하나님과의 관계에서 얼마나 깊은 경건을 유지하며 하나님과 동행했는지, 그 가운데서 기쁨, 즐거움, 고민, 두려움, 배신, 낙심, 갈등, 아픔을 어떻게 헤쳐 나갔는지를 주목해 보았습니다.

비록 연대나 문화는 다르지만, 성경의 인물들은 우리와 마찬가지로 타락한 세상을 살아가면서 하나님과의 동행을 생생하게 체험한 사람들입니다. 그들이 신앙의 인물로 빚어지기까지 하나님이 그들을 계속 연단하시고 성화시키시는 과정을 보면서 많은 깨달음을 얻었습니다.

그동안 성경 인물들의 삶과 신앙이 전체적이기보다는 부분적이고 단편적으로 전해 내려온 것 같습니다. 그러면서 신앙의 귀한 유산이 묻히지 않았나 생각해 봅니다.

인물 연구를 하면서 특별히 배운 몇 가지를 먼저 나누자면 다음과 같습니다.

첫째, 하나님은 언제나 신실하십니다.

둘째, 신앙의 선배라고 해서 특별한 사람은 아니었습니다. 연약한 우리와 별반 차이가 없었습니다. 그러나 그들은 끝까지 하나님을 의지했습니다.

셋째, 그들도 우리처럼 늘 죄에 대한 시험이 있었고, 난처한 상황 속에서 때로는 넘어지기도 했습니다. 하지만 결국 하나님의 은혜로 승리했습니다.

넷째, 시간, 공간, 문화의 차이는 엄청나게 크지만 하나님 앞에서 본질적인 인간의 심리, 연약함, 죄된 본성은 마찬가지였습니다. 이 사실이 제게는 큰 힘이 되었습니다. 오히려 저도 신앙의 선배들처럼 살 수 있다는 가능성을 보았고 용기를 얻었습니다. 제가 그들과 한편이라는 동지 의식까지 생긴 것은 큰 복입니다.

먼저 제가 섬기고 있는 교회 성도님들과 이 복을 나누었습니다. 함께 위로를 받았고, 인생에 대해 더 많이 배웠으며, 실천적 지혜도 얻었습니다. 그 누구보다 제가 신앙 선배들의 삶을 공부하는 동안 즐거웠고, 행복했으며, 새로운 꿈과 소망을 얻었습니다.

이제 제가 배우고, 느끼고, 즐거워하고, 용기를 얻었던 신앙 선배들의 삶을 한국 교회 성도님들과 함께 나누려고 합니다. 독자들도 성경 인물들과의 만남을 즐거워했으면 좋겠습니다. 각 인물들을 통해 하나님을 의지하고 시대를 이기는 믿음을 배우면서 힘을 얻어 우리 역시 승리하는 삶을 살기를 소망합니다. 성경에서 만나는 믿음의 선배들이 그들의 삶으로 설명한 신앙을 배우고 익혀서 우리도 나그넷길을 가는 동안 빛나는 삶을 살 수 있기를 기대합니다.

책을 낼 때마다 늘 그렇듯 이번에도 많은 분의 도움을 받았습니다. 저를 위해 언제나 기도하며 격려해 주시는 주은혜교회 성도님들과 아나톨레 동역자님들, 그리고 원고 정리에 힘써 주신 주은혜교회의 이금화, 박효진, 김보경, 신혜영 성도님께 감사의 마음을 전합니다. 또한 이 책이 나오기까지 귀한 조언과 편집, 실제적 수고를 아끼지 않으신 생명의말씀사에도 깊은 감사를 드립니다. 끝으로 딸의 가정(주용, 승주, 은찬)과 아들 기택, 그리고 늘 함께하는 아내에게 사랑을 전합니다. 감사합니다.

_박영덕 목사

차례

서문_ 나그넷길을 가는 동안 빛나는 삶을 살 수 있기를 _4

아담으로 인해 망가진 우리의 삶, 회복되어야 한다
01 죄는 자기가 짓는 것이다 『아담』 _14
선악과를 따 먹은 자 | 아담으로 인해 망가진 삶, 회복해야 한다

죄를 다스리지 못해 분노한 가인을 보면서 깨달아야 할 것들
02 분노는 마귀의 효과적인 무기 『가인』 _32
분노는 죽음을 가져왔다 | 분노를 해소하기 위한 성경적 방법

타락한 세상에서 노아는 어떻게 신앙을 지킬 수 있었을까?
03 성도를 구원하는 영적 일거리 『노아』 _50
성경이 말하는 완전한 자 | 그러나 노아는 순종했다 | 노아가 낙심하지 않은 이유 | 나의 영적 일거리는 무엇인가?

아브라함을 따라 축복의 통로가 되려면 어떻게 해야 할까?

04 나의 미지근함은 곧 이웃의 죽음 『아브라함 1』 _68

복의 근원으로 부름 받은 자 | 아무 대안 없이 오직 하나님만 대안이실 때 | 연약한 아브라함을 도우신 하나님을 바라보라 | 주도권을 쥐고 손해 보는 쪽을 선택한 자 | 자기 할 일을 피하지 않은 자 | 가장 영적인 사람은 가장 실제적인 사람이다

아브라함은 절망적인 상황에서 어떻게 약속의 말씀을 신뢰했는가?

05 믿는 자의 특징은 상황을 뛰어넘는 순종이다
『아브라함 2』 _86

하나님의 말씀을 믿는 자가 의인이다 | 조심하라. 의인도 넘어질 수 있다 | 하나님은 경건한 의인의 기도를 들어주신다 | 어디까지 하나님께 순종해야 하는가?

고단한 가정생활 가운데 나타난 하나님의 섭리와 순종

06 어려움을 피할 수는 없지만 이길 수는 있다
『이삭』 _104

드라마틱하게 결혼한 이삭 | 이 땅에서는 어려움! 하늘에서는 도우심! | 배우자는 서로의 신앙을 성숙하게 할 책임이 있다 | 하나님의 섭리를 깨달았다면 순종하라

하나님은 간교한 야곱을 어떻게 성화시키셨는가?

07 자신의 한계를 깨닫기 전까지는 누구나 괜한 고생을 한다 『야곱』 _126

하늘의 축복을 사모한 자 | 고난을 통해 더욱 성숙하고 성화된다 | 위기를 만나거든 무릎으로 풀어라

하나님은 의인의 삶을 어떻게 이끌어 가시는가?

08 해석이 안 되는 고난을 만나거든 『요셉 1』 _144

형들에 의해 노예로 팔린 요셉 | 하나님을 의식하면서 살면 죄를 짓기가 어렵다 | 풀리지 않는 문제로 하나님을 의심하지 말라 | 마지막 순간까지 하나님을 신뢰하라

나는 시냄 있는 자리에서 하나님의 자녀 됨을 드러내고 있는가?

09 하나님이 짜신 인생의 시간 계획 『요셉 2』 _162

5분의 1을 제안한 요셉 | 연단은 우리를 하나님 나라에 합당한 자로 만든다

모세의 탁월한 리더십과 온유한 성품에 대하여

10 은혜 없이 한순간이라도 살 수 있다면 그것은 기적! 『모세 1』 _178

물에서 구원받은 자 | 절대 놓아서는 안 될 것, 하나님의 은혜 | 나는 못하지만 하나님은 하신다

광야에서 원망하는 이스라엘 백성에게 모세는 어떻게 대처했는가?

11 비난과 고난이 있지만 기도도 있다 『모세 2』　_194

고난 앞에서 하나님의 사람은 어떻게 해야 하는가? | 인생의 공식에서 해답은 기도다

'하나님은 왜 원망을 들으신 후에야 해결하시는가?'라는 질문에 대한 답

12 신앙의 여정에서 염려와 불평이 찾아올 때
『모세 3』　_208

하나님의 뜻을 알리는 자 | 신앙 여정에서 어려움을 만나거든 | 승리는 기도를 통해서 온다 | 구경꾼의 자리에서 참여자의 자리로

'하나님 앞에서 기도하는 한 사람'을 통해 민족의 운명이 바뀐다

13 기도하는 자에게 민족의 운명이 주어진다
『모세 4』　_226

다른 사람과 소통하며 함께 일하는 법 | 증거판을 던져 깨뜨린 자 | 기도하는 한 사람에 의해서 역사가 바뀐다

성도는 현재 수준에 머물러서는 안 되고 점점 자라가야 한다

14 계속되는 비난, 계속되는 기도 『모세 5』 _244

백성에게 버림받은 자 | 배신자를 위해서도 기도의 무릎을 꿇으라

모세는 하나님을 깊이 만난 사람이었기에 누구보다 하나님께 순종했다

**15 최종 평가 때 가장 높은 점수는
바로 '순종'** 『모세 6』 _256

동역자로부터 배척당할 때 | 성숙한 자는 성숙한 자답게 | 말씀 그대로 행했던 사람

여호수아가 모세를 잇는 훌륭한 지도자가 될 수 있었던 비결

16 상황보다 우선 되는 말씀, 사명 『여호수아』 _272

상황보다 말씀에 순종한 자 | 성급해서 실수했던 여호수아 | 내가 무엇을 해야 할지 분명히 아는 것

01

죄는 자기가 짓는 것이다
『아담』

최초의 인간 아담은 선악과를 따 먹고 범죄하여
전 인류에게 고통을 안겨 준 사람이다.
아담의 범죄와 인류에게 임한 죽음,
하나님과의 단절, 그리고 그 회복 방법에 대하여

1. 선악과를 따 먹은 자

아담의 생애 중에서 가장 큰 사건은 선악과를 따 먹은 일이다. 그는 하나님의 명령에 불순종해 모든 인류를 멸망받게 만든 장본인이다. 사실 그는 선악과를 먹지 않을 수도 있었다. 그러나 사탄의 유혹에 넘어간 아내의 권유를 받아 결국 그는 하나님을 대항했다.

선악과를 거론하면 항상 제기되는 질문이 있다. "하나님은 왜 선악과를 만드셨는가?"

쉽게 답할 수 있는 질문은 아니다. 다만 우리가 정직하게 성경을 보고 깨닫는 범위 내에서 답을 찾을 뿐이다. 정확히 말하면, 하나님이 선악과를 만드셨다기보다는 한 나무를 선택해 기준을 정하신 것이다. 하나님은 인간이 진실로 책임 있는 존재가 되기를 원하셨다. 짐승과 달리 의지적 결단을 할 수 있는 존재 말이다.

인간은 단지 숨만 쉬며 먹고 사는 짐승이 아니며, 조종하는 대로 움직이는 로봇도 아니다. 오히려 인격적 결단을 할 수 있는 도덕적 존재다. 하나님과 자발적으로 교제할 수 있는 자유의지를 가진 자다. 그래서 하나님은 흙으로 사람을 지으시고 생기를 불어 넣으신 후 도덕적 인간이 될 수 있도록 기준을 정하셨다. 그 기준이 바로 선악과다. 그런데 아담은 선악과를 따 먹음으로 하나님께 불순종하는 죄를 지었다.

그러므로 우리는 자유를 잘못 사용해 불순종한 죄를 탓해야지, 자유를 주시려고 선악과를 기준으로 삼으신 하나님께 불평해서는 안 된다.

혹자는 이렇게 질문하기도 한다. "하나님은 인간이 선악과를 따 먹을 줄 아셨을 텐데 왜 미리 막지 않으셨는가?"

하나님이 인간에게 진정한 자유의지를 주셨기 때문에 인간은 어떤 일은 할 수도 있고, 하지 않을 수도 있다. 그러므로 자신이 한 행동을 하나님의 책임으로 돌려선 안 된다. 우리가 죄를 지어 놓고, "하나님, 왜 막지 않으셨습니까?"라고 말하면 안 되는 것과 마찬가지다.

자기가 죄를 지을 때를 생각해 보라. 하나님이 원하시지 않는다는 사실을 알면서도 스스로 죄를 짓지 않는가?

하나님이 미지근하게 신앙생활 하지 말라고 말씀하셨건만(계 3:16), 뜨겁지도 차갑지도 않은 사람들이 주위에 꽤 많다. 그렇다면 그들의 신앙이 미지근한 것이 하나님의 책임인가? 신앙이 뜨거운 사람도 주변에 얼마든지 있다. 자기가 미지근하게 신앙생활 하면서 하나님을 탓해서는 안 된다.

간혹 수험생 중에 대학 입시에 실패한 후 "하나님, 왜 저를 떨어뜨리셨습니까?" 하며 불평하는 사람이 있다. 자신의 입시 준비가 부족했거나 다른 사람이 더 열심히 공부해 시험을 잘 보았을 수 있다. 하나님은 공의로우셔서 심은 대로 거두게 하신다. 열심히 준비한 사람은 시험에 붙고, 준비가 덜 된 사람은 떨어진다. 그리스도인이라고 다 시험에 합격하는 것은 아니다.

물론 실력은 충분한데 교통사고를 당해서 시험을 못 보았거나 갑자기 아파서 실력을 충분히 발휘하지 못했을 수도 있다. 최선을 다했지만 불이익을 당했거나 원하던 바를 얻지 못했을 때는 하나님의 섭리를 믿어야 한다. 게으름 때문이 아니라면 여기에는 하나님의 의도가 있는 것이다. 하나님이 인도하시는 중이기 때문에 성도에게는 결코 망하는 법이 없다.

예를 들어, 뇌물을 쓰지 않아 승진이 안 되었거나 불의와 타협하지 않아 쫓겨났을 때 '이제 뭐 먹고사나? 내 앞날은 어떻게 되는가?' 하고 염려하지 말라. 정직해서 불이익을 당했다면 두려워하지 말라. 하나님이 도와주신다. 기억하라. 그리스도인에게 망하는 법은 없다. 하나님의 섭리 가운데서 A방식이 아니라 F방식으로 일이 진행될 수도 있다. 우리는 지각이 뛰어나시고 멀리 내다보시는 하나님을 의뢰해야 한다.

결론적으로, 아담이 선악과를 따 먹은 것은 하나님의 책임이 아니라 전적으로 본인 책임이다. 왜냐하면 아담이 원해서 범죄했기 때문이다. 누구나 죄를 지으면 자꾸 다른 이유로 핑계를 대려고 한다. 그러나 죄는 자기가 짓는 것이고, 책임은 본인에게 있다. 그렇기 때문에 죄를 지으면 솔직하게 하나님께 나아가 회개하고 용서를 구해야 한다. 그때 하나님이 우리의 죄를 사해 주신다.

2. 아담으로 인해 망가진 삶, 회복해야 한다

내 안의 죄성을 들여다보면 의문이 풀린다

아담의 범죄로 인해 세상에 죄가 들어왔고, 죄로 인해 모든 인류는 형벌을 받아 지옥에 떨어지게 되었다(롬 5:12). 이보다 더 비참한 일은 이 땅에 없다. 더구나 그 대상이 '전 인류'이기 때문에, 모든 사람은 잘잘못을 따지기 전에 이미 지옥의 형벌을 받게 되어 있다. 혹자는 이렇게 질문할지 모른다. "왜 나는 죽으면 저절로 지옥에 가게 되는가? 아담이 범죄했는데 왜 내가 그 형벌을 받아 영원토록 지옥의 고통을 받아야 한단 말인가?"

사실 이 질문은 간단히 답하기가 어렵다. 그러나 우리의 구원이 걸려 있는 매우 중요한 문제이므로 적당히 넘어갈 수 없다. 성경의 가르침 중에서 확실한 내용만 정리해 보면 다음과 같다.

• 아담은 모든 인류의 대표자로 창조된 자다. 그렇기 때문에 아담으

로부터 인류의 운명이 결정될 수밖에 없었다. 아담이 하나님의 명령을 불순종해 타락했을 때 그는 모든 인류를 대표해 죄를 범한 것이다. 모든 인류는 아담 안에서 태어났기 때문에 자동적으로 아담 안에서 모두 멸망받게 되었다.

- 반면에 둘째 아담이신(고전 15:45) 예수님은 새 인류의 대표자로, 우리를 구원하기 위해 죽으셨다. 그러므로 둘째 아담 안으로 들어간 자는 예수님이 천국에 들어가신 것처럼 당연히 천국에 들어간다.

- 그러므로 우리는 그다지 나쁜 사람도 아닌 것 같은데 아담 때문에 지옥으로 가게 된 것처럼(그래서 억울하고 분하다), 별로 훌륭하거나 착하지 않은데 주님 때문에 천국에 가게 되었다(그래서 기쁘고 행복하다). 이것이 구원의 핵심이다. 우리는 주님 때문에 의롭다 하심을 얻으며(롬 5:16), 자기 행위와 관계없이 의인이 된다. 구원은 공짜로 얻는 선물이다(롬 3:24).

- 그러므로 '아담의 죄 때문에 왜 내가 지옥에 가는가?'는 문제 삼을 일이 아니다. 물론 다른 길이 없다면 불평할 수도 있겠다. 그러나 본인만 결심하면 천국 가는 길이 환하게 열려 있는데도 계속 그 길을 거부하면서 지옥 가는 길로 향한다면 그 원망은 합당하다고 볼 수 없다.

- 그리고 이런 문제를 이론적으로 살펴보기 전에, 먼저 왜 인간은 불완전해 죄를 짓는지, 왜 이 땅에는 죄 없는 사람이 하나도 없는지 생각해 보라. 과연 내 안에 죄성이 가득하다는 사실을 인정하게 되면 그것이 바로 아담 안에서 모든 인류가 죄에 물들어 있음을

시사하는 것이 된다. 굳이 아담과 연관 짓지 않아도 된다. 내 안의 죄만 살펴보아도 그런 죄를 짓고는 감히 천국에 갈 수 있다고 우기기 곤란할 것이다.

하나님과의 관계를 회복하라

타락 후 아담과 그의 아내는 하나님의 낯을 피해 숨었다(창 3:8). 그전까지는 좋았던 하나님과의 관계가 깨어졌다. 그들은 하나님을 두려워해 숨었고, 하나님과의 관계는 단절되었다(창 3:10). 이후 하나님은 영생의 상징인 생명나무를 지키심으로 생명에 이르는 길을 막으셨다(창 3:24).

그러므로 회복된 그리스도인은 하나님과의 관계를 잘 유지해야 한다. 하나님을 믿긴 믿지만 교제가 없으면 우리는 본성상 하나님을 멀리하게 되어 있다. 하나님과 밀접한 관계에 있다가도 어느 순간 교제를 놓치면 신앙이 떨어진다.

그래서 부단히 경건을 쌓아 가야 한다. 규칙적으로 운동을 하면서 건강을 유지하듯이, 경건의 훈련을 통해 늘 영적인 건강을 유지해야 한다. 날마다 새벽기도회에 나가고, 성경을 읽고, 1시간씩 기도하는 연습을 하고, 매주 성경을 한두 장씩 연구하는 일을 부지런히 해야 한다.

말씀과 기도가 없으면 하나님과의 관계가 멀어질 수밖에 없다. 가만히 있으면 영성은 저절로 떨어진다. 영적인 순번이 바뀌기도 한다.

한때 영적으로 앞서 있던 사람이 바닥으로 떨어질 수 있고, 바닥에 있던 사람이 올라갈 수도 있다.

우리는 원래 하나님과 좋은 관계가 될 수 없다. 비록 거듭나서 하나님 나라의 백성이 되었지만, 죽을 때까지 하나님과의 관계를 유지하기 위해 끊임없이 노력해야 한다. 마치 한 달 전에 배불리 먹어 보아야 현재 아무런 도움이 되지 않는 것과 같다. 경건 생활에는 절대 축적이 없다. '왕년에 신앙생활 잘했다', '청년부 회장 출신이다' 등이 무슨 소용인가? 경건은 과거가 아닌 현재 이야기여야 한다. 현재 경건이 중요하다. 무엇보다 경건을 습관으로 만드는 일이 급선무다.

사람과의 관계를 회복하라

아담이 죄를 지은 후 사람과의 관계에 벽이 생겼다. 아담은 타락의 책임을 아내에게 전가했다. 더군다나 '하나님이 주신' 여자가 열매를 주어 먹었다고 말하면서 하나님까지 탓하며 공격했다(창 3:12).

남 탓하기는 인간이면 누구나 갖고 있는 특기다. 아내는 남편이 잘못했다 하고, 남편은 아내 때문에 싸움이 난다고 말한다. 모두 자기 입장을 내세우며 상대방 탓만 한다. 타락 후 사람과의 관계에 벽이 만들어지고 거리감이 생긴 것이다.

그러므로 그리스도 예수 안에서 거듭난 사람은 사람들을 사랑하는 데 힘써야 한다. 진리를 순종함으로 뜨겁게 서로 사랑하라(벧전 1:22). 혹시 가정이나 학교, 회사, 교회에 미워하는 사람이 있는가? 그렇다면 속히 풀어야 한다. 풀면 된다. 가만히 있으면 관계가 저절로 좋아지지 않는다.

자주 만난 사람끼리 할 말이 더 많은 법이다. 나는 결혼하기 전에 아내와 데이트할 때 하루 종일 이야기했다. 그런데도 다음 날 만나면 할 말이 여전히 많았다. 오랜만에 만나면 오히려 할 말이 없다. 따라서 휴대전화를 이용해 부지런히 메시지를 보내거나 전화통화를 해야 한다. 사람과의 관계는 노력하지 않으면 가까워질 수 없고, 사랑할 수 없다. 타락의 결과로 사람들과의 사이에 거리가 생겼기 때문에 쉽게 싸우거나 헤어진다. 그래서 평소에 늘 친해지려고 노력하고 삐치지 않도록 힘써야 한다.

바울은 우리에게 "할 수 있거든 너희로서는 모든 사람과 더불어 화목하라"(롬 12:18)라고 권고한다. 나는 사역을 하면서 사람들과의 관계에서 늘 이 말씀을 떠올린다. 어떤 때는 나도 똑같이 삐치고 싶었지만 "할 수 있거든"이라는 말씀 때문에 참곤 했다.

시편 기자의 고백을 들어 보라.

"보라 형제가 연합하여 동거함이 어찌 그리 선하고 아름다운고"(시 133:1).

가정, 학교, 회사, 교회에서 사람들과 잘 지내는 것은 굉장한 기술이다. 성격이 무뚝뚝한가? 고쳐라. 죽을 때까지 노력하라. 말주변이 없는가? 그렇다면 문자 메시지라도 보내라. 이러한 성향을 가진 사람들은 주위 사람들과의 관계가 어려워질 수 있기 때문에 더 부지런히 노력해야 한다.

그리스도인들은 하나 되기를 힘쓰는 것이 아니라 하나 된 것을 힘써 지켜야 한다(엡 4:3). 이미 우리는 그리스도 안에서 하나이므로 삐치고, 고집 피우고, 쉽게 싸우는 사람이 되지 않도록 노력하자.

우리에게는 매일매일의 영적 싸움이 있다

"내가 너로 여자와 원수가 되게 하고 네 후손도 여자의 후손과 원수가 되게 하리니 여자의 후손은 네 머리를 상하게 할 것이요 너는 그의 발꿈치를 상하게 할 것이니라 하시고"(창 3:15).

여자의 후손이 마귀의 권세를 깨부수는 것은 예수님의 십자가 사건을 통한 승리를 말한다. 예수님은 고난을 당하셨지만 마귀와의 싸움에서 승리하셨다.

이 사실은 우리도 예수님을 믿으면 마귀의 공격을 당한다는 것을 의미한다. 우리에게는 매일매일의 영적 싸움이 있다. 주님도 이 땅에 오셔서 "시험에 들지 않게 깨어 기도하라"(마 26:41)라고 말씀하셨다. 그러므로 그리스도인은 영적인 악한 세력에 대항해 시험에 들지 않도록 깨어 기도해야 한다. 사탄은 우리를 시험에 들게 해서 쓰러뜨리려 한다.

"우리의 씨름은 혈과 육을 상대하는 것이 아니요 통치자들과 권세들과 이 어둠의 세상 주관자들과 하늘에 있는 악의 영들을 상대함이라"(엡 6:12).

우리는 '복수'로 표현되어 있는 이 어마어마한 세력들과 싸워야 한다. 그들은 공휴일 없이 늘 우리를 지켜본다. 그래서 할 수 있는 한 시험에 들지 않도록 깨어 기도해야 한다.

"근신하라 깨어라 너희 대적 마귀가 우는 사자같이 두루 다니며 삼킬 자를 찾나니"(벧전 5:8).

마귀는 삼킬 자를 찾기만 하는 것이 아니다. 찾아서 잡아먹는다. 잡아먹힌 결과가 미지근한 신앙으로 나타난다. 그 상태에서 언제 빠져나올까? 보통은 10-20년, 어떤 경우에는 죽기 전까지 헤어나지 못한 채 세월을 헛되이 보내기도 한다. 불치의 병, 사업의 부도, 인생의 큰 실패 등 절박한 순간이 닥치지 않는 이상 미지근한 상태에서 빠져나오기란 결코 쉽지 않다.

작년에 미지근한 사람은 올해도 미지근하다. 왜냐하면 악한 마귀가 그를 꽉 붙잡고 있기 때문이다. 신앙이 미지근한 것은 성격 탓이 아니다. 유감스럽게도 마귀의 공격을 받은 결과다. 마귀는 우리의 구원을 빼앗지는 못하지만 구원받은 자가 주께 충성하는 일을 막을 수는 있다. 주님의 손안에 있는 자를 빼앗아 가지는 못하지만 그 안에서 기능하지 못하게 만들 수는 있다. 마귀는 야근, 쾌락, 세상의 염려와 관심 등으로 우리를 쓰러뜨린다.

베드로는 "근신하라! 깨어라!"라고 경고한다. 하나님을 가까이하는 길 외에는 방법이 없다. 지금보다 더 열심히, 더 부지런히 말씀 생활, 기도 생활을 해야 한다. 아프리카 밀림에서 밤에 사자, 하이에나, 늑대, 자칼의 위협에서 살아남을 수 있는 방법은 횃불을 드는 것이다. 횃불이 꺼지면 곧 맹수의 밥이 되고 만다. 마찬가지로 기도의 골방이 살아 있으면 통치자들, 권세들, 어둠의 세상 주관자들, 하늘에 있는 악의 영들의 공격에서 살아남을 수 있다.

단, 기도 생활이 불규칙하거나 형식적일 때 위험하다. 공격에 쓰러질 수 있고 이상한 시험에 빠질 수 있다. 괘히 까다롭게 굴고, 삐지고, 싸우려 하고, 마음의 평안을 잃어버리고, 기쁨이 없고, 우울해진다. 바로 마귀의 공격이다.

기도하는 사람 중에 우울한 사람이 있을까? 진실로 기도하는 사람은 감사가 넘치고 기쁨이 충만하다. 최악의 상황일지라도 근심이나 걱정 없이 인생길을 갈 수 있다. 나그넷길을 가다 보면 자녀, 직장, 진로 등 수많은 문제가 죽을 때까지 밀려온다. 그러나 하나님 나라에 갈 때까지 기도가 있으면 걱정이 없다.

여전히 기도 시간이 들쭉날쭉한가? 기도 시간을 정해 놓고 목숨을 걸고 지켜라. 기도를 놓치면 기쁨을 빼앗기고 신앙이 미지근해진다. 우리의 신앙생활을 방해하는 영적인 세력이 있다는 것을 항상 명심하라.

아내는 남편에게 복종하고 남편은 아내를 사랑하라

타락 후 여자에게 임신과 해산의 고통이 임했다. 또한 여자는 남편을 사모하고, 남편은 여자를 다스리게 되었다(창 3:16).

그러나 그리스도 안에서 회복된 가정은 어떤 모습일까? 좋은 아파트에 살면서 고급 외제 차를 타고 다니면 행복한 아내일까? 아니다. 결혼한 여성이 가장 행복할 때는 남편의 사랑을 받을 때다. 남편의 사랑이 최고다. 하나님이 그렇게 만드셨다. 그런데 남편은 보통 언제 아내를 사랑스러워할까? 바로 남편인 자신의 말을 잘 듣고 순종할 때다.

"아내들이여 자기 남편에게 복종하기를 주께 하듯 하라"(엡 5:22).

아내들은 이 말씀을 보면서 "내가 왜 남편에게 복종해야 해?" 하고 발끈할 것이 아니다. 하나님의 말씀이 진실한 행복의 비결이라는 사실을 기억하라.

"남편들아 아내 사랑하기를 그리스도께서 교회를 사랑하시고 그 교회를 위하여 자신을 주심같이 하라"(엡 5:25).

남편 역시 이 말씀을 기억해야 한다. 아내가 남편에게 복종하고, 남편이 아내를 사랑하면 가정이 깨어질 수가 없다. 아내가 순종하면 남편은 아내가 사랑스럽고, 남편이 사랑해 주면 아내는 행복하다. 남편이 돈을 많이 벌어다 주지 못할 수도 있다. 미래에 아무 보장이 없을 수도 있다. 하지만 남편이 아내를 사랑하고, 아내가 남편에게 순종하는 한 그 가정은 복되다. 그야말로 천국이다.

혹시 부부 싸움이 잦은 가정이 있다면 우선 자신이 말씀에 순종하고 있는지 돌아보라. 아내라면, 남편에게 순종하고 있는가? 남편이라면, 아내를 정말 사랑하는가?

땀을 흘려 소산을 먹으라

하나님은 죄를 지은 아남에게 "너는 네 평생에 수고하여야 그 소산을 먹으리라"(창 3:17)라고 말씀하셨다. 먹고사는 일은 결코 쉬운 문제가 아니다. 고생하면서 땀을 흘려야 한다.

성경은 "누구든지 일하기 싫어하거든 먹지도 말게 하라"(살후 3:10), "조용히 일하여 자기 양식을 먹으라"(살후 3:12)라고 말한다. 우리는 땀을 흘리고 양식을 먹어야 한다. 회사에서 가족을 위해 참으면서 힘든 일을 하고, 때로는 야근도 해야 한다. 아무도 쉽게 먹고살 생각을 해서는 안 된다. 성경은 6일 동안 힘써 일하고 하루 쉬라고 말한다. 그러므로 주 5일 근무 혹은 주 7일 근무는 비성경적이다.

그런데 자칫 잘못하면, 연약한 인간은 먹고사는 일에만 너무 마음을 빼앗기기가 쉽다. 노후 대책 마련을 위해 전전긍긍하고, 돈에 집착해서 자꾸 부자가 되려 한다. 주위에서도 "부자 되세요"라는 말을 덕담으로 주고받는다. 하지만 우리는 먹을 것과 입을 것이 있으면 자족할 줄 알아야 한다(딤전 6:6-8). 돈을 사랑하는 것, 부자가 되려는 것을 경계해야 한다(딤전 6:9-10).

물론 그리스도인도 부자가 될 수 있다. 하지만 돈에 마음을 빼앗기고 매달려 제대로 신앙생활을 하지 못한다면 잘못이다. 이 땅의 모든 사람은 둘 중 하나, 즉 돈이나 하나님을 섬긴다. 돈을 많이 벌려고 하다 보면 시간이 없고 마음도 빼앗겨 차츰 성경을 등한히 하게 된다. 자연히 기도 생활에서도 멀어진다.

우리는 부자가 되려고 욕심을 부려서도 안 되고, 먹고사는 문제를 걱정해서도 안 된다. 주어진 시간과 여건만큼 성실하게 일하면 된다. 세상 사람들은 돈을 모으지만, 우리는 사람들의 영혼을 모아야 한다. 우리에게는 모든 족속을 주의 백성으로 만들어야 할 사명이 있다. 이 땅에서 먹고살아야 하지만, 돈을 모으는 데 모든 에너지를 빼앗겨서는 곤란하다.

바울은 나중에 주님을 만날 때 자신이 그동안 복음으로 키웠던 사람들이 자신의 면류관이요, 자랑이라고 했다(살전 2:19). 돈은 나그넷길에서 잠시 필요한 것이고, 먹고살기 위해 일하는 것은 마땅하지만 그것이 전부가 되어서는 안 된다. 그러므로 장차 하나님 나라에서의 안식과 축복을 바라보면서 성실하게 일하고, 부지런히 영혼을 구원하면서 살아야 한다.

"너는 흙이니 흙으로 돌아갈 것이니라"(창 3:19).

누구나 다 죽는다. 그러나 구원받은 우리에게는 부활이 있다.

"보라 내가 너희에게 비밀을 말하노니 우리가 다 잠잘 것이 아니요 마지막 나팔에 순식간에 홀연히 다 변화되리니 나팔 소리가 나매 죽은 자들이 썩지 아니할 것으로 다시 살아나고 우리도 변화되리라"(고전 15:51-52).

우리도 한 번은 반드시 죽는다. 하지만 우리는 마지막 날에 다시 살아나 죽음 너머에 있는 영원한 천국을 누릴 사람들이다. 죽음은 과정에 불과할 뿐이다. 그러므로 이 땅의 삶에 너무 집착할 필요가 전혀 없다.

살다 보면 하는 일마다 잘 풀리는 사람이 있고, 무엇을 하든 꼬이고 안 풀리는 사람이 있다. 그러나 그 모든 일은 나그넷길을 걷는 과정일 뿐이며, 우리의 본향은 천국이다. 우리에게는 본선이 남아 있기에 예선전은 중요하지 않다. 오는 세상을 생각하면서 주님 만날 준비를 하며 살면 된다. 이것이 타락 후 회복된 신앙인의 모습이다.

둘째 아담, 예수 그리스도께서 주신 기회

아담 이후 인간은 멸망당하게 되었지만, 둘째 아담이신 예수께서 우리를 구원하셔서 하나님 나라의 자녀로 삼아 주셨다. 그러므로 이제 우리는 영원한 천국을 바라보면서 하나님과의 관계에서 항상 경건을 잘 유지해야 한다. 사람과의 관계에서는 화목하게 지내기를 힘써야 한다. 또 마귀의 시험이 있기에 기도의 불을 꺼서는 안 된다.

어려움이 찾아오더라도 원망하거나 낙심하지 말고 감사하면서 남은 인생, 영혼을 구하며 살아야 한다. 주님이 우리를 구해 주신 것처럼 세상 사람들을 구하는 일은 구원받은 우리만 할 수 있는 일이다. 영원히 지옥에 갈 사람들을 보면서 그들을 구원하는 일을 기뻐하는 심령을 갖게 해달라고 기도하자.

나같이 초라한 자에게 이러한 기회와 마음을 주신 주님을 찬양하자. 아담 때문에 망가졌지만 다시 회복되어 이 기회를 얻었으니, 이제 많은 사람을 구원하면서 노래하며 살자.

죄는 자기가 짓는 것이고, 책임은 본인에게 있다.
그렇기 때문에 죄를 지으면 솔직하게
하나님께 나아가 회개하고 용서를 구해야 한다.
그때 하나님이 우리의 죄를 사해 주신다.

02

분노는 마귀의 효과적인 무기
『가인』

가인은 미움과 분노 때문에
동생 아벨을 죽인 사람이다.
아담의 타락 이후 하나님과의 관계가 단절된 인간에게
쉽게 나타나는 감정은 미움과 분노다.
미움과 분노의 감정을 잘 해소해
죄를 짓지 않기 위해서는 어떻게 해야 하는가?
가인은 우리의 반면교사가 된다.

1. 분노는 죽음을 가져왔다

가인과 아벨이 하나님께 제사를 드렸다. 그런데 하나님이 아벨과 그의 제물은 받으시고 가인과 그의 제물은 받지 않으셨다. 이로 인해 가인에게는 분노가 생겼다(창 4:5).

왜 하나님은 가인과 그의 제물은 받지 않으셨을까? 양이 아닌 농산물을 제물로 드렸기 때문일까? 아니다. 어떤 제물을 드렸는지는 중요하지 않다. 히브리서 기자는 이에 대해 "믿음으로 아벨은 가인보다 더 나은 제사를 하나님께 드림으로 의로운 자라 하시는 증거를 얻었으니"(히 11:4)라고 말한다. 제물을 드린 사람의 마음 상태가 중요하다. 하나님은 우리가 하나님 앞에 바른 믿음으로 나아왔는가를 먼저 보신다.

그런데 가인은 하나님이 자신과 자신의 제물을 받지 않으셨다는 사실에 안색이 변할 정도로 굉장히 분노했다. 그러자 하나님이 이렇게 말씀하셨다.

"네가 선을 행하면 어찌 낯을 들지 못하겠느냐 선을 행하지 아니하면 죄가 문에 엎드려 있느니라 죄가 너를 원하나 너는 죄를 다스릴지니라"(창 4:7).

죄의 욕구가 가인을 움켜잡으려고 하지만 죄를 다스려야 한다는 경고의 말씀이다. 하지만 가인은 하나님의 말씀을 듣지 않고 동생 아벨을 쳐 죽였다. 이것이 타락한 죄인의 모습이다. 분노를 잘 조절하지 못해 미움으로 발전시키더니, 결국 사람을 죽이는 결과를 초래했다.

구약 시대에는 가인처럼 분노를 참지 못한 사람들이 꽤 많다. 에서는 동생 야곱이 자신의 장자 명분을 취하고 축복을 빼앗아 가자 그를 죽이려고 했다. 야곱이 얌체처럼 행동한 것은 사실이지만, 그렇다고 동생을 죽이려는 것은 지나친 행동이다. 요셉의 형들도 마찬가지였다. 그들은 아버지의 사랑을 독차지하는 요셉을 시기하고 미워했다. 그래서 요셉이 아버지의 심부름으로 자신들을 찾아왔을 때 그를 죽이려고 했다. 사울왕도 다윗의 인기가 자기보다 높아지자 그를 미워해 죽이려고 쫓아다녔다.

신약 시대에 들어와서는 바리새인과 사두개인 등 종교 지도자들이 똑같이 행동했다. 그들은 예수님을 미워해 십자가에 달려 돌아가시게 했다. 유대인들은 초대교회 스데반 집사가 복음을 소개하자 이를 갈면서 돌을 던져 죽여 버렸다. 이처럼 미움과 살인은 연결되어 있다.

미움은 인류 역사의 처음부터 지금까지 계속되고 있다. 개인뿐 아니라 국가 간에도 미움이 만연해 전쟁을 통해 서로 죽이고, 한 국가 안에서도 정부와 반군이 서로 싸우며 죽이기를 일삼고 있다.

실낙원은 하나님의 축복을 받지 못한 땅이다. 아담이 타락한 후 실낙원 곳곳에는 미움이 가득 차 있다. 어느 사회나 예외가 없다. 심지어 교회 안에도 미움이 들어와 있다. 목사와 장로, 지도자와 교인, 성도와 성도 간에도 미움이 있다. 결혼식 때 영원히 사랑하겠다고 약속했던 부부 사이에도 미움이 있다. 가장 귀하고 소중한 부모, 자식, 형제자매 사이도 마찬가지다. 그러니 직장 상사와 부하 직원, 동료 사이의 미움은 말할 것도 없다.

아담이 범죄한 이후 이처럼 미움이 모든 인간사를 뒤틀어 놓았다. 서로가 서로에게 상처를 주고 잠 못 이루며 원수가 된다.

세상에서는 미움을 대수롭지 않게 생각할지 모르지만, 그리스도인에게 미움은 너무나 심각한 죄의 증상이다. 성경은 미움이 살인이라고 정의한다.

"그 형제를 미워하는 자마다 살인하는 자니"(요일 3:15).

사랑의 속성을 지니신 하나님은 우리가 누군가를 미워하는 것을 살인으로 여기신다. 그러므로 그리스도인은 미움을 극히 조심해야 한다. 물론 조심한다고 해서 미움이 생기지 않는 것은 아니지만, 미움이 생겼을 때 빨리 해소해야만 한다. 미움으로 인해 죄를 범해서는 안 되고, 잘 통제해야 한다. 그래서 하나님은 가인에게 죄의 욕구가 있지만 죄를 다스려야 한다고 미리 말씀하셨던 것이다. 죄의 소원이 있다고 하나님이 바로 벌하시는 것은 아니다.

"노하는 자는 다툼을 일으키고 성내는 자는 범죄함이 많으니라"(잠 29:22).

2. 분노를 해소하기 위한 성경적 방법

가인은 결국 분노를 해소하지 못하고 동생 아벨을 쳐 죽였다. 인간인 이상 분노가 없을 수는 없다. 그러나 우리는 분노를 다스릴 수 있어야 한다. 어떻게 분노를 해소할 수 있을까?

어떻게든 상대방을 만나 풀어야 한다

성경은 문제가 있는 상대방을 만나 권고하라고 가르친다. 그래도 안 되면 한두 사람을 데리고 가서 두세 증인의 입으로 확증하게 하고, 이후에는 교회에 말하고, 교회의 말도 듣지 않거든 이방인과 세리같이 여기라고 말한다(마 18:15-17).

내가 미워하는 상대방, 내 마음을 아프게 하고 분노하게 하는 사람을 반드시 만나서 풀어야 한다. 만나지 않고는 절대로 풀 수 없다. 상대방의 부모나 그의 가장 친한 친구를 만나서도 안 된다. 그를 대변해 줄 수 있는 사람이 아니라 당사자를 직접 만나야 한다.

당연히 보기 싫고 만나고 싶지 않을 것이다. 그러나 자신의 감정을 따르다 보면 문제가 풀리지 않는다. 자신의 감정에 충실해 계속 상대방을 미워하면 살인하는 자가 되고 만다(요일 3:15). 그렇기 때문에 당사자를 만나서 대화를 나누는 것이 우리가 살인하지 않기 위한 유일한 방법이다.

그렇다면 만나서 어떻게 해야 하나? 먼저, 솔직하게 문제를 이야기해야 한다. 섭섭하거나 마음이 아팠던 사안에 대해 "그 일이 나에게 어떤 결과를 가져왔다"라는 식의 수동형 표현으로 잘 전달해야 한다. 이때 상대방을 공격하면 결국 싸우러 간 것과 다름없다. 풀려는 의사가 없는 것처럼 보인다. 때로 일이 더 커져서 차라리 안 만났다면 더 좋았을 수 있다.

물론 만나서 솔직하게 이야기했는데도 잘 풀리지 않을 때가 있다. 이럴 때는 객관적으로 말해 줄 수 있는 제3자가 필요하다. 목회자나 신앙의 선배를 불러서 문제를 판단해 달라고 부탁하라. 그 과정에서 성령의 도우심이 절대적임을 기억하라. 주님께 도와 달라고 간절히 기도하라. 갈등을 푸는 일은 정말 어렵다.

"노하기를 더디 하는 자는 용사보다 낫고 자기의 마음을 다스리는 자는 성을 빼앗는 자보다 나으니라"(잠 16:32).

성을 빼앗는 것이 얼마나 어려운가? 전투태세로 무장된 성이 있는데, 어떤 장수가 부하를 거느리고 가서 불리한 조건에도 불구하고 그 성을 빼앗았다고 가정해 보자. 그야말로 그는 용맹을 떨친 굉장한 장수, 스타다. 그런데 성경은 마음을 다스리는 자가 그 용맹한 장수보다 낫다고 말한다. 그만큼 자기의 마음을 다스리기가 어렵다는 뜻이다.

혹자는 '이 갈등을 꼭 풀어야 하나? 미우면 미운 대로 놔두면 안 되나?'라고 생각할지 모르겠다. 안 된다. 내 마음에 미워하는 사람이 있으면 그를 볼 때마다 마음이 무척 힘들어진다. 더군다나 상대방이 이런 내 마음을 알지 못한다면 나만 힘들 뿐이다. 그는 속 편하게 잠도 잘 자는데, 나는 미움 때문에 밤새 뒤척인다. 밥도 잘 먹히지 않는 데다 소화까지 안 되다 보니 위장병이 생긴다. 소위 '화병'이다.

결국 자신만 고통당한다. '내 속이 좁은가 보다. 내가 참아야지……' 이렇게 생각한다고 참아지는가? 속이 부글부글 끓고 쓴 뿌리가 계속 자라서 결국 폭발하고 만다. 그럴 바에야 비록 싸움이 나더라도 처음부터 두 사람이 부딪히는 편이 훨씬 낫다.

요즘 '황혼 이혼'이 많아졌다. 아내가 일평생 남편에 대해 참고 살다가 자녀들이 결혼하자마자 바로 이혼하자고 한다. 아내의 인생이 헛되어 보여 참 안쓰러운 마음이 든다. 일생을 분노 중에 지냈으니 말이다. 그때그때 풀었다면 행복하게 살았을 텐데, 한 번밖에 없는 삶을 고통 속에 살다가 안타까운 노년을 맞이한 셈이다.

바울과 바나바가 심히 다툰 적이 있다(행 15:39). 가치관의 차이가 원인이었다. 물론 다투지 않았다면 더 좋았을 것이다. 그러나 싸워서라도 각자의 문제가 무엇인지 아는 편이 더 낫다. 속으로 품고만 있는 것은 정말 악하고 나쁘다.

비록 바울과 바나바는 다투었지만 서로를 미워한 것 같지는 않다. 만약 그러했다면 바울이 어떻게 성경에 "[사랑은] 모든 것을 참으며 모든 것을 믿으며 모든 것을 바라며 모든 것을 견디느니라"(고전 13:7)라고 쓸 수 있었겠는가? 그리고 나중에 바울이 바나바와의 다툼의 원인이었던 마가를 용납한다(딤후 4:11). 그러니 바나바와의 문제를 이미 풀었음을 짐작할 수 있다.

분노를 풀지 않을 때 많은 문제가 생긴다. 한 예로, 다윗의 아들 압살롬은 이복형제인 암논이 자신의 여동생을 성폭행하고 멸시했을 때 마음속으로 큰 분을 품었다. 같은 왕자의 신분으로서 함께 모일 기회가 많았을 텐데 그때마다 암논을 죽이고 싶은 마음이 들었을 것이다. 그러다가 기회를 틈타서 암논을 죽였다. 마음속에 항상 분노를 품고 있으니까 결국은 분노가 살인이라는 행동으로 나타났던 것이다.

압살롬의 이러한 기질은 훗날 아버지인 다윗을 향해서도 나타났다. 암논을 죽이고 도망간 압살롬은 아버지가 자신을 부르지 않자 섭섭해했다. 요압의 중재로 3년 만에 예루살렘에 돌아왔으나 그 후 2년이 지나도 아버지가 자기를 만나지 않고 따뜻하게 대해 주지 않았다. 그러자 압살롬은 속으로 이를 갈다가 결국은 반란을 일으켰다. 그러나 모반은 실패로 끝났고, 아버지를 죽이려던 압살롬은 목숨을 잃고 말았다. 이 모든 일이 다 미움 때문에 생겼다.

이처럼 분노의 마음과 미움의 감정을 풀지 않으면 마귀에게 이용당하는 결과를 가져온다. 분노는 마귀가 활약할 수 있는 교두보 역할을 한다.

"분을 내어도 죄를 짓지 말며 해가 지도록 분을 품지 말고 마귀에게 틈을 주지 말라"(엡 4:26-27).

이 명령은 분을 빨리 해소하라는 뜻이다. 왜냐하면 마귀가 분노를 이용하기 때문이다. 분노는 참으로 무서운 감정이다. 분노가 없을 때는 성령의 이끌리심을 받는다. 그러다가 갑자기 누군가를 미워하는 순간, 마귀의 동맹군이 내 속에 들어와 나를 완전히 망하게 할 기회를 얻게 된다.

'마귀에게 틈을 준다'라는 말을 쉽게 설명하면 이렇다. 만약 1시간 동안 분을 품고 있으면 1시간 동안 마귀에게 자신을 사용할 수 있는 권한을 내준 것과 같다. 마귀에게 자신을 마음껏 농락할 수 있는 권한을 주었으니, 그 가려진 영적인 눈으로 자기의 비참한 상황을 보기가 심히 어렵다.

물론 가장 좋은 것은 애당초 분노가 우리 안에 쉽게 들어오지 않도록 자신의 인격을 성숙시키는 일이다. 아예 화를 쉽게 내지 않는 사람으로 자신을 바꾸어 놓으면 더욱 좋다. 주님을 본받아서 사랑의 거인이 되면 누구와도 싸울 일이 없어진다.

이런 면에서 신앙의 성장이 멈춘다는 것은 참 두려운 일이다. 신앙의 성장이 멈추었을 때, 다시 말해 영적 양식의 공급이 중단될 때 참으로 위험하다. 그러므로 그리스도인들은 경건 생활을 계속 잘 유지해야 한다.

이때 한 가지 간과해서는 안 되는 일이 있다. 처음에 우리는 워낙 밑바닥인 상태, 형편없는 죄성을 지닌 채 예수님을 만났다. 그 수준에서 신앙생활을 시작했기 때문에 비록 그리스도인이 되었다고는 하나 여전히 이기적이고, 탐욕적이고, 위선적이다. 한참 바닥에서부터 계속 올라오고 있는 중이다. 지금까지 신앙생활을 해왔지만 아직 일정 수준에 도달하지 못했을 수도 있다. 최근에 신앙 수준이 조금 올라온 것 같다고 해서 방심하면 안 된다. 워낙 낮은 수준에서 시작했기 때문에 한없이 올라가도 부족할 따름이다.

중고등학생 시절에 계속 놀다가 고등학교 3학년 때 바짝 공부하기로 마음먹었다고 가정해 보자. 남들은 5년간 열심히 공부했기 때문에 괜찮지만, 본인은 최선을 다해 공부할지라도 고 3 과정을 따라가기가 쉽지 않을 것이다. 그렇기 때문에 조금이라도 공부를 쉬면 안 된다.

신앙생활도 어느 정도 높은 수준에서 시작했다면 조금 쉬어도 될지 모른다. 그러나 우리는 모두 워낙 밑바닥에서부터 시작했기 때문에 아무리 열심히 신앙생활을 한다 하더라도 여전히 부족하다. 고 3이 대학 입시를 위해, 고시생이 고시 합격을 위해 오로지 공부에 전념하는 것처럼 신앙생활도 전심전력해야 한다.

또한 신앙 수준은 일단 올라갔다고 해서 그 자리에 고정되는 것도 아니다. 올라가서도 유지되지 않으면 금세 내려가기 십상이다. 비행기가 이륙하면 목적지에 도착할 때까지 계속 날아야 하듯, 신앙도 주님을 만날 때까지 계속 자라 가야 한다. 우리 기도의 골방이 온기 없는 눅눅한 자리가 되어서는 절대 안 된다. 골방이 살아 있고 기도의 열정으로 활활 타올라야 내 생이 타오르고, 내 신앙이 제대로 가동된다. 자신에 대해 방심하지 말라. 태어나면서부터 영적인 사람은 없다. 신앙은 계속 자라야 한다.

만약 가정에서 남편과 아내의 신앙이 정체되어 있다면 그만큼 서로를 미워할 가능성이 다분하고, 용납의 여지가 줄어들 수 있다. 그렇기 때문에 배우자를 부지런히 말씀 사경회에 보내고 성경 세미나를 듣게 해야 한다. 신앙 성숙에 도움이 된다면 어떤 방법이든 찾아 공유하고 권해야 그 가정이 행복할 수 있다. 부부의 신앙이 성숙한 만큼 가정이 행복하다. 수련회나 기도회에 참석하기보다 여행을 가면 일시적으로 관계가 좋아질 수는 있다. 하지만 여행의 경험이 아름다운 가정을 이루어 주는 것은 결코 아니다. 부부가 하나님의 말씀으로 함께 변화되고 성숙해 가면서 행복한 가정이 된다.

결혼 전 연인들의 경우도 마찬가지다. 결혼 상대자가 함께 성경 공부도 하고, 전도도 하고, 설교도 들어야 하는데 둘이서 데이트만 하려고 하면 어떻게 되겠는가? 데이트하는 데 시간을 쏟느라 영적으로 성숙하지 못하면 결국 그 결과는 고스란히 자신에게 돌아온다. 결혼해 보라. 미성숙한 배우자의 모습이 어떠한지 곧 알게 될 것이다.

부모가 자녀를 일류대에 보내려고 교회 행사에 빠지게 하는 경우도 있다. 요즘 학생들은 중고등부 수련회에 잘 참석하지 않는다. 그 이유는 학원에서 하는 방학 특강을 들어야 하기 때문이란다. 심지어는 직분자나 목회자의 자녀들조차 같은 이유로 불참하기도 한다. 주일 예배만 드리고 예배 후 공과 공부에는 아예 참여하지 않는 경우도 있다.

요즘에는 많은 그리스도인 부모가 자녀들에게 무작정 공부만 하라고 닦달하고 아이들의 경건 생활에는 관심이 별로 없다. 기도 생활을 하지 않거나 성경을 읽지 않으면 걱정해야 하는데, 그저 공부하지 않는 것만 염려한다. 결과적으로 이러한 부모는 자녀를 '일류대에 다니는 불효자'로 만든다. 그렇게 해서 일류대에 들어갈지는 모르겠지만 교만해져서 매사에 부모님의 말씀에 불순종하거나 부모와 자녀 사이가 틀어져 갈등을 일으킬 수 있다.

대인 관계를 배워야 한다

대인 관계는 저절로 잘되지 않는다. 계속해서 고민하고 계발해야 한다. 소그룹 활동, 구역 모임은 좋은 훈련의 장이 될 수 있다. 조장이나 구역장 경험은 다양한 사람들을 이해하고 갈등을 해결하는 능력을 키워 나가는 데 아주 좋은 토양이 된다. 우리는 많은 사람과의 만남과 교제를 통해 계속 사랑을 키워 나가고 다른 사람을 이해하는 능력을 배양해야 한다.

미움을 갖지 않기 위해서는 사람을 잘 사귀는 것이 중요하다. 무턱대고 아무나 친구로 사귀어서는 안 된다.

"노를 품는 자와 사귀지 말며 울분한 자와 동행하지 말지니"(잠 22:24).

분노가 많은 사람과는 사귀지 않는 것이 좋다. 잠언 기자는 울분한 자와 동행하면 "그의 행위를 본받아 네 영혼을 올무에 빠뜨릴까 두려움이니라"(잠 22:25)라고 이어서 말한다. 즉 연약한 영성을 가진 사람이 노를 품는 자와 사귀면 영향을 받아 쉽게 울분하고 불평하게 된다는 뜻이다.

물론 성도는 마땅히 서로 인사하고 문안해야 한다. 하지만 교인이라고 해서 다 사귀지는 말고, 동기라고 무턱대고 친하게 지내지도 말라. 분을 품은 사람, 불평이 많은 사람, 다시 말해 까칠한 사람을 되도록 멀리하라. 소그룹 안에 그런 사람이 있다면 가급적 많은 시간을 함께 보내지 않는 것이 좋다. 자신도 모르는 사이에 다른 사람을 비판하는 법을 배우기 때문이다.

사실 우리는 기본적으로 누군가를 비판하는 성향이 있다. 그동안 덜 계발되었을 뿐이다. 하지만 그런 감각은 죽을 때까지 계발시키지 말아야 한다. 그런데 분노하는 사람을 만나면 잃었던 감각이 다시 눈뜨기 시작한다. 다른 사람을 어떤 식으로 판단하는지, 어떻게 꼬리를 잡아서 비판하는지를 배우게 된다.

우리는 긍정적이면서 감사를 많이 하는 사람을 가까이해야 한다.

그래야 그들로부터 선한 영향을 받을 수 있다.

"철이 철을 날카롭게 하는 것같이 사람이 그의 친구의 얼굴을 빛나게 하느니라"(잠 27:17).

배우자를 만날 때도 동일하다. 이미 결혼했다면 배우자를 위해 더욱 기도하고, 아직 미혼이라면 까칠한 사람을 만나지 않도록 조심하라. 비판을 잘하는 사람은 얼핏 보면 문제를 잘 파악하고 똑똑한 것 같지만, 사실 잘못된 감각이 계발된 사람이다. 우리는 그러한 사람을 최대한 멀리하며 도망 다녀야 한다. 다시 한 번 강조하지만, 사람을 골라서 가까이하라.

대인 관계의 핵심은 "남에게 대접을 받고자 하는 대로 너희도 남을 대접하라"(마 7:12)라는 예수님의 말씀에 있다. 이 말씀을 실천하되, 자신이 먼저 하라! 이 말씀 하나만 제대로 실천해도 대인 관계에서 큰 어려움이 생기지 않는다.

먼저, 부모와 자녀의 관계에 대해 살펴보자.

"너희 자녀를 노엽게 하지 말고 오직 주의 교훈과 훈계로 양육하라"(엡 6:4).

부모는 어떤 이유든지 자녀를 노엽게 하면 절대 안 된다. 꼭 명심하라. 자녀를 노엽게 하고 나서 자녀가 순종할 것이라고 생각해서는 안 된다. 노엽게 하지 말고 오직 주의 교훈과 훈계로 양육해야 한다. 그런데 부모로서 자녀에게 성경을 가르치고 있는가? 기도를 실천하도록 가르치고 있는가? 바쁘다는 이유로 자녀의 기도 생활, 말씀 생활을 제대로 이끌어 주지 못하고 부모로서 본을 보이지 못한다면 부모와 자녀 간에 좋은 관계를 맺기란 쉽지 않다.

자녀라면 부모를 공경해야 한다(출 20:12). 부모가 한 마디 할 때 자녀가 두세 마디 말대답을 하는 것은 바람직하지 않다. 자녀가 부모의 말씀에 항상 순종하고 부모를 공경하면 그 모습을 본 부모는 자녀가 더 사랑스러워진다.

직장 생활의 경우, 대부분 대인 관계에 어려움이 있다.

"직장 생활 더 이상 못하겠다!"

"오 부장 때문에, 최 이사 때문에! 나, 그 사람 때문에 회사 못 다니겠어."

이렇게 직장 생활의 고충을 토로할 때면 '정작 나는 성경대로 행했는가?'를 생각하며 자신을 먼저 돌아보아야 한다. 성경은 아주 까다롭고 못된 상사라도 참으면서 주께 하듯 하라고 말한다(엡 6:7). 단지 세상 사람들처럼 일하고 속으로는 자기 것만 챙긴다면 과연 주를 섬기듯이 섬겼다고 말할 수 있겠는가? 정말 전심으로 상사를 섬겼다면 미움을 받겠는가? 성실한 부하 직원이라면 처음에는 잘 인정받지 못할 수도 있지만 시간이 지나면서 차츰 신뢰를 얻기 마련이다. 때로 주께 하듯 섬겼는데도 미움을 받는다면 주님께 기도하면서 견뎌야 할 것이다.

부하 직원에게도 마찬가지다. 성경은 아랫사람을 형제처럼 대하라고 말한다(엡 6:9). 마음에 들지 않는 부하 직원이라고 따돌리거나 힘든 일만 시키는 것은 형제를 대하는 자세가 아니다. 음식을 서로 나누고, 형제를 대하듯이 존중하고 대우하면 미움이 생길 리 없다.

군대에서 졸병일 때 고참에 대해서 욕하지 않는 사람이 없다. 그런데 나중에 자기가 고참이 되면 어떠한가? 졸병 때문에 군대 생활 못하겠다고 한다. 군대가 아니어도 사람들이 모이는 곳이라면 늘 생기는 문제다.

"너희는 그리스도의 몸이요 지체의 각 부분이라"(고전 12:27).

다시 한 번 강조하지만, 그리스도인인 우리는 한 몸이며 가족임을 항상 기억하라. 성경의 원리를 가정과 직장에서 제대로 지키고 산다면 미움과 갈등은 생기지 않을 것이다. 부부 간에도 싸울 일이 없다. 이렇게 살아가는 과정에서 어려움이 닥치면 또 잘 해결하면서 가면 된다.

계속 자라 영적 어른이 되어야 한다

솔직하게 지금 누구를 미워하고 있지는 않은지, 그 사람 때문에 잠도 못 자고 있는 것은 아닌지 자기 자신을 들여다보라. 만약 마음속에서 분노가 끓고 있다면 오늘부터 집중적으로 이 문제를 해결하도록 노력하라. 기도하면서 용기를 내 상대방을 찾아가 만나라. 알량한 자존심을 지키는 것보다 하나님 앞에서 죄를 짓지 않는 것이 훨씬 더 중요하다.

더 나아가, 우리는 부지런히 말씀을 먹고 계속 자라서 영적 어른이 되어야 한다. 나그넷길에서 사랑의 거인이 되어 자신을 힘들게 하는 웬만한 사람쯤은 넉넉히 품을 수 있을 만큼 자라 가기를 간절히 바란다.

세상에서는 미움을 대수롭지 않게 생각할지 모르지만,
그리스도인에게 미움은 너무나 심각한 죄의 증상이다.
성경은 미움이 살인이라고 정의한다.

# 03

성도를 구원하는 영적 일거리
『노아』

노아는 방주를 지어
당시 타락한 세상에 심판을 경고한 의인이다.
세상 사람 모두가 죄악 가운데 거할 때
노아는 어떻게 그 상황에 물들지 않고
신앙을 지켜 나갈 수 있었을까?

1. 성경이 말하는 완전한 자

노아는 완전한 자였다. '완전하다'라는 말은 무슨 뜻인가? 성경은 '완전하다'라는 표현 바로 뒤에 "그는 하나님과 동행하였으며"라고 기록하고 있다. 다시 말해, 하나님 앞에서 늘 경건한 생활을 유지했다는 뜻이다. 그런 사람이 성경이 말하는 완전한 자다.

"노아는 의인이요 당대에 완전한 자라 그는 하나님과 동행하였으며"
(창 6:9).

노아가 살던 시대의 사람들은 형편없었고 심히 타락했다. 온 땅이 하나님 앞에 부패해 포악함이 땅에 가득했고, 땅에서 모든 혈육 있는 자의 행위는 부패했다(창 6:11-12). 사람이 마음으로 생각하는 모든 계획은 악할 뿐이었다(창 6:5).

하지만 대부분 사람들이 타락했어도 노아는 하나님 앞에서 바르게 잘 살았다. 보통 사람은 친구나 시대 분위기, 환경의 영향을 받기 마련이지만, 노아는 이러한 상황에서도 흔들리지 않았다. 이것이 우리가 주목해야 할 대목이다. 우리는 환경의 영향을 받기 쉽지만, 그렇다고 우리 삶이 반드시 환경에 의해서 좌우되는 것은 아니라는 점이다. 타락한 시대, 특히 말세 중의 말세라는 이 시대에 수많은 사람이 타락했지만, 그래도 그리스도인들은 얼마든지 세속적 가치관에 물들지 않을 수 있다. 정신을 차리고 근신한다면 거룩한 백성으로 경건하게 살 수 있다.

"저는 부족하고 거룩하지 못합니다"라고 말하는 성도들이 많이 있다. 그런데 이 말은 거듭나기 전, 즉 우리 안에 거룩하신 성령이 들어오시기 전에나 할 수 있는 말이다. 진정 거듭났다면 성령이 함께하심으로 연약한 내가 거룩한 백성이 될 수 있다는 사실을 기억해야 한다. 상황이 어려워서 신앙생활을 잘 못한다는 핑계를 대지 말아야 한다.

이를 위해서는 경건의 연습이 필요하다. 사실 이 땅에서 경건을 연습하지 못할 사람은 아무도 없다. 이미 수많은 신앙의 선배가 경건한 삶의 본을 보여 주었다. 그들의 DNA는 우리와 전혀 다르기에 그러한 삶이 가능했던 것이 아니다. 타고난 차이가 있었다고 핑계할 수도 없다. 오히려 하나님은 인간이 너무 부족해 스스로 경건 생활을 제대로 하지 못하기 때문에 예수님을 믿는 순간 성령을 부어 주신다. 성령의 큰 능력으로 누구든지 경건해지고 거룩해지는 것이 신앙인의 정상적인 모습이다.

학창 시절을 생각해 보라. 공부를 열심히 하면 성적이 잘 나오기 마련이다. 워낙 공부를 안 해서 성적이 나오지 않으면 그것은 본인 책임이다. "나는 원래부터 성적이 안 나오는 사람이다"라고 말할 수 없다. "저는 원래부터 중국어를 못하는 DNA를 갖고 있습니다"라는 말이 가능할까? 그렇지 않다. 중국에서 복음을 전하고 있는 한인 선교사들도 처음에는 중국어를 잘 못했는데 지금은 잘한다. 중국에서 학교를 다니며 중국어 공부를 열심히 했기에 가능한 일이었다. 키가 작다고 축구를 못하는가? 키가 작아도 축구를 잘하는 사람이 많다. 어떻게 하느냐가 관건이다. 경건도 마찬가지다. "나는 언약히니끼 경건 생활이 안 된다"라고 말할 수 없다.

구약 시대와 달리 성령이 이미 오신 신약 시대를 사는 우리는 악한 세대 가운데서 하나님과 동행했던 노아처럼 이 시대에 물들지 않기로 결심해야 한다. 세상과 다르게 살겠다는 작정, 다른 사람들이 어떤 길을 가든지 나만은 뜻을 정해 의인으로 살겠다는 결단이 필요하다. 성경은 그러한 자를 칭찬한다.

만일 노아 당시 사람들의 DNA가 애당초 노아와 달라서 노아처럼 경건하게 살 수 없었다면 하나님은 아예 그들을 심판하지 않으셨을 것이다. 사람들은 노아처럼 하나님을 경외하지 않고 오히려 죄악된 삶을 계속 살았기 때문에 홍수로 심판을 받은 것이다.

교회에는 열심히 기도하고 성경을 읽는 성도가 있는 반면, 전혀 경건 생활을 하지 않는 성도도 있다. 후자의 경우 대부분은 상황을 핑계

댄다. 그러나 경건 생활을 열심히 하라는 성경 말씀은 한가한 사람을 대상으로 쓰인 것이 아니다. 야근을 해도 경건 생활을 할 수 있다. 어떤 상황에서도 우리는 경건 생활을 할 수 있다. 마음가짐의 문제다.

"나는 부족해서"라는 말은 십자가에 달리신 주님을 뵙기 전에나 할 수 있는 말이다. 우리는 절대 부족하지 않다. 바울도 부족한 자였지만 자신을 가리켜 거룩하고, 옳고, 흠 없다고 말했다(살전 2:10). "내가 그리스도를 본받는 자가 된 것같이 너희는 나를 본받는 자가 되라"(고전 11:1)라고 말하기도 했다. 우리도 바울처럼 말할 수 있어야 한다. 부모라면 자녀에게 "내가 예수님을 본받는 자가 된 것같이 너희는 나를 본받으라"라고 말할 수 있을 정도가 되어야 한다. 얼마든지 그렇게 살 수 있고, 그렇게 살지 못할 수도 있다. 우리 마음의 결정에 달려 있다.

이런 면에서 노아는 하나님께 당대에 완전한 자라는 칭찬을 받았다. 대다수 사람들의 삶과는 다른 삶, 모두가 쉽게 사는데 홀로 거룩하게 사는 삶, 다른 말로 왕따와도 같은 삶이다. 이 시대의 그리스도인인 우리는 어떻게 보면 왕따 노릇을 해야 한다.

이미 한국 교회에는 미지근한 성도들이 많다. 그런데 우리까지 굳이 그 대열에 합류해 미지근한 성도로 살아갈 필요가 있겠는가? 우리는 우리를 위해 목숨까지 버리신 주님 앞에 뜨겁게 살아야 한다. 80년 남짓한 짧은 인생을 주님을 위해 마음껏 쓰다가 주님을 만나야 한다. "때가 되면 저도 헌신하겠습니다"라는 말은 거룩한 성도에게 어울리지 않는다. 청년이라면 지금부터 주님을 위해 산다고 해도 노년기를 감안해 40여 년밖에 사용되지 못한다.

2. 그러나 노아는 순종했다

하나님은 노아에게 사람들을 멸할 테니 방주를 지으라고 말씀하셨다(창 6:13-14). 노아는 하나님이 명하신 대로 다 준행했다(창 6:22).

사실 노아의 대표적인 특성은 완전한 자보다는 순종하는 자다. 어릴 때 교회에서 들었던 노아를 특징짓는 단어는 '할아버지', '방주', '비둘기' 등이었다. 하지만 정작 노아를 가장 잘 드러내는 말은 '순종'이다. '노아 할아버지'가 아니라 '순종하는 노아'다.

하나님은 노아에게 방주를 지으라고 하신 후 어떻게 지어야 할지에 대해 친히 세세하게 알려 주셨다. 고페르 나무를 사용해 방주를 만들되 그 안에 칸들을 막고, 물이 들어오지 않게 그 안팎에 역청을 칠하라고 말씀하셨다. 규모는 길이 300규빗, 너비 50규빗, 높이 30규빗이었다. 1규빗이 약 45cm이므로 오늘날의 단위로 환산하면 길이 135m에 높이가 4-5층 되는(13.5m), 4,300t급 규모의 배다.

게다가 방주의 외관은 우리가 아는 대로 속도를 내는 배 모양이 아니라 단지 떠 있기만 하면 되는 상자처럼 생겼다. 다만 물이 들어오지 않게 잘 막아야 하는 배였다. 그리고 노아는 방주에 가족과 모든 종류의 짐승들을 실었다. 마침내 그는 하나님의 말씀대로 순종해 방주를 완성했다.

언뜻 노아가 방주를 쉽게 만들었다고 생각할 수 있다. 하지만 실제로 배를 만든 과정을 찬찬히 살펴본다면, 노아는 먼저 산에 가서 하나님이 명하신 고페르 나무를 찾아야 했다. 그리고 어떤 방법을 동원

해서라도 나무를 베야 했다. 당시에 톱이나 제대로 된 연장이 있었는지 모르겠다. 아마 그는 하루 종일 씨름해서 나무를 쓰러뜨렸을지도 모른다. 그러고는 벤 나무를 평평한 곳으로 운반한 후 잘라서 방주를 제작했다.

이러한 제작 과정을 고려해 볼 때 아마도 방주를 만드는 데 시간이 꽤 많이 걸렸을 것이다. 길게 보면 70년 정도로 추산해 볼 수 있겠다. 노아가 500세 된 후에 셈과 함과 야벳을 낳았다고 하는데(창 5:32), 홍수는 그가 600세 되던 해에 일어났기 때문이다(창 7:11). 노아가 500세쯤 아들을 낳은 후 며느리를 맞기까지 대략 30년 정도 지났다면 그는 530세쯤 방주를 만들라는 하나님의 명령을 받았을 가능성이 있다. 왜냐하면 하나님이 방주를 만들어 노아의 아들들, 아내, 며느리들과 함께 그 배에 들어가라고 명하셨기 때문이다(창 6:18). 그렇게 볼 때 홍수가 나기까지 60-70년 동안 계속해서 방주를 지은 셈이 된다.

노아는 사람들의 도움을 받지 못한 채 자기 생의 70여 년을 방주 짓는 일에 사용했으며, 게다가 가족과 수많은 짐승이 먹을 양식까지 준비해야 했다. 그가 600세 되던 해 둘째 달 17일(창 7:11)에 홍수가 시작되었고(엄밀히 보면 홍수 7일 전부터 방주에 있었다), 601세 되던 해 둘째 달 27일에 땅이 말랐으니(창 8:14) 대략 1년 10일치 양식이 필요했다. 각각 먹이의 종류와 양이 다를 텐데, 그 모든 조건을 감안해서 준비하기란 결코 쉽지 않았을 것이다. 하지만 노아는 하나님이 명하신 대로 다 준행했다(창 6:22).

이런 준비 외에 실제 방주를 지을 때 여러 어려움이 있었을 것이다.

무엇보다 일 자체가 힘들었다. 앞서 언급했듯이 길이 135m의 배를 지을 나무를 준비한다고 생각해 보라. 게다가 높이를 13.5m로 올리고 중간을 칸으로 막아야 했다.

이처럼 힘든 일 외에도 주위 사람들의 시선 역시 견디기 쉽지 않았을 것이다. 멀쩡한 날씨에 배를 짓는데, 그것도 보통 고기 잡는 어선이 아니라 상자같이 생긴 것을 만들고 있으니 남들이 어떻게 생각했겠는가? 더군다나 앞으로 비가 많이 와 홍수가 나서 사람들이 죽을 것이라고 하니 모두들 노아를 이상한 사람으로 여겼을 것이다. 잠깐도 아니고 10년째, 20년째, 그 이상 방주를 짓는 모습을 보면서 그들은 서로 서로에게 "저 사람, 원래 이상한 사람이야"라고 수군댔을 수도 있다.

성경은 노아 당시 모든 사람의 행위가 부패했다고 말한다(창 6:11-12). 괜히 시비 걸고 싸우고 싶어 하는 사람들에게 하나님이 온 세상을 죄악 때문에 심판하실 것이라는 말은 기분 나쁘게 들렸을 것이다. 그러니 비방과 조롱이 쏟아지지 않았겠는가? 꼬마들도 지나가며 노아를 향해 "미친 사람이다!"라고 손가락질했을지 모른다. 한마디로 아무도 지지해 주는 사람 없는 왕따 같은 처지였다. 그러나 노아는 순종했다.

3. 노아가 낙심하지 않은 이유

노아 자신도 방주를 만드는 일 자체가 큰일이라 수많은 한계에 부딪혔을 것이다. 나무를 잘랐는데 크기가 잘 안 맞기도 하고, 나무를 높이 쌓아 올리다가 다치기도 하고, 기나긴 세월 동안 해도 해도 완성되지 않는 거대한 방주를 만들면서 자주 낙심했을지 모른다. 그러나 결과적으로 그는 무려 70년 정도나 걸린 이 일을 묵묵히 감당해 완성했다. 이것이 노아의 훌륭한 점이다.

우리가 노아의 입장이라면 중도에 못하겠다고 포기했을 수도 있다. 하나님께 "왜 제가 꼭 이 일을 해야 합니까?"라고 말하며 주저앉았을 수도 있다. 그런데 노아는 전혀 그런 모습을 보이지 않고 말씀대로 순종해 방주를 지었다. 성경은 바로 이 점을 칭찬한다. 히브리서는 다음과 같이 노아를 평가한다.

"믿음으로 노아는 아직 보이지 않는 일에 경고하심을 받아 경외함으로 방주를 준비하여 그 집을 구원하였으니"(히 11:7).

이런 면에서 노아는 꾸준한 사람이었다. 한 번 하나님의 뜻을 알고 시작한 후 끝까지 마무리한 사람이었다. 처음에는 열심을 내어 일했으나 중간에 흐지부지해져 적당하게 일을 마무리하는 사람들이 꽤 많다. 한때 뜨거워서 주님께 충성을 다하겠다고 고백했지만 시간이 흘러 감에 따라 열심이 식어지는 사람도 있다.

주님을 향한 처음의 뜨거운 열정을 계속 유지하고 있는가? 일을 하긴 하는데 열정은 다 없어지고 의무감으로만 하고 있지 않은가? 당장에 열매가 없거나 주위로부터 비난받을 때, 혹은 스스로 낙심될 때 멈춘 적은 없는가?

사실 노아는 약 70년 동안 하나님에 대한 경외감으로 방주 만드는 일을 감당했다. 세상 사람들의 눈에는 무모하고 우스꽝스러운 일이었지만 끝까지 순종하며 방주를 완성했다. 우리는 이 점을 기억해야 한다. 시대의 흐름이나 분위기에 맞지 않더라도 주님이 기뻐하신다면 절대 중단하지 않고 끝까지 가는 불굴의 정신 말이다. 낙심되는 상황이 계속해서 올지 모르지만 하나님이 기뻐하신다는 확신이 들면 끝까지 가는 것이 맞다.

특히 교회 직분자들은 초대교회의 스데반 집사처럼 복음을 위해 죽을 각오까지 해야 한다. 주님이 기뻐하시는 일이라는 사실을 제대로 깨달았다면 징싱스럽게 직분을 감당해야 한다. 조장, 구역장, 집사, 장로, 목사는 십자가에 자신을 못 박은 자로서 신실해야 하고 공동체에 덕이 되어야 한다. 이 직분을 감당하는 중이라면 '내가 왜 이런 일을 해야 하나?' 하며 불평하지 말라. 그렇다면 누가 하겠는가? 하나님이 기뻐하시는 일이라고 확신한다면 뒤돌아보지 않고 하나님 나라를 위해서 자신을 드리면 된다. 다만 그전에 그 일이 주님이 원하시는지 아닌지의 여부를 잘 분별해야 할 것이다.

전도 모임도 마찬가지다. 다른 모임은 절대로 빠지지 않으면서 전도 모임은 쉽게 빠지는 경우가 있다. 노아처럼 한 번 뜻을 정하면 비가 오나 눈이 오나 마음을 다해 충성하라. 그리고 이왕 주님이 기뻐하시는 일을 하기로 정했으면 선봉에 서서 하라. 뒤에서 슬슬 따라다니거나 어설프게 하지 말라. 늦게 가지 말고 미리 가서 기다려라. 하나님 앞에 정성을 다해서 제대로 섬기도록 하라. 다시 한 번 강조하지만, 정말 뜻을 정했으면 일을 하다가 가난 혹은 어려움이 찾아오더라도 뒤돌아보지 말라.

순종은 실천하기 어렵기 때문에 아름답다. 성경도 노아가 순종했기에 칭찬했다. 노아는 남이 보든지 안 보든지, 인정하든지 안 하든지 하나님이 보시기에 낙심하지 않았으며, 하나님 앞에서 정한 대로 나갔다.

4. 나의 영적 일거리는 무엇인가?

하나님은 순종한 노아에게 축복으로 응답하셨다.

"너와 네 온 집은 방주로 들어가라"(창 7:1).

얼핏 보면 노아는 당연히 들어가야 할 사람 같다. 나무를 준비하는 일부터 시작해 방주 짓는 모든 작업을 직접 했기 때문이다. 하지만 노아가 방주를 지었다고 해서 들어갈 자격이 있는 것은 아니다. 하나님이 허락하셔야 가능하다.

방주는 하나님의 심판의 성격을 띠고 있다. 죄인은 들어갈 수 없고 오직 의인만 들어간다. 이런 면에서 노아가 방주에 들어간 것은 하나님 앞에서 구원을 얻었다는 뜻이다. 구원은 하나님의 절대적인 결정이지, 방주를 지었다고 얻을 수 있는 것이 아니다. 신실한 노아, 순종한 노아는 하나님께 의인으로 받아들여졌다. 그가 방주에 들어가도록 허락하신 것은 하나님의 축복이었다.

우리의 시각은 늘 이 부분에 맞추어져 있어야 한다. "나는 과연 방주에 들어갈 수 있는 사람인가?" 가장 중요한 문제다. 다시 말해, 오늘 생을 마쳐도 나 자신이 확실한 천국 백성이 될 것인지 점검해야 한다. 노후 준비가 되어 있으면 나이가 들어도 먹고사는 걱정을 하지 않듯이, 영원한 구원의 문제가 해결되면 나중에 멸망당할까 봐 두려워하지 않는다.

혹시 구원의 방주에 들어갈지가 불확실하다면 빠른 시간 내에 이 문제를 해결해야 한다. "나는 천국 백성이 되었구나. 언제 생을 마치더라도 나는 천국에 들어간다"라는 확신이 있어야 한다. 목숨 걸고 구원을 얻어야 한다. 노아가 약 70년에 걸쳐 방주를 지었는데 하나님이 들어가지 말라고 하셨다면 어떻겠는가? 교회도 다니고, 성경도 읽고, 졸리지만 참으면서 설교도 들었는데 천국에 못 들어가면 무슨 소용이 있겠는가?

하나님은 노아에게 방주로 들어갈 수 있는 엄청난 축복을 내려 주셨다. 하지만 하나님은 노아를 그전에 이미 축복하셨다. 방주를 지으라는 명령을 내리신 것이 그것이다. 사실 방주를 짓는 일 자체는 따르기 힘든 명령이었지만, 노아가 죄악이 가득한 세상에서 경건을 유지할 수 있었던 비결이기도 하다.

노아는 방주를 지으면서 무슨 생각을 했을까? 방주가 완성되면 하나님의 엄청난 심판이 임할 텐데, 그때 본인과 가족은 방주에 들어가 심판을 피할 수 있을 것이다. 그 땅에는 노아 외에는 경건한 자가 없었으니, 노아는 매번 방주를 보면서 '경건하지 않은 자는 멸망당하고 경건한 자는 구원받는다'라는 믿음을 가졌을 것이다. 따라서 노아가 방주를 만들기는 했지만, 사실 방주가 의인 노아를 타락하지 않게 보호해 주었다. 방주를 볼 때마다 노아에게는 영적 각성이 이루어졌던 것이다.

방주를 짓기 시작해 홍수가 나기 전까지 약 70년에 걸쳐서 만든 방주는 아주 큰 배였어야 했다. 만약 하나님이 가로 1m, 높이 50cm, 너비 30cm 크기의 상자를 만들라고 하셨다면, 아마 일주일도 채 안 되어 완성하고 그다음에는 할 일이 없었을 것이다. 그렇다면 노아는 일거리가 없는 상태에서 계속해서 세상 사람들의 이야기를 들으며 영향을 받았을지 모른다. 그러나 하나님이 노아를 사랑하시고 배려하셔서 다행히 길이 135m, 너비 22.5m, 높이 13.5m 규모의 큰 배를 짓게 하셨다. 덕분에 노아는 계속 방주와 대화하면서 나름대로 자신의 신앙을 지킬 수 있었다.

오늘날도 마찬가지다. 사람들이 하나님이 없다고 하면서 진화론을 운운할 때 그리스도인은 자연을 보면서 대화한다. 자연의 오묘함과 신비로움이 우리를 교육한다. 밤하늘에 반짝이는 별과 달이, 길 위에 핀 꽃이 우리에게 말한다. "하나님이 이 모든 것을 만드셨다. 하나님은 살아 계신다!"

결국 방주를 짓는 일거리가 있었기에 노아는 계속 이 일을 하다가 자연스럽게 방주에 들어갔다. 다시 말해, 방주에 들어가기 전부터 방주는 노아에게 있어서 구원에 이르게 하는 방주였다.

우리에게도 동일한 원리가 적용된다. 영적인 일, 자신을 자각시키는 일이 없으면 자기도 모르게 어느새 세상에 떠내려간다. 우리에게는 천국에 들어갈 때까지 지속적으로 우리를 각성시킬 영적 보호 기제가 필요하다. 노아처럼 세상을 향해 "여러분은 멸망당할 것입니다"라고 선전포고를 하고(방주를 짓는 일 자체가 세상에 대한 선전포고였다), 자신의 영혼을 무디어지지 않게 할 영적 일거리가 있어야 한다.

과거에 청년부 회장을 역임했다고 안심하지 말라. 직분을 맡아 일할 때는 열심을 내지만 임기가 끝나고 몇 년 지나지 않아 신앙이 떨어지는 경우가 많다. 적당한 일거리가 있어야 신앙이 활성화될 수 있다. 그러니 현재 교회에서 소장, 구역장, 집사, 장로, 권사, 목사로 섬기고 있다면 아주 잘하고 있는 것이다. 나 역시 목사가 된 덕분에 힘들긴 하지만 계속해서 신앙생활을 열심히 하고 있다. 목사로서 새벽기도회나 수요예배를 빠지겠나, 수련회를 빠지겠나? 빠질 재간이 없다. 얼마나 좋은가! 이렇게 살다가 천국에 가는 것이다. 이런 면에서 그리스도인은 직분을 갖는 것이 좋다. 혹 직분이 아니더라도 우리를 각성시킬 영적 일거리가 필요하다.

그렇다면 하나님이 오늘날 우리에게는 어떤 일거리를 주셨는가?

"너희는 가서 모든 민족을 제자로 삼아"(마 28:19).

주님이 우리를 얼마나 사랑하시는지를 단적으로 보여 주는 말씀이다. 주님은 우리에게 모든 민족을 제자로 삼으라는 일거리를 주심으로 우리를 살리셨다. 이는 영적인 잠을 자지 않도록 우리를 지키시는 주님의 사랑이자 배려다. 우리를 위해서 목숨까지 주신 분이 이 땅에서 남기신 선물이 기껏 "너희는 모든 민족을 제자 삼을 것까지는 없고, 그냥 교회만 다녀라" 정도여서는 안 된다. 그렇기 때문에 교회만 다니면 영적으로 고사(枯死)한다.

주님이 이 땅을 떠나시면서 주신 이 가장 큰 선물은 아무에게나 주어지는 것이 아니다. 오직 모세가 이스라엘을 구원하는 사명을 선물로 받은 것처럼, 오늘날 우리가 이 선물을 받았다. 주님이 이 땅을 떠나시기 전 마지막으로 사랑하는 제자들과 우리에게 주신 말씀은 바로 그분이 하셨던 영광스러운 일, 즉 예수님이 사람들을 구원하기 위해서 십자가에 죽으심같이 세상 사람들을 구원하라는 것이었다.

그런데 깨달음이 부족하고 영적으로 깊은 잠을 자고 있는 우리는 "너희는 가서 모든 민족을 제자로 삼으라"라는 말씀을 들으면 "부담됩니다"라고 반응한다. 그 일은 그냥 외면하고 싶고 자신과 상관없는 일이라고 스스로를 설득시키려고 한다. 그러나 이러한 생각이 깨질 때 비로소 모세처럼 양치는 목자에서 지도자로 바뀐다.

'어떻게 하면 피할 수 있을까? 나는 지금 상황상 불가능한데……' 하며 상황을 이유로 핑계 대기 시작하면 주님의 일을 할 사람은 이 땅에 아무도 없다. 늘 이런 말씀을 들으면 자신은 예외라고 생각하는가? 하늘의 은혜를 얻어야 한다. 은혜로 사명을 받아야 한다. "주님, 은혜를 베풀어 주십시오!"라고 간절히 기도하는데, 그 은혜란 과연 무엇인가? 부자가 되는 것인가? 땅을 샀는데 값이 오르는 것인가?

은혜는 하나님이 이미 베풀어 주셨다. "세상을 구원하라. 세상을 움직이는 사람이 되어라."

주님은 우리에게 모세보다 더 큰 명령을 주셨다. 모세에게 명하신 것은 기껏해야 이스라엘 민족을 이끌어 내는 일이었지만, 우리에게 주신 명령은 이 세계를 품는 일이다. 그런데 지금 직장 생활을 하느라, 결혼하느라, 자녀를 키우느라 안 된다고 하겠는가? 물론 먹고사는 일도 중요하다. 하지만 그것은 기본이다. 우리는 하나님이 큰 은혜로 주신 명령, 나를 나답게 하고 나를 살리는 명령을 이미 받았음을 기억하라.

사실 예수님은 마지막으로 이 세상을 떠나시면서 더 많은 말씀을 하실 수도 있었을 텐데 우리를 사랑하시고 믿으시기 때문에 "제자 삼으라"라는 명령을 주셨다. 한마디로 요약하면 '우리를 살리겠다'는 뜻이다. 그래서 우리 마음속에는 중국, 인도, 아시아, 아프리카, 그리고 전 세계가 있다. 만약 없다면 곤란하다. 지금 내 마음에 무엇이 있는지 들여다보라.

"목사님, 우리에게는 직장이 있고, 주부의 일이 있고, 학생으로서 해야 할 공부가 있지 않습니까? 혹 그것이 우리의 사명이 아닌가요?" 이렇게 질문하는 사람이 있을지 모르겠다. 오늘날에는 모든 직업을 '소명'처럼 생각하는 경향이 없지 않다. 그러나 자신이 하고 있는 일이 다 사명으로 대체될 수 있는 것은 결코 아니다.

노아는 방주를 지었지만, 먹고살기 위한 농사도 지었을 것이다. 성경에 명확하게 기록되어 있지는 않지만, 홍수 이후에 노아가 농사를 시작해서 포도나무를 심었다는 내용이 나온다(창 9:20). 그렇다고 해서 농사가 노아의 사명은 아니었다. 농사짓는 것은 삶이었고, 방주를 짓는 것은 사명이었다.

  우리는 살면서 농사도 지어야 하고, 결혼하면 가정을 책임져야 하니 직장 생활도 해야 한다. 물론 직장 생활을 통해 사회에 많은 유익을 줄 수 있다. 그러나 그것이 우리의 사명은 아니다. 직장 생활, 학교 생활, 가정 생활은 이 땅에서 살아가는 방편이지, 주님이 주신 사명이 될 수 없다. 주님이 주신 사명은 '가서 모든 민족을 제자로 삼는 것'이라고 성경에 명백하게 쓰여 있기 때문에 우리가 마음대로 바꾸어서는 안 된다. 다만 우리는 이 명백한 사명을 어떻게 이룰지 생각해야 한다. 여기에 다양성이 존재한다. 어떤 사람은 국회의원, 어떤 사람은 교사, 어떤 사람은 사업가가 된다. 삶의 형태는 다르지만 어떠한 삶을 살든지 이 사명을 완수해야 한다.

  그렇다면 사명을 완수하기 위해서 어떤 식으로 살아야 할까? 이것이 우리가 소위 말하는 '소명', '비전'이다. 전투할 때 어떤 군인은 전투기를 몰고 가고, 어떤 군인은 탱크를 몰고 간다. 전투하는 모습은 달라도 전쟁을 수행한다는 면에서는 같다. 모든 민족을 제자로 삼는 사명을 어떻게 나에게 맞게 이룰 수 있을까? 여기에 소명, 비전이 담긴다. 다시 말해, 자신이 죽을 때 인생을 뒤돌아보면서 "결코 후회하지 않는 인생이었어"라고 고백할 수 있는 일이 소명이요, 비전이다.

  한 번뿐인 인생이므로 나만이 할 수 있는 일을 성취하고 죽어야 한다. 다른 사람들이 하는 것을 보고 좋으니까 무작정 따라 하는 일이

어서는 안 된다. 자신의 은사에 맞추어서 해야 할 일이다. 예를 들어, 교수라면 교수라는 직업에 맞게끔 사명을 이루어야 한다. 평소에는 학생을 가르치지만 주말에는 사람들을 모아 놓고 성경 공부를 인도하거나 전도하면서 사명을 완수해 가야 한다.

노아의 일과 우리의 일

"모든 민족을 제자로 삼으라"라는 귀한 명령은 하나님의 귀한 사랑이다. 하나님이 우리를 사랑하시기 때문에 세속화된 사회에서 신앙을 지켜 나갈 수 있는 영적 보호 기제로 주신 것이다. 방주를 짓는 것이 노아의 일이었다면, 우리의 일은 구원의 방주에 타라고 권면하는 일이다. 방주를 짓는 일이 노아에게 있어서 구원의 방주에 들어갈 영성을 유지하는 비결이었다면, 방주를 소개하는 일은 천국 문에 이를 때까지 우리의 영성을 지켜 주는 최선의 대안이 된다.

그러므로 노아가 방주를 만들었듯이, 우리는 이 땅에서 제자 삼는 일에 더욱 전념해야 한다. 천국에 이를 때까지 30년, 40년, 50년, 남은 날 동안 수많은 사람을 제자로 삼음으로써 깨어 있는 영성을 유지해야 한다. 그 일을 하기 전까지는 아직 우리의 본래의 삶을 산다고 말할 수 없다. 영적 일거리를 주신 주님을 찬양하자!

04

나의 미지근함은 곧 이웃의 죽음
『아브라함 1』

하나님은 많은 사람에게 복을 주시려고
아브라함을 축복의 통로로 삼으셨다.
갈 바를 알지 못했으나
믿음으로 하나님의 뜻을 좇아 나아간 아브라함은
실패해서 넘어질 때도, 손해 보는 상황일지라도,
불가능해 보이는 상황에서도
힘 주시는 하나님을 의지했다.
아브라함을 따라 축복의 통로가 되려면 어떻게 해야 하는가?

1. 복의 근원으로 부름 받은 자

하나님은 아브라함에게 고향과 친척, 아버지의 집을 떠나라고 하셨다(창 12:1). 그 이유가 무엇일까? 거룩함을 유지하기 위해서 죄악된 땅을 떠나 복의 근원으로 새롭게 시작하라는 뜻이었다. 이는 그리스도인이 이 땅을 살아갈 때 유념해야 할 매우 중요한 원리다. 너무 타락하고 죄로 물들었을 때는 두고 떠나는 것이 지혜다. 역사를 보면 인류의 발전에 공헌한 특별한 인물들이 있다. 그들이 이 땅에 태어나 준 것이 복이다. 그들의 수고로 많은 사람이 유익을 얻었기 때문이다. 하나님은 아브라함에게 바로 그러한 사람이 되라고 말씀하셨다.

"너는 복이 될지라……모든 족속이 너로 말미암아 복을 얻을 것이라"
(창 12:2-3).

하나님은 많은 사람에게 복을 주시려고 아브라함을 축복의 통로로 삼으셨다. 우리도 예수님을 믿고 난 후 아브라함처럼 축복의 통로가 되었다. 우리를 통해 주위 많은 사람이 도움을 얻고 구원을 받는다. 그렇기 때문에 우리가 미지근하면 본인뿐 아니라 주위 사람들에게 유익을 줄 수가 없다.

만일 가장이 술을 마시고 도박만 한다면 본인은 즐거울지 모르지만 그를 바라보고 사는 아내와 아이들은 고통스러울 수밖에 없다. 우리도 이전에는 이웃에게 별다른 유익을 주지 못했지만 예수님을 믿고 나서는 바뀌었다. 십자가를 통해 자신을 내어 주신 예수님을 만나 우리가 행복하듯이 이제 우리를 만난 사람들이 하나님의 복을 얻어 행복해지도록 해야 한다. 우리는 그야말로 축복의 통로일 수밖에 없다.

"저는 돈도 없고, 배운 것도 없는데요"라고 말해도 소용없다. 누구든 얼마든지 축복의 통로가 될 수 있다. 도움을 줄 생각은 하지 않고 도움받을 생각만 하는 것이 문제이지, 도우려고 마음만 먹으면 분명히 나를 통해 도움받을 사람이 수없이 많다. 찾아보라. 생각을 바꾸라. 수많은 사람을 도울 수 있다. 왜냐하면 우리가 예수님을 믿기 때문이다. 예수님을 믿는 자는 누구나 다 작은 예수가 된다. 그래서 나를 만난 부모가 복되고, 나를 만난 아내가 복되다. 나 같은 성도를 만난 목사, 나 같은 조장을 만난 조원, 나 같은 목사를 만난 성도가 복되다. 나를 만난 회사 동료나 친구가 복되다.

이전에는 자기 자신의 욕심대로 살았지만 주님의 십자가를 경험한 후 우리는 달라졌다. 나 자신을 쳐 복종시켰고(고전 9:27), 내 정욕과 욕심을 십자가에 못 박았다(갈 5:24). 이전의 나는 없어졌다. 남아 있다면 남을 섬기려 하는 나만 남아 있을 뿐이다. 이것이 우리의 고백이 되어야 한다.

그리스도인은 더 이상 자신만을 위해 살지 않는다. 이전에는 아무렇지도 않았는데 예수님을 믿고 난 후 자신만을 위해 살려고 하면 마음이 불편하지 않은가? 아브라함처럼 축복의 통로로 살다가 주님을 만나야 한다. 우리는 복덩어리다. 우리를 통해서 많은 사람이 복을 받고, 또 받아야 한다.

2. 아무 대안 없이 오직 하나님만 대안이실 때

아브라함은 여호와의 말씀을 따라 하란을 떠났다(창 12:4). 그는 안정된 삶을 뒤로하고 고향을 떠났다. 고향을 떠난다는 것은 안정된 삶, 기득권을 포기한다는 뜻이다. 게다가 어디로 가는지도 몰랐다. 또한 가면 안정된 삶을 살 수 있을지, 온 가족이 먹고살 수 있을지 등 아무것도 몰랐다. 오직 하나님이 가라 하셨기 때문에 그냥 떠났던 것이다.

히브리서 기자는 아브라함이 "믿음으로……갈 바를 알지 못하고 나아갔으며"(히 11:8)라고 말한다. 성경은 아브라함에 대해 바로 이 점을 칭찬한다. 다 보장된 상태에서 떠났다면 칭찬받을 일이 아니다.

아무 대안 없이 오직 하나님이 대안이실 때 그분만을 의지해 떠나는 것이 바로 성경이 말하는 '믿음으로'다.

하나님의 말씀을 순종할 때는 다 납득되어야, 모든 대안이 마련되어야 움직이는 것이 아니다. 하나님이 내게 원하시는 것이 무엇인지 깨달았다면 이것저것 따지지 않고 말씀 그대로 순종하면 된다. 이것이 아브라함을 통해서 배울 점이다. 선한 목자이신 주님이 "이리로 가라" 하시면 양인 나는 그곳이 가장 좋은 곳인 줄 알아야 한다. '그곳에 가면 푸른 풀밭이 있을까? 물은 잘 흐를까?' 등을 따지는 양은 없다. 사전 답사를 해서 풀이 많고 마실 물이 흐른다는 것을 알았기 때문에 따라가는 것이 아니다.

목자이신 주님이 "가라" 하실 때는 다 뜻이 있다. 당장은 이해가 안 될 수 있다. 또 머릿속으로 따져 볼 때 지금 떠나면 망할 것 같을 수 있다. 그러나 하나님이 원하시면 가겠다고 결심하고 행하는 것, 이것이 바로 우리의 신앙이어야 한다. 물론 지시대로 가서 가난하게 살며 고생할 수도 있고, 또 예상하지 못한 어려움을 만날 수도 있다. 그러나 그분이 "가라" 하실 때는 그 어려움조차 다 감안하고 말씀하신 것이라는 사실을 우리는 기억해야 한다.

당신은 아브라함처럼 말씀대로 순종하면서 나아가고 있는가? 혹시 하나님이 원하시는 바를 알면서도 불순종하고 있지는 않은가? 사회생활을 하려면 어쩔 수 없다는 이유로 세상과 타협하고 있지는 않은지 돌아보라.

3. 연약한 아브라함을 도우신 하나님을 바라보라

아브라함은 하나님이 인도하셔서 들어간 가나안 땅에 기근이 들자 애굽으로 내려갔다. 이 부분에서 아브라함은 눈에 보이는 상황에 따라 움직이는 실수를 범했다. '설마 이곳까지 왔는데 하나님이 나를 굶기시겠는가? 그럴 리 없다!' 이처럼 기근이 들어도 먹고살 것이라는 확신을 가지고 그 땅에서 버텼어야 했다. 만약 아브라함이 버티면서 하나님만 의지했다면 하나님이 그에게 많은 것을 주셨을 것이다. 그렇게 되면 아브라함이 머문 가나안 땅의 주민들도 그 덕분에 다 먹고살았을 텐데, 안타깝게도 그는 떠나고 말았다. 성경에는 기록되어 있지 않지만, 그가 떠남으로 가나안 땅에 굶어 죽은 사람들이 많았을지도 모른다.

그렇다면 기근이 들어서 양식이 없어 아브라함이 죽게 되면 어떻게 하나? 하나님이 주시지 않으면 버티다가 죽으면 된다. 그 정도의 각오가 되어 있어야 한다. 하나님을 위해서 일하는데 하나님이 음식을 안 주시면 굶어 죽는 것이다.

필자의 경우, 교회를 개척할 때 재정이 전혀 준비되지 않았다. 그때 마음을 정했다. '아무리 생각해도 교회를 개척하는 것은 분명한 하나님의 뜻인데, 현재 재정이 없다. 그런데 개척교회 하다가 재정이 계속 뒷받침되지 않으면? 그렇다면 굶어 죽겠다!' 이렇게 마음을 정하고 나니 담대해져서 교회를 개척할 수 있었다. 하나님이 주시지 않으면 죽겠다는 각오를 해야지, '굶어 죽으면 어떻게 하나?' 걱정하는 것은 하나님 자녀의 올바른 자세가 아니다.

　가나안 땅의 기근이라는 현실을 본 아브라함은 걱정이 되어 애굽 땅으로 내려갔다. 하란을 떠난 이유는 하나님의 말씀을 따른 것이고, 가나안 땅을 떠난 이유는 보이는 상황에 따라 결정한 것이다. 그런데 문제가 생겼다. 아브라함은 아내가 너무 예뻐서 애굽 사람이 자기를 죽이고 아내를 취할까 봐 아내를 누이라 속이고 말았다. 아니나 다를까 애굽 사람들은 그의 아내를 바로의 궁으로 이끌어 들였고, 바로는 아브라함에게 양, 소, 노비, 암수 나귀, 낙타를 주었다. 아브라함은 아내와 대화해야 했는데 집에 아내는 없고 우는 양과 나귀만 있었다.

　아마 이 순간 아브라함은 참 답답하고 난처했을 것 같다. 차라리 아내를 빼앗겼다면 항거라도 하겠지만, 본인 스스로 속인 일이니 어떻게 할 수도 없는 노릇이었다. 할 말은 없고, 일은 벌어졌다. 이렇게 힘든 그때 하나님이 아브라함의 아내의 일로 바로에게 큰 재앙을 내리셨다(창 12:17). 바로는 아브라함에게 야단을 치며 "왜 말하지 않았나? 네 아내를 데려가라"라고 말했다(창 12:18-19). 하나님이 은혜를 베푸셔서 아브라함은 아내를 돌려받았다.

　바로 이 대목이야말로 그리스도인이 살아갈 수 있는 힘이며, 특권이요, 축복이다. 때로 우리가 세상이 두려워서 신앙적으로 행동하지 못하고 인간적으로 일을 처리하다가 난처한 상황에 빠졌을 때, 그래서 우리 힘으로 어떻게 해볼 수 없을 때 하나님은 가만히 계시지 않고 우리의 연약함을 도와주신다.

　앞으로 남은 40-50년의 생애 동안 연약한 우리는 때로 실수하고 넘어질 텐데 그때마다 어떻게 할 것인가? 미성숙해서 제대로 판단하지 못하고 보이는 상황에 따라 움직인 결과 난처한 일을 당할 때 어떻게 할 것인가? 그때 하나님이 우리를 도우신다는 믿음을 가져야 한다. 선한 목자가 나의 연약함을 도와주신다. 그래서 우리는 오늘도 안심하며 살아갈 수 있다.

여기서 잠시 짚어 볼 대목이 있다. 약속의 땅이지만 그 땅에도 기근이 찾아왔다(창 12:10). 하나님이 아브라함을 불러 인도해 가신 땅인데 기근이 들었다는 말이다. 보통 그리스도인들은 이 부분에서 시험에 들고 잘 넘어진다. '하나님이 가라고 하셨으면 그 땅이 풍성해야 하는데, 웬 기근인가?'

우리는 좀 더 눈을 넓혀서 성경적으로 생각해야 한다. 이것은 나에게 훈련과 성숙의 기회가 찾아온 것이다. 내 삶에서도 "가나안 땅에 가서 잘 먹고 잘 살았다"가 아니라 "기근에도 불구하고 하나님을 온전히 의지해 그곳을 떠나지 않고 잘 견뎠다"라는 간증이 나와야 한다.

어려울 때 믿음으로 인내하며 나아가면 그만큼 우리는 더 자라고, 도우시는 하나님을 경험할 수 있다. 하나님이 우리를 약속의 땅 가나안에 데려가시는 이유는 우리를 훈련시켜 복의 근원이 되게 하시기 위함이다. 주님의 이름 때문에 바르게 살아 보려다가 어려움을 당한다면 하나님이 허락하신 일인 줄 알고, 축복을 주시리라 믿고 밀고 나가야 한다.

혹시 주님 때문에 고난당하는 중인가? 그렇다면 지금은 회의할 때가 아니라 믿음을 발휘할 때요, 이겨 나가야 할 때다. 살면서 누구나 나름대로 이런저런 고난을 겪지만 믿음으로 이겨 나가면 된다.

우리는 이 사건을 통해 아브라함이 신실한 종이며 약속을 얻은 믿음의 조상이었지만 실패해서 넘어진 때가 있었다는 점을 알아야 한다. 이것이 인생이다. 신앙을 갖고 세상을 살아가면서 때로 실패해 넘어질 때가 있고, 연약함으로 타협할 때가 있다. 이때 자신을 너무 정죄하지 말라. 그때그때 연약한 나를 도우시고 힘을 주시는 주님이 계심을 믿어야 한다. 넘어진 자리에서 다시 일어나라. 이렇게 살려고 한 것이 아닌데 또 넘어졌는가? 다시 일어나라. 우리는 완전한 자들이 아니다. 넘어지지 않는 자가 아니라 다시 일어나는 자들이다.

자신을 용서하라. '나는 장로인데 왜 이 모양인가?', '내가 그래도 집사인데 왜 이것밖에 못하나?'라고 하며 자기 자신을 너무 자학할 필요 없다. 주님은 용서하시는 분이다. 만약 이 사건이 있은 후 아브라함이 자기 자신에게 실망해서 그대로 포기해 버렸다면 어떻게 되었겠는가? 그는 또다시 하나님의 말씀에 순종해 나가고 또 나갔기에 믿음의 조상이 될 수 있었다.

4. 주도권을 쥐고 손해 보는 쪽을 선택한 자

아브라함과 조카 롯이 동거하기에 땅이 넉넉하지 못해 가축을 치는 목자들끼리 다투게 되었다(창 13:6-7). 이때 아브라함은 어떻게 했나? 본인이 먼저 이 문제를 풀었다. 아브라함은 삼촌이고 롯은 조카였다. 이런 문제가 생겼을 때 아브라함은 조카 롯이 찾아와서, "삼촌, 저희 목자들이 삼촌네 목자들과 싸워서 죄송합니다. 용서해 주십시오. 제가 하란으로 가겠습니다"라고 말해 줄 것을 기대했을 수도 있다. 하지만 그는 그렇게 하지 않았다. 아브라함이 롯에게 먼저 말을 건넸다.

"아브람이 롯에게 이르되"(창 13:8상).

아브라함이 주도권을 잡았다. 어른이 먼저 주도권을 쥐고 해결하는 것이 맞다. 중요한 것은 체면이 아니다. 사실 조카 롯은 괜히 아브라함을 따라왔다. 하나님이 롯에게 가라고 하신 것이 아닌데 따라와서 문제를 일으켰다.

사실 누군가와 부딪혔을 때 문제를 먼저 푸는 것은 쉽지 않다. 부부싸움을 하면 남편은 남편대로, 아내는 아내대로 절대 먼저 말을 걸지 않는다. 그러나 누구든지 마음이 불편한 사람이 먼저 이야기해야 한다. 설령 내가 잘했어도 먼저 말을 건네야 한다. 서로 대립각을 세우고 며칠씩 대화하지 않는 것은 성경적이지 않다. 성경은 해가 지도록 분을 품지 말라고 말한다(엡 4:26). 갈등을 좋아하는 것은 마귀다. 마귀는 다툼을 일으키는 자다. 오래 끌면 안 된다.

아브라함은 화목하게 하는 자로서 문제가 생겼을 때 본인이 주도권을 쥐고 나섰고, 그다음에는 손해 보는 쪽을 선택했다.

"네가 좌하면 나는 우하고 네가 우하면 나는 좌하리라"(창 13:9하).

아브라함은 "내가 삼촌이니까 먼저 땅을 골라야겠다. 나머지는 네가 가져라" 하고 말하지 않았다. 연장자인 자신이 먼저 땅을 고를 수 있었지만 조카에게 양보하고 자신이 손해 보는 쪽으로 문제를 해결했다. 어차피 한 사람이 누리게 되어 있다면 그것이 내가 아니라 남이어야 한다. 이것이 기독교 정신이다. 주님이 가르치신 정신이다. 그리스도인들은 이런 식으로 갈등을 해결해야 한다. 우리는 주님을 만나 천국을 소유한 사람들이므로 이 땅에서 너무 욕심 부리지 말아야 한다.

혹시 최근에 악착같이 우겨서 내 것을 확보한 적은 없는가? 세상에는 부모의 유산을 나누지 않고 독차지해 가족 간에 미움이 발생하고 싸우는 경우도 종종 있다. 나눌 것이 있으면 서로 공평하게 나누든지, 아니면 형제에게 더 주도록 하라. 자기가 좀 더 많이 갖겠다고 서로 등 돌리고 살아서는 안 된다. 우선 자기 것부터 챙기려는 생각을 버리고 항상 다른 사람의 것부터 먼저 챙겨 주려는 마음을 가져라. 양보를 잘해서 문제를 선하게 해결하라.

"할 수 있거든 너희로서는 모든 사람과 더불어 화목하라"(롬 12:18).

사람들과의 관계에 어려움이 생길 때는 이 말씀을 기억하라. 다시 말해, 내 편에서 할 수 있다면 먼저 풀라는 것이다. 내가 아무리 풀려고 해도 상대방이 만나 주지 않고, 만난다 해도 소리 지르면서 가 버리면 어쩔 수 없다. 하지만 상대방이 잘못해서 내가 화가 났을 때 그가 만나자고 하면 만나서 풀어야 한다. 상대방이 풀려고 할 때 풀어 주는 것은 얼마든지 내 편에서 할 수 있는 일이다.

관계가 깨질 때 우리의 마음은 불편하다. 오래가면 안 좋다. 이내 무디어지기 때문이다. 교회, 학교, 직장, 가정에서 불편한 관계가 있다면 찾아가서 풀어라. 교회에 올 때 불편한 사람이 없어야 한다.

5. 자기 할 일을 피하지 않은 지

아브라함은 조카 롯이 사로잡혔다는 소식을 듣고 그를 구출하러 갔다(창 14장). 마땅히 해야 할 일이었다. 그런데 상대는 4개국 왕들이 연합한 막강한 군대, 그것도 이미 전쟁에서 승리한 전력이 있는 군대였다. 아브라함은 두렵지만 최선을 다했다. 318명을 거느리고 밤에 기습 공격을 해서 롯을 구출했다(창 14:14-16).

아브라함은 두려워서 자기가 할 일을 하지 않은 채 "하나님, 일이 이렇게 되었는데 저는 힘이 없습니다. 어떻게 해야 합니까? 도와주십시오" 하고 기도만 하지 않았다. 하나님을 의지하면서 자신이 할 수 있는 만큼 최선을 다해 조카를 구출했다.

믿음이 좋다는 것이 자기가 마땅히 할 일을 하지 않는 것으로 나타나서는 곤란하다. 특히 골치 아픈 문제가 있으면 "에이, 모르겠다. 하나님이 알아서 하시겠지!" 하고는 손을 놓는 경우가 의외로 많다. 얼핏 보면 신앙이 좋아서 하나님께 맡기는 것 같지만 실은 귀찮고 번거로우니까 하나님께 떠넘기는 것이다. 결국 자신의 게으름에 대한 변명이며 하나님을 이용하는 것에 불과하다.

예를 들어, 수련회에 가자고 권면하는데 조원이 별로 가고 싶어 하지 않는다. 조장이니까 할 수 없이 한 번 더 전화를 걸어 수련회에 가자고 설득하려 했는데 마침 통화 중이다. 그러면 '잘됐다! 이제 하나님이 알아서 하시겠지' 하고 접어 버린다. 정말 중요한 사안이라면 몇 분 있다가 다시 걸어야지, 연락이 안 되었다면서 어쩔 수 없다고 넘겨서는 곤란하다.

고 3인데 토요일에 하루 종일 교회에 와서 지내는 학생이 있다. 성가대 연습 때문이라고 하는데, 연습을 하는 것인지 노는 것인지 구분이 안 된다. 고 3이면 공부를 열심히 해야 하는데 공부하기 싫으니까 교회 봉사를 하면서 자기는 교회 일을 했기 때문에 원하는 대학에 들어갈 것이라고 생각한다. '하나님이 알아서 하시겠지'라고 생각하면서 말이다. 그것은 게으름이다.

대학에 가서도 마찬가지다. 1학년 때부터 성경 연구, 전공, 영어, 중국어 등 공부를 열심히 해야 한다. 그래야 신앙도 성숙하고 실력도 쌓인다. 대학 시절 내내 실컷 놀다가 취업할 때가 되어 부랴부랴 준비하려고 하면 이미 늦다. 하나님을 믿고 놀면 안 된다. 자기가 해야 할 일을 성실하게 해야 제대로 된 신앙인이다.

직장에서 성실하게 일하지 않으면서 승진을 기대해서는 안 된다.

대화를 별로 안 하면서 부부 사이가 좋아지기를 기대하는 것도 마찬가지다. 친밀한 대화 없이 어떻게 부부 사이가 좋아지겠는가? 야근이 잦아 부부가 함께할 시간이 부족하면 점심시간에 전화라도 하든지, 아니면 자기 전에 잠깐이라도 대화를 나누어야 한다. 주님의 일을 하니까, 회사 일을 성실히 하니까 그것으로 됐다고 생각해서는 안 된다.

자녀 문제도 마찬가지다. 사랑의 매를 들어야 한다(잠 13:24). 그런데 매를 한 번도 들지 않으면서 부모 말을 잘 들을 것이라고 기대한다면 이는 성경의 원리에 어긋난다. 사랑의 매를 들지도 않고, 함께 성경을 읽고 기도도 하지 않으면서 주일학교에서 알아서 아이를 신앙으로 키워 줄 것이라고 생각하면 큰 오산이다. 아이들의 신앙 지도는 가정에서 부모가 해야 한다. 일주일에 한두 시간 운영되는 주일학교에서 어떻게 아이들의 신앙을 책임지겠는가? 그렇기 때문에 자매들은 결혼해서 아기를 낳으면 직장을 그만두거나 자녀 양육 방법이 확보된 상태에서 맞벌이를 해야 한다.

결혼도 마찬가지다. 선도 잘 안 보고 사람 만날 노력도 하지 않으면서 결혼해야겠다고 하면 어떻게 하나? 교회 안에 형제나 자매들이 부족할 수 있다. 경우에 따라서는 규모가 큰 교회의 청년부나 청년 수련회를 찾아가라. 좋은 의미에서 그리스도인 청년들이 많은 곳을 찾아가는 노력을 해야 좋은 믿음의 배우자를 만날 수 있지 않겠는가?

기도하면서 노력하라. 직장에 꼭 들어가야 한다면 남들이 1시간 준비할 동안 그리스도인은 5시간 이상 철저히 준비해야 한다. 대충 하고서는 '하나님이 붙여 주시겠지' 하고 기대해서는 곤란하다.

대인 관계도 마찬가지다. 남을 섬기지 않고 좋은 대인 관계를 기대하는 사람이 있다. "사람들이 나한테는 연락을 잘 안 해요. 하루 종일 문자 하나 안 와요"라고 말하는 사람에게 한마디 묻고 싶다. 본인은 연락을 했나? 다른 사람에게 문자 보내고, 전화 걸고, 안부를 물었나? 그런 노력 없이 자기가 아픈데 연락하는 사람 하나 없다며 서운해해서는 안 된다. 교회 공동체의 구성원으로서 왜 항상 자기중심적으로만 생각하는지 모르겠다.

"남에게 대접을 받고자 하는 대로 너희도 남을 대접하라"(눅 6:31).

먼저 해보라. 다른 사람이 그렇게 안 하는가? 그래도 상관없다. 내가 꾸준히 사람들과 관계를 맺으면 된다. 생전 남을 위해 돈 한 번 쓰지 않으면서 대인 관계를 잘할 수 있다고 기대하는가? 베풀지도 않고 어떻게 받을 생각만 하는가? 대인 관계에 문제가 있는 사람들은 대부분 상대방에 대한 배려를 못하기도 하지만 대체적으로 돈을 잘 안 쓴다. 남한테 천 원 한 장 쓰지 않는 구두쇠를 누가 좋아하겠는가? 집이 가난해서, 돈이 없어서가 아니다. 가난해도 자기에게 필요한 데는 꼭 쓴다. 이기적이라서 그렇다. 좋은 대인 관계를 맺기 원한다면 먼저 베풀라!

때로 '사람들이 저 사람은 좋아하는데 왜 나는 안 좋아할까?' 하며 힘들어하는 사람이 있다. 당연한 결과다. 저 사람은 다른 사람들을 집으로 초대해서 음식도 대접하고 연락도 자주 하는데, 나는 누구를 초대한다든지, 먼저 전화를 한 적이 없다. 그러니 주위에 사람이 없다. 그리스도인은 베풀어야 한다. 작은 선물이라도 주면서 서로 나눌 때 친해진다. 이런 노력을 자신이 먼저 해야 한다.

6. 가장 영적인 사람은 가장 실제적인 사람이다

아브라함이 연합군과 싸우는 데 318명은 턱없이 적은 숫자였다. 하지만 그들이라도 끌고 가는 것, 또 낮이 아니라 밤에 기습 공격하는 것이 바로 아브라함이 할 수 있는 최선의 방법이었다.

여기서 한 가지, 신앙인들이 약간 헷갈려하는 부분이 있다. '하나님이 함께하시면 낮에 가야 하는 것이 아닌가? 꼭 318명이 같이 가야 하나? 하나님이 도와주실 텐데 혼자 가지.' 아니다. 하나님이 주신 범위 안에서 모든 자원을 사용하는 태도가 신앙인의 성숙한 모습이다. 어린아이가 오병이어를 바쳤을 때 예수님이 오병이어를 통해 기적을 베푸셨다. 우리가 할 수 있는 만큼 최선을 다하면 된다. 하나님을 의뢰하면서 자기에게 주어진 상황을 잘 감당해 나가면 된다.

그래서 아브라함은 밤에 쳐들어갔다. 이것이 지혜다. 가장 영적인 사람은 가장 실제적인 사람이다. 학생이라면 학점을 잘 따기 위해 노력해야 한다. 무작정 공부하기보다는 교수님이 중요하게 여기는 것이 무엇인지 알고 맞춰서 공부해야 한다. '심은 대로 거둔다고 했지? 열심히 공부했으니 이제 됐다' 할 것이 아니다. 하나님은 우리에게 지각을 주셨다. 이 교수님은 어떤 내용에 중점을 두는지, 저 교수님은 어떤 유형의 문제를 낼지 파악해서 열심히 공부해야지, 무조건 열심히 했으니 좋은 점수가 나올 것을 기대하는 태도는 어리석다.

직장에서도 어떻게 해야 인정받는 사람이 될지 고민해 보라. 하나님 앞에서 끊임없이 기도하고, 동시에 자신의 분야에서 인정받고, 그 영향력을 가지고 직장에서 사람들을 붙잡을 생각을 해야 한다. 단지 '성실히 했다', '지각하지 않았다' 등으로 만족할 것이 아니라 하나님 앞에서 최선을 다하면서, 동시에 뱀처럼 지혜로워야 한다(마 10:16).

수동적으로 가만히 있지 말고 능동적으로 움직여라. 어울려서 술을 먹지 않더라도, 타협하지 않더라도 여기서 인정받을 수 있는 길이 무엇일까 고민하라. 비둘기처럼 순결하기 때문에 자기가 할 일을 다 했다고 생각하지 말라. 얼마든지 최선을 다해서 지혜롭게 노력하면 승진도 할 수 있고, 더 나은 길로 갈 수도 있다. 열심히 일하다가 어느 정도 나이가 들면 회사를 정리하고 남은 인생, 풀타임으로 주님의 일을 할 생각도 해야 한다. 가만히 주어진 일만 하는 것은 신앙인의 자세가 아니다.

기도할 때는 어떻게 해야 하나? 기도 외에는 다른 방법이 없는 것처럼, 기도를 통해서만 이루어질 것처럼 기도해야 한다. 그리고 기도를 끝낸 후에는 마치 하나님이 나를 도와주시지 않는 것처럼, 내가 어떻게든 이루겠다는 자세로 노력해야 한다. 두 가지가 함께 가야 한다. 아브라함이 낮이 아니라 밤에, 혼자가 아니라 318명을 데리고 간 것을 기억하라. 무턱대고 나가는 것이 믿음은 아니다. 그것은 광신이다. 하나님을 의지하며 나에게 주어진 현실에서 최선을 다하라. 그때 하나님이 역사하신다.

05

믿는 자의 특징은 상황을 뛰어넘는 순종이다
『아브라함 2』

아브라함은 100세 때 얻은 아들 이삭을
하나님께 제물로 바칠 정도로
하나님의 말씀에 철저히 순종한 믿음의 인물이다.
믿음의 조상 아브라함은
절망적인 상황에서
어떻게 하나님을 의지하고 약속의 말씀을 신뢰했는가?

1. 하나님의 말씀을 믿는 자가 의인이다

하나님은 아직 자손이 하나도 없는 아브라함에게 뭇별을 보여 주시면서 자손이 이처럼 번성할 것이라고 약속하셨다(창 15:5). 그때 아브라함은 하나님의 말씀을 그대로 믿었고, 하나님은 그런 아브라함을 의인으로 인정해 주셨다(창 15:6).

의인은 천국 백성을 의미한다. 즉 아브라함은 천국에 들어가는 의인이 된 것이다. 왜 착한 일을 한 사람이 의인이 되어 천국에 들어가는 것이 아니라, 하나님의 말씀을 믿는 자가 천국에 들어가는 의인이 되는가? 이것이 기독교의 핵심, 구원의 핵심이다. 우리는 보통 악인은 죄를 많이 지어서 지옥에 가니까, 반대로 천국은 죄를 짓지 않은 자, 선한 일을 많이 한 사람이 갈 것이라고 생각한다. 오늘날 우리나라에도 1천만 명이 넘는 불교 신자, 500만 명이 넘는 가톨릭 신자들

대부분이 그렇게 믿고 착하게 살아 보려고 열심히 노력하고 있다. 즉 착하면 구원받을 수 있다는 믿음이다. 그런데 그들이 전혀 모르는 사실이 있다. 하나님이 보실 때 이 땅에는 의로운 사람이 하나도 없다. 아무리 노력해도 하나님이 인정하시는 의인이 되기는 어렵다.

"기록된 바 의인은 없나니 하나도 없으며"(롬 3:10).

우리는 이 땅에서 불완전한 상태로 살아갈 뿐이지 결코 완전한 자는 될 수 없다. 이런 면에서 아브라함은 이미 우리에게 구원의 교리를 분명하게 전해 주었다. 믿음을 통해서 의인이 된다는 사실인데, 우리는 아브라함 덕분에 이 귀한 깨달음을 얻게 되었다.

"아브라함이 하나님을 믿으매 그것이 그에게 의로 여겨진바 되었느니라"(롬 4:3).

일하는 자에게는 당연히 임금이 보수로 주어지지만, 하나님은 일을 하지 않을지라도 경건하지 않은 자를 의롭다 하시는 이를 믿는 자에게는 그의 믿음을 의로 여기신다(롬 4:4-5). 잘한 것이 없지만 하나님 앞에 의인이 되고, 훌륭하지 않지만 천국에 들어간다(롬 4:1-6).

성경은 죄가 없는 사람이 복이 있다고 하지 않는다. 그렇다면 이 땅에 복 있는 사람은 한 명도 없다. 하지만 성경은 "불법이 사함을 받고 죄가 가리어짐을 받는 사람들은 복이 있고 주께서 그 죄를 인정하지 아니하실 사람은 복이 있도다"(롬 4:7-8)라고 말한다. 우리는 결코 의인이 아니지만 하나님이 믿음으로 말미암아 우리를 의롭다 하셨다. 분명한 것은, 착한 일을 많이 했기 때문이 아니라 주님을 믿음으로 천국에 간다는 사실이다.

'목사님, 또 그 말씀을 하십니까? 다 알고 있습니다'라고 생각하는 사람들이 많을지 모른다. 착해서 구원받는 것이 아니라 죄인이 용서로 구원받는다는 이야기, 밤낮 하는 그 이야기, 길거리에서 전도할 때도 하는 이야기다. 그런데 왜 여전히 이 이야기를 하고 있는가? 아니, 해야만 하는가? 아직도 이 땅의 너무 많은 사람이, 심지어 교인들조차도 이 진리를 잘 알지 못하고 있기 때문이다. 우리는 그들의 영적 무지를 보면서, "아브람이 여호와를 믿으니 여호와께서 이를 그의 의로 여기시고"(창 15:6)라는 말씀을 다시 한 번 되새겨야 한다.

중요한 것은 의롭다는 평가가 인생을 다 살고 난 후 얻어지는 것이 아니라 생의 한가운데서 내려진다는 사실이다. 인생의 어느 순간에 주님을 믿었는가? 그렇다면 그 순간 의인으로 결정 났다. 차차 의인이 된다는 생각을 해서는 안 된다. 올림픽에서 금메달을 하나 따 놓으면 그 선수는 매달 연금을 받는다. 즉 금메달을 한 번 땄느냐 안 땄느냐가 중요하다. 마찬가지로 예수님을 믿는 순간, 구원이 임한다.

"내가 하나님의 아들의 이름을 믿는 너희에게 이것을 쓰는 것은 너희로 하여금 너희에게 영생이 있음을 알게 하려 함이라"(요일 5:13).

간혹 "죽어 봐야 알겠지요?"라고 말하며 구원의 문제를 유보하는 사람들이 있다. 그러나 신자는 영생이 있거나 없거나, 둘 중의 하나다. "나는 지금 확실한 의인인가? 당장 생을 마쳐도 확실히 천국에 들어갈 수 있는가?"라는 질문에 대한 답을 확인하는 것이 중요하다.

그러나 의인이라 할지라도 아브라함처럼 실수를 한다(창 16장). "구원받은 사람은 죄를 지을 수 없다" 혹은 "구원받았어도 죄를 지으면 지옥에 간다"라는 말은 굉장히 위험한 이단 교리다. 아브라함은 확실히 의인으로 인정받았지만 곧이어 실수하는 모습을 보였다.

2. 조심하라. 의인도 넘어질 수 있다

하나님은 아브라함에게 "하늘을 우러러 뭇별을 셀 수 있나 보라"(창 15:5)라고 말씀하셨다. 셀 수 없을 만큼 많은 자손을 주시겠다는 약속이다. 그런데 그 후 아브라함에게는 자녀가 한 명도 없었다. 하나님이 뭇별을 보여 주신 후 꽤 긴 시간 동안 응답이 없었던 것이다.

그러자 아브라함의 아내 사라는 하나님이 자기의 출산을 허락하시지 않는 것 같으니 남편더러 자신의 여종에게 들어가라고 했다(창 16:2). 일종의 대리모인 셈이다. 당시는 가나안 땅에 거주한 지 10년쯤 되었다(창 16:3). 아브라함은 사라의 말을 듣고 하갈과 동침했다. 곧 하갈은 임신했고, 그 사실을 알게 된 하갈은 여주인 사라를 멸시했다(창 16:4).

아내 사라가 하갈과의 동침을 제안했을 때 아브라함은 어떻게 했어야 하는가? "그것이 무슨 말이오? 하나님이 나에게 약속하실 때 여종을 통해서 자손이 뭇별처럼 번성할 것이라는 뜻이었겠소? 내가 이해하기로는, 하나님은 당신을 통해서 자손을 허락하신다는 것이었소." 이렇게 단호히 말하며 아내의 제안을 거절했어야 옳다. 그러나 나이는 많아지고 자녀는 안 생기니 현실적으로 타협하고 만 것이다. 믿음 없는 아내의 계획과 아브라함의 동의로 이스마엘이 태어나면서 집안에 갈등이 생기고 말았다. 결과적으로는 오늘날 무슬림의 조상이 탄생했다.

우리는 어떤 제안을 받을 때 현실적인 면만 보고 즉각 결정하지 말고 충분히 기도한 다음 결정해야 한다. 즉 하나님과 의논해야 한다. 아담도 아내 하와의 제안을 받아 넘어지더니, 아브라함도 아내의 말을 듣고 넘어졌다.

아내의 말을 듣고 여종을 통해 자녀를 얻은 실수 외에 아브라함이 저지른 또 다른 실수는 하갈에 대한 처신이다. 하갈은 임신하자 여주인 사라를 멸시했다. '가뜩이나 아기를 낳지 못해 힘든 나를 무시하다니!' 그렇잖아도 독이 잔뜩 올라 있었던 사라는 "당신의 여종은 당신의 수중에 있으니 당신의 눈에 좋을 대로 그에게 행하라"라는 아브라함의 말에 하갈을 학대했고, 결국 그녀를 도망가게 만들었다(창 16:6).

그런데 이 대목에서 아브라함은 참 눈치가 없었다. 독이 오른 아내에게 하갈을 맡긴 것은 하갈에게 죽으라는 것이나 다름없었다.

이런 면에서 아브라함은 무책임한 결정을 했다. 의인 아브라함도 이러한 잘못을 저지를 수 있다. 다시 말하면, 신앙인이라고 해도 상대방을 배려하는 것, 분위기를 감지하는 것, 센스 있는 것은 또 다른 문제다. 신앙은 좋은데 남을 잘 배려하지 못하는 사람이 얼마나 많은지 모른다. 신앙이 좋다 하더라도 대인 관계에는 또 다른 기술이 필요하다.

일반적으로 신앙인들은 비둘기처럼 순결해 바른말을 많이 하지만 지혜롭지 못한 경우가 많다. 사람들이 어떻게 받아들이든 상관없이 하나님이 자신을 사랑하신다는 사실 하나만 믿고 관계를 망치는 경우가 의외로 많다. 자기 신앙만 좋으면 그것으로 되었다고 생각하기 쉽다. 하지만 그리스도인은 대인 관계를 잘하기 위해 부단히 노력해야 할 필요가 있다.

대인 관계에 미숙한 사람들이 결혼하면 부부 싸움을 자주 한다. 유난히 싸움을 많이 하는 부부의 경우 미혼 때 준비가 안 된 경우가 많다. 공동체 안에서 부지런히 깨지고 다듬어져 변화해야 하는데 그러기 전에 결혼하고 보니 어떻게 대인 관계를 해야 할지 잘 모른다.

아브라함이 바로 그런 경우다. 사라의 입에서 "내가 받는 모욕은 당신이 받아야 옳도다"(창 16:5)라는 말이 나왔을 때 그 말을 하는 사라의 표정을 살피면서 '아, 이러다가는 하갈이 죽겠구나!' 하고 깨달았어야 했다.

그리스도인은 여러 사람에게 여러 모습이 되어(고전 9:22) 상대방을 얻을 수 있어야 한다. 그를 진짜 사랑한다면 어떤 식으로 전할지 고민하고, 생각하고, 배려해서 말해야 한다. 내 스타일대로 아무렇게나 말해서는 안 된다. 이런 면에서 아브라함은 이번에도 실수를 했다. 다시 한 번 아브라함의 삶을 통해 '의인으로 인정받았어도 삶에서는 실수할 수 있구나'라는 사실을 확인할 수 있다. 실수하지 않는 사람이 의인이라고 생각해서는 결코 안 된다.

3. 하나님은 경건한 의인의 기도를 들어주신다

아브라함은 소돔과 고모라에 대한 하나님의 심판을 알게 되었다(창 18장). 그래서 그는 하나님께 의인을 악인과 함께 멸하시지 말 것을 탄원하며 의인 50명이 있을지라도 심판하시려는지 물었다. 하나님은 의인 50명을 찾으면 용서하겠다고 말씀하셨다. 그런데 아브라함이 생각해 보니 좀 많은 것 같아서 "의인이 45명이면 어떻게 하실 것입니까?"라고 물었다. 하나님은 "45명만 있어도 멸하지 않겠다"라고 하셨다. 그런데도 아브라함은 자신이 없어 계속 40명, 30명, 20명, 그리고 마지막에 "10명은 안 될까요?"라고 물었다.

아브라함이 여기서 끝낸 것을 보면, 의인이 적어도 10명은 될 것이라고 생각했던 것 같다. 이때 기준을 1명으로 더 낮추었어야 했다. 최소한 롯은 있었으니까. 아무튼 아브라함은 소돔과 고모라에 의인이 10명 정도는 있을 것이라고 생각해서 무려 6회나 물었고, 그때마다 하나님의 허락을 받았다.

하나님은 경건한 의인의 기도를 들어주신다. 우리가 어떻게 기도하느냐에 따라 결과가 달라질 수 있다. 소돔과 고모라 사람들이 심히 타락했지만, 아브라함의 기도로 한 번 살 수 있는 기회가 주어졌다. 그들의 운명은 하나님과 아브라함이 결정했다. 소돔과 고모라 사람들은 종속 변수다.

이처럼 우리 주위 사람들의 운명 역시 우리의 기도로 결정된다. 비록 나에게 병 고치는 은사가 없다 하더라도 우리는 기도로 사람을 살릴 수 있다. 그 능력을 이미 다 받아 놓았다. 그러니 열심히 기도하면 된다.

만약 대학생이라면 전교생을 놓고 기도할 수는 없어도 최소한 같은 과 60명을 위해서는 기도할 수 있다. 60명의 명단을 놓고 기도하는데 생각보다 시간이 별로 걸리지 않는다. 그들은 자기들 마음대로 사는 것 같아도 사실 그들의 운명은 우리와 하나님 사이에서 결정 난다.

회사에 들어갔는데 회사 규모가 커서 직원이 3만 명이라면 어떻게 해야 할까? 다 기도할 수는 없더라도 최소한 같은 부서 직원 25명 정도를 위해서는 기도해야 한다. 회사의 같은 부서 직원들을 위해 기도하지 않으면서 그리스도인이라고 이야기하기는 좀 민망하다.

물론 한국을 위해서도 기도해야 한다. 한국에 있는 660만 명의 신앙인들이 제대로 신앙생활 하도록, 비신자 4천만 명이 어둠에서 나올 수 있도록 끊임없이 기도해야 한다. 그러나 무엇보다도 당장 자기 과에 있는 친구들을 위해, 회사의 같은 부서 직원들을 위해서 기도해야 할 것이다.

아브라함이 6회나 하나님께 간구했던 모습을 보라. 여기에는 간절함이 묻어 있다. 어떻게든지 소돔과 고모라의 멸망당할 영혼들을 구원해 보고자 하는 안타까움이 담겨 있다.

"아브라함이 또 이르되 주는 노하지 마옵소서 내가 이번만 더 아뢰리이다 거기서 십 명을 찾으시면 어찌하려 하시나이까"(창 18:32).

어렵게 말을 꺼냈다. 자꾸 말을 뒤집는 것처럼 보일까 봐 이번만 더 아뢰겠다는 뜻이다. 아브라함의 기도를 볼 때, 우리가 중보 기도를 하지 않는 이유는 바빠서가 아니라 멸망당할 자들에 대해 불쌍히 여기는 마음이 없어서다. 우리나라의 비신자 4천만 명의 비참한 운명에 대해 관심이 없기 때문이다. 예수님이 이 땅에서 십자가를 지신 이유는 우리를 불쌍히 여기셨기 때문이다. 이제 우리는 "주여, 제게 연민의 정을 주십시오"라고 기도해야 한다.

만약 전도를 열심히 하지 않는다면 그 이유도 마찬가지다. 바빠서가 아니라 영혼에 대한 사랑이 없기 때문이다. 사랑 결핍증, 애정 결핍증이다. 재정이나 능력이 부족해서 다른 사람을 돕지 못할 수도 있다. 그러나 기도로는 충분히 도울 수 있다.

가족 중에 아직 예수님을 믿지 않는 사람이 있는가? 중보 기도의 능력을 믿으라. 주변에 믿지 않는 가족, 친척, 회사 동료, 학교 친구를 떠올려 보라. 내가 기도하지 않으면 그들에게는 구원의 소망이 없다. 나마저도 기도하지 않으면 누가 그들을 위해서 기도할까? 워낙 기도할 것이 없어서 5분밖에 기도하지 못하는 사람이 있다면 이제 이 불쌍한 영혼들을 위해 기도하라.

하나님이 나를 사랑하시는 것같이 우리에게도 영혼들을 향한 긍휼함과 사랑의 마음이 필요하다. 교회에 다닌 지 1-2년쯤 지났다면 지금쯤 그런 마음이 생겨야 한다. 그런 마음 없이 밤낮 나와 내 가족 문제에만 빠져 있으면 안 된다. 원하는 것을 얻기 위해서는 온갖 노력을 다하면서 정말 중요한 주님의 마음은 왜 가지려고 노력하지 않는가?

4. 어디까지 하나님께 순종해야 하는가?

하나님은 아브라함에게 이삭을 데리고 모리아 땅으로 가서 자신이 알려 주는 산에서 그를 번제로 드리라고 하셨다(창 22:2). 하나님이 아브라함을 시험하시려고 그런 명령을 내리신 것이다(창 22:1).

아브라함 입장에서 한번 생각해 보자. 이전에 사랑하는 아들 이스마엘을 내쫓은 그는 이제 또 이삭을 포기해야 하는 상황에 놓였다. 하나밖에 없는 아들, 100세에 얻은 귀한 아들을 이번에는 내쫓는 것이 아니라 아예 죽여야 했다. 분명히 심히 고민하고 많이 망설였을 것이다. 그러나 아브라함은 하나님이 명하셨기에 고민하면서도 결국 순종의 길을 택했다.

아브라함이 아침에 일찍 일어난 것을 보니(창 22:3) 그의 마음은 이미 정해졌던 것 같다. 브엘세바에서 모리아산까지는 75km 정도 된다. 아브라함은 3일 길을 걸어 하나님이 말씀하신 산 근처에 도착했고, 종들에게 그곳에서 기다리라고 명했다(창 22:5). 만약 종들이 같이 간다면 이삭을 결박하고 죽이려 할 때 뜯어말릴 것이라고 생각했던 것 같다. "이분이 나이 많아 노망이 드셨나? 하나밖에 없는 아들을 잡으시다니!"라고 하면서 말이다.

"내가 아이와 함께 저기 가서 예배하고 우리가 너희에게로 돌아오리라"(창 22:5).

"나만 돌아오리라"라고 이야기할 수 있는데 "우리가 돌아오리라"라고 말한 데는 두 가지 가능성이 있다. 하나는 아브라함이 정말로 하나님을 믿었기 때문이고, 또 하나는 거짓말이라는 것이다. 그런데 거짓말처럼 보이지는 않는다.

"그가 하나님이 능히 이삭을 죽은 자 가운데서 다시 살리실 줄로 생각한지라"(히 11:19).

단지 묵상만 해서는 아브라함이 그렇게 말한 이유를 도저히 알 수 없다. 그런데 히브리서 기자가 하나님의 영감을 받아 말하기를, 그때 아브라함의 마음속에는 이삭을 죽이더라도 하나님이 다시 살리실 것이라는 믿음이 있었다고 했다.

이전에 하나님은 분명히 아브라함에게 네 자손이 하늘의 뭇별처럼 많아질 것이라고 약속하셨다(창 15:5). 그렇다면 이삭을 죽였음에도 자손이 많아진다는 것은 무슨 뜻인가? 바로 이삭을 살리시겠다는 것이 아닌가? 아브라함은 이삭을 죽여도 하나님이 살리실 수 있다고 믿었다. 이것이 아브라함의 믿음의 특징이다.

우리에게도 이런 믿음이 필요하다. 순종하기 어렵거나 행하기 어려운 순간에 '선한 목자가 원하시는 것이니 분명 무슨 뜻이 있을 것이다', '나로서는 힘든 일이지만 하나님의 뜻에 순종한다면 하나님이 반드시 이 문제를 책임지실 것이다'라는 믿음이 있어야 한다. 많은 어려움이 생길 때마다 하나님이 선한 목자이시며 그분이 내 편이심을 믿으라. 믿음이 잘 생기지 않을 때는 과거에 그분이 나를 어떻게 도우셨는지를 자꾸 묵상하라. 주께 받은 도움, 은혜를 적어서 써 붙여라. 자주 기억하면 믿음이 생긴다.

놀랍게도 아브라함에게는 하나님이 선한 목자이심을 믿는 믿음이 있었다. 하나님이 자식을 번제로 드리라고 하실 때 "도저히 말이 안 됩니다!" 하며 덤빈 것이 아니라 선한 목자, 나를 사랑하시는 분이 이렇게 명령하실 때는 죽여도 다시 살리실 것이라는 믿음이 있었던 것이다. 어차피 100세에 낳을 수도 없는 아들을 낳게 하신 분이 하나님이시니 얼마든지 아들을 다시 살리실 수 있지 않겠는가? 당장 현실을 바라볼 때는 답답할 수 있지만 신앙인이라면 이런 믿음을 갖고 있어야 한다.

아브라함이 칼을 들어 실제로 이삭을 잡으려고 할 때 위로부터 음성이 들려왔다.

"아브라함아 아브라함아……그 아이에게 네 손을 대지 말라 그에게 아무 일도 하지 말라 네가 네 아들 네 독자까지도 내게 아끼지 아니하였으니 내가 이제야 네가 하나님을 경외하는 줄을 아노라"(창 22:11-12).

하나님은 아브라함의 마음을 모르셨던 것이 아니라 이 사건으로 확실하게 아브라함의 믿음을 인정하셨다. 아브라함은 수풀에 걸려 있던 한 숫양을 잡아서 번제로 드렸고, 그 땅 이름을 '여호와 이레'라고 했다(창 22:13-14).

여호와 이레, 즉 하나님은 준비하시는 분이다. 앞서 아브라함이 "번제할 어린양은 어디 있나이까"(창 22:7)라는 이삭의 질문에 "내 아들아 번제할 어린양은 하나님이 자기를 위하여 친히 준비하시리라"(창 22:8)라고 답했는데, 그는 정말로 여호와 이레, 도우시는 하나님을 경험하게 되었다.

아브라함은 하나님의 명령에 실제로 순종했다. 참으로 어려운 명령이었다. 어떻게 보면, 아담의 경우처럼 선악과를 따 먹지 말라는 명령은 사실 쉬운 일이다. 그러나 아브라함의 경우는 달랐다. 그에게 내려진 명령은 긴 세월을 기다려 얻은 아들을 번제로 바치라는 명령이었다.

아브라함은 이미 이스마엘을 내보낸 상처가 있음에도, 다시 3일간 지독한 심적 투쟁을 치른 뒤 순종을 보여 주었다. 이 사건은 과연 우리가 하나님께 어디까지 순종해야 하는지를 보여 준다.

세상에서 자식의 죽음보다 더 큰 슬픔이 어디 있는가? 그런데 자식까지도 포기할 수 있다면 도대체 우리가 이 땅에서 하나님께 순종하지 못할 영역이 어디 있겠으며, 하나님의 뜻대로 살지 못할 이유가 어디 있는가?

포기해야 할 것이 어떤 사람은 게임, 어떤 사람은 스포츠, 어떤 사람은 술일 수 있다. 그것만 하지 않으면 성경을 충분히 읽을 수 있는데 스포츠를 하느라 경건 생활을 못하고, 세상에 붙은 욕심을 포기하지 못해 신앙은 뒷전이다. 어떤 사람은 드라마를 포기하지 못한다. 드라마를 보는 시간이면 1년에 성경 5독, 아니 10독도 했을 텐데 성경 대신 드라마를 보느라 성경을 1독도 하지 못한 채 한 해를 보내고 만다.

아브라함은 자식까지 버릴 만큼 순종했는데 만약 우리가 그의 10분의 1, 100분의 1도 포기하지 못한다면 이 순간 결단해야 할 것이다. 내가 아직도 놓지 못하고 쥐고 있는 것이 무엇인지 정직하게 들여다보아야 한다. 언제까지 미룰 것인가?

이러한 말씀을 들을 때 '아브라함은 자식까지 버릴 만큼 순종했구나. 그런데 왜 나는 내 것을 버리지 못할까? 어쩔 수 없어서 그렇지'라는 말로 합리화해서는 안 된다.

30가지도 넘는 이유를 댈 수 있다. 피곤해서, 먹고살아야 해서, 연약해서 등 끝도 없다. 이런 식으로 넘어가려는 사람이 있다면 이제 마음을 정하라.

하나님은 이미 아브라함의 마음을 알고 계셨지만, 이삭을 바치기까지 순종한 아브라함에게 "내가 이제야 네가 하나님을 경외하는 줄을 아노라"(창 22:12)라고 말씀하셨다. '내려놓음' 없이는 절대로 하나님을 경외할 수 없다. 성경은 "향락을 좋아하는 자는 살았으나 죽었느니라"(딤전 5:6)라고 말한다. 쾌락을 즐기는 자는 신앙이 자라지 않는다. 뒷문을 열어 놓았기 때문이다.

이렇게 아브라함이 하나님께 순종하는 모습을 보면서도 우리의 죄성은 하나님이 원하시지 않는 방향을 고집한다. 때로는 취미라는 명목으로 자기가 좋아하는 것을 절대 놓지 않는다. 취미 생활 때문에 성경 읽기와 기도 생활을 제대로 못한다면 그 취미는 하나님을 대항하는 것일 수 있다. 분명한 이치를 알면서 언제까지 내려놓지 않으려 하는가?

믿음이란 순종해야 한다는 사실을 머리로 아는 것이 아니라 실제적이고 의지적인 행동으로 옮기는 것을 의미한다. 하나님은 바로 이러한 행동을 칭찬하신다.

그리고 순종할 때는 아브라함처럼 아침 일찍 일어나야 한다. 투덜거리면서 하는 순종은 별 의미가 없다. 아버지가 물을 떠오라고 할 때 마음 깊이 순종하는 마음으로 해야지, 마지못해 가져다 드리는 것은 효도가 아니다. 군대에서는 선임이 심부름을 시키면 우거지상을 쓰면서 한다. 그것은 순종이 아니다.

하나님의 뜻을 따를 때는 기쁜 마음으로 군말 없이 해야 한다. 구시렁구시렁하면서 억지로 따르는 것은 순종보다는 불순종에 가깝다고 할 수 있다. 진정한 하나님 나라의 백성은 하나님께 기쁘게 순종한다.

믿음으로 자기와의 싸움에서 이겨라

믿는 자의 특징은 순종이다. 대들거나, 삐딱하거나, 불평하거나, 고집부리거나, 투덜거리지 말라. 이제 그리스도인은 뼈도 없는 사람들이다. 우리는 이미 옛 성품, 정욕과 탐심을 십자가에 못 박았다 (갈 5:24). 이제 내가 사는 것이 아니라 내 안에 그리스도께서 사신다 (갈 2:20). 이전의 나는 다 죽었다.

그러므로 자기가 여전히 살아 있는 것처럼 눈빛에서 도도함이나 교만함이 내비쳐서는 안 된다. 자기가 무엇인가 할 수 있다는 착각의 불씨가 남아 있어서도 안 된다. 순전한 어린양처럼 자기의 모든 것을 다 내어 놓은 사람인데 내 것이 어디에 있는가? 까칠한 것, 뺀질한 것 등은 예수 그리스도를 믿는 순간 다 끝났다. 신앙생활을 한 지 5년 혹은 10년이 지났다면 우리의 말과 행동을 통해 옛것이 감추어져 있어야 한다.

혹시 하나님이 원하지 않으신다는 사실을 알면서도 붙잡고 있는 것이 있다면 미련 없이 버리기로 결단하라. 하나님은 아브라함에게 이러한 결단을 요구하셨고, 아브라함은 아침 일찍 일어나는 것으로 하나님께 응답했다.

겟세마네 동산에서 주님은 자기와의 싸움에서 이기셨다. '아브라함은 순종을 잘했네' 하고 말 것이 아니라 나와의 싸움에서 이겨라. 하나님과 독대하라. 솔직하게 하나님 앞에 자신을 갖다 놓으라. 하나님이 아브라함에게 요구하셨던 것처럼 내게도 요구하신다. 나는 주님의 요구에 어떻게 응답할 것인가?

06

어려움을 피할 수는 없지만 이길 수는 있다
『이삭』

이삭은 아브라함이 100세 때 얻은 아들이다.
그는 귀하게 자라났지만
결코 버릇없거나 이기적이지 않았고,
유순하고 순종적인 사람이었다.
힘든 가정생활 속에 나타난 하나님의 섭리와
그에 순종한 이삭의 믿음의 근본에 대해 알아보자.

1. 드라마틱하게 결혼한 이삭

아브라함의 신실한 종은 주인의 명을 받아 이삭의 신붓감을 찾으러 가나안 족속이 아닌 아브라함의 족속을 향해 멀리 떠났다. 사라가 장사된 헤브론에서 하란까지는 약 700km 정도의 먼 길이었다. 종은 길을 나서긴 했지만 막상 이삭의 아내를 어떻게 구해야 할지 막막했기에 하나님께 기도했다.

"그가 이르되 우리 주인 아브라함의 하나님 여호와여 원하건대 오늘 나에게 순조롭게 만나게 하사 내 주인 아브라함에게 은혜를 베푸시옵소서"(창 24:12).

종이 메소보다미아로 가서 나홀의 성에 도착했을 때는 마침 저녁때라 여인들이 물을 길으러 나올 때였다. 그래서 그는 기도하기를, 한 소녀에게 물동이를 기울여 자신에게 마시게 하라고 청할 때 그 소녀가 자신뿐 아니라 낙타에게도 마시게 하겠다고 하면 하나님이 허락하신 이삭의 신붓감인 줄 알겠다고 했다(창 24:13-14). 아마도 아브라함의 종은 가축을 중요시하는 사회에서 나그네뿐 아니라 가축을 잘 돌볼 줄 아는 친절한 여자라면 신붓감으로 좋겠다고 생각했던 것 같다.

그런데 실제로 리브가라는 여인이 나타나서 자신이 기도한 그대로 행하는 것이 아닌가! 리브가는 종이 물을 마시도록 한 후에 "당신의 낙타를 위하여서도 물을 길어 그것들도 배불리 마시게 하리이다"(창 24:19)라고 하며 급히 물동이에 물을 길어 낙타들을 먹였다.

사실 목마른 사람에게 물을 주는 것은 어려운 일이 아니다. 그러나 낙타들에게까지 물을 주는 것은 좀 다르다. 그것도 낙타가 무려 10마리였다. 보통 낙타 한 마리가 한 번에 40-50L의 물을 마시고 4-5일을 버틴다고 한다. 물동이의 용량을 1.8-2L 정도로 볼 때 10마리의 낙타에게 물을 먹이겠다는 말은 매우 힘든 일을 기꺼이 감당하겠다는 뜻이나 마찬가지였다.

이로 볼 때 리브가는 친절한 여인임이 틀림없었다. 결국 종이 기도한 여인은 친절하고, 남을 도울 줄 아는 사람, 다시 말해 다음에 해야 할 일을 아는 '센스 있는 여인'이었던 것이다. 상대방이 물을 요구할 때 그에게만 물을 주고 낙타들에 대해서는 가만히 있다면 센스 없는 여인, 무신경한 여인일 것이다. 그런 사람을 아내로 맞으면 고생한다. 그 사이에서 태어날 자녀들 역시 고통을 겪는다. 그다음에 무엇을 해야 하는지 보이지 않으니까 말이다.

우리도 이 부분에 주의해야 한다. 미혼일 때 '그다음'을 아는 사람이 되도록 적절한 훈련을 받아야 한다. 무신경이어서는 곤란하다. 사람들이 곤히 자고 있는 기차 안에서 자기들만 좋다고 크게 떠드는 사람들이 있다. 그들은 지루한 여행길을 대화하면서 즐겁게 가고 싶겠지만 다른 사람에 대한 배려가 전혀 없는 사람들이다. 아파트에서 자주 발생하는 층간 소음 문제도 마찬가지다. 교회에서도 처음 온 지체가 어색하게 앉아 있는데 교회 직분자들이 그 앞에서 자기들끼리만 이야기하고 있는 경우가 종종 있다. 먼저 찾아가서 "교회에 처음 오셨어요?" 하며 말을 걸지도 않는다. 남에 대한 배려가 없는 모습이다.

가정에서도 예외가 아니다. 아내가 무거운 짐을 들고 왔는데 남편이 문을 열어 주고는 "왔어?" 하고 들어가 버린다. 건장한 아들이 어머니가 무거운 짐을 들고 있어도 가만히 보고만 있다. 야근하느라 저녁도 못 먹고 기진맥진해 들어온 남편에게 기다렸다는 듯이 "쓰레기 좀 버려 줘요" 하고 요청하는 아내가 있다. 물론 남편에게 힘든 일을 부탁할 수 있지만 저녁을 먹고 잠시 쉰 다음도 아니고 오기 무섭게 요구하는 것은 남편에 대한 배려가 없는 모습이다. 하지만 리브가는 '어찌 사람만 목이 마르겠어? 그 먼 길을 왔는데 낙타도 물을 마셔야지'라는 마음으로 굉장히 힘든 일을 자신이 하겠다고 나섰다.

여기서 한 가지 살펴볼 것이 있다. 얼핏 보면 아브라함의 종이 드린 기도는 자신이 원하는 바에 하나님이 맞춰서 일하시도록 간구하는,

별로 본이 되지 않는 기도 같다. 그러나 종의 입장에서 보면, 아는 사람 하나 없는 낯선 곳에 가서 주인 아들의 신붓감을 구하는 일이 너무 막막했다. 아무나 붙잡아 올 수도 없는 일이었다. 우리라면 어떻게 하겠는가?

이런 상황에서 종은 자기 나름대로 '센스가 있고 친절한 아가씨라면 좋겠다'라고 생각해 하나님께 기도했던 것이다. 그러니 종의 기도는 형식만 보면 하나님을 시키는 것 같지만, 실상은 하나님을 의지한 기도다. 우리의 마음을 보고 기도를 들어주시는 하나님은 기도의 내용이 좀 무례하거나 다소 자기중심적이더라도 우리의 중심을 살피시고 응답해 주시는 분이다.

이 과정을 거쳐 아브라함의 종은 리브가의 집에 이르렀고, 그들에게 자초지종을 설명했다. 그런데 놀랍게도 그곳은 아브라함 동생의 집, 주인이 부탁한 바로 "내 고향 내 족속"(창 24:4)이었다.

종이 리브가에게 자신을 따라갈지 여부를 묻자 그녀는 가겠다고 결단했다. 리브가의 입장에서는 인생에서 중요한 일이 갑자기 닥친 셈이었다. 마음의 준비를 충분히 하지 못했고 정신이 없었겠지만 그녀는 분명히 이 일이 하나님께로부터 왔다는 것을 확신하고 단시간에 결단했다.

중요한 일을 결정할 때는 당연히 침착하고 신중해야 한다. 그러나 그 일이 분명히 하나님께로부터 온 일이라면, 충분히 생각해 보지 않았다는 이유로 거절해서는 안 된다. 이런 측면에서 리브가가 내린 결단은 훌륭한 본이 된다. 하나님이 기뻐하실 것 같은 제안이 들어왔을 때 자신이 현재까지 알고 있는 신앙의 범위 내에서 기도할 수 있다. 하지만 하나님의 뜻인 줄 알면서 시한을 길게 잡아 놓고 마냥 끌면서 실행하지 않는 것은 지연 작전일 뿐, 즉각적 순종이 아니다. 마음의 준비가 충분히 되지 않았다는 생각이 들더라도 결단해야 할 때가 있다. 리브가라고 3년 전부터 이날을 준비했겠는가? 주어진 정황을 살펴볼 때 하나님의 뜻이라고 판단되니까 가겠다고 정한 것이다.

필자에게도 이런 경험이 있다. 이전에 대구 지역에서 선교 단체를 개척할 당시, 필자는 군인 신분이었다. 제대 후의 진로에 대해 선배 간사와 의논했을 때, 그분은 필자가 계속 대구에 남아 전임으로 사역하는 것이 좋겠다고 권면했다. 필자 역시 그것이 하나님의 뜻이라고 생각했기에 약 5-10분 고민한 후 "가겠습니다"라고 결단했다. 그 후 대구로 가서 4-5년 정도 캠퍼스 사역을 했다. 주님의 일 앞에서 너무 재며 시간을 끄는 것은 바람직하지 않다. 하나님이 기뻐하실 일이라면 바로 결단해야 한다.

리브가는 좀 더 머물기를 원하는 가족 앞에서 오히려 "나를 만류하지 마소서"(창 24:56)라고 하며 결단을 촉구했다. 이로써 리브가는 머나먼 곳으로 떠났다.

"이삭이 저물 때에 들에 나가 묵상하다가 눈을 들어 보매 낙타들이 오는지라"(창 24:63).

여기서 잠시 이삭과 리브가, 두 사람의 만남을 살펴보자. 리브가는 남편 될 사람에 대한 이야기를 듣고 결단해 종을 따라왔다. 그리고 낙타를 타고 오는 중에 앞에 나타난 사람이 남편 될 사람인 것 같아서 낙타에서 내려 종에게 확인한 후 너울을 가지고 얼굴을 가렸다. 이삭은 리브가를 인도해 어머니 사라의 장막으로 들여 아내로 삼고 사랑했다. 자기 때문에 먼 곳에서 찾아온 여인, 사랑하는 가족과 친구들과 이별해야 했던 여인, 정든 고향 땅을 놔두고 자기를 찾아온 아내를 귀하게 여겼다.

성경은 남편에게 아내를 사랑하라고 말한다(엡 5:28). 남편은 자기 아내를 마땅히 사랑해야 한다. 세상에 잘나고, 훌륭하고, 조건 좋은 남자도 많은데 부족한 나를 믿고 선택해 자기 인생을 드린 아내를 힘들게 하지 말라. 아내를 괴롭히지 말라. 말꼬리 잡고 싸우지 말라.

"남편들아 아내를 사랑하며 괴롭게 하지 말라"(골 3:19).

남편은 아내를 존중하고 잘 돌보아 주어야 한다. 딸처럼 생각해야지, 싸움의 대상으로 여겨서는 안 된다. 나를 신뢰하고 의지해서 찾아온 여인에게 중심으로부터 경의를 표하고 더욱 뜨겁게 사랑해야 한다.

그런데 모든 결혼이 이런 식으로 드라마틱하게 이루어지는 것은 아니다. 모세 같은 지도자는 어떠했나? 거지가 되어 광야로 도망가 그 지역 제사장 집에 들어가 밥을 얻어먹고 살다가 십보라는 여인을 만나 결혼했다. 거의 얹혀사는 격이었다. 모세에게는 다른 대안이 없었다. 이 대목에 무슨 드라마틱한 부분이 있었겠는가? 결혼을 그렇게 할 수도 있는 일이다.

아브라함이 사라를 어떻게 만났는지 성경은 기술하고 있지 않다. 어떻게 만났느냐는 중요하지 않기 때문이다. 요셉은 자신의 의지와 상관없이 이집트의 왕 바로가 정해 주는 여인과 결혼했다. 다윗도 마찬가지였다. 블레셋의 거장 골리앗을 죽이면 사울의 사위가 될 수 있다는 조건을 따라 미갈과 결혼했다. 신약의 베드로도 아내를 어떻게 만났는지 성경에 전혀 언급되어 있지 않다. 세례 요한이나 바울은 아예 독신이었다.

아직 결혼하지 않은 미혼들에게 너무 이상적인 만남에 대한 기대는 금물이다. 물론 하나님의 인도하심은 분명히 있다. 우리가 하나님의 자녀인데, 그분이 우리 생애에 있어서 가장 중요한 결혼 문제에 대해 왜 계획을 갖고 계시지 않겠는가? 하나님의 인도하심, 보호하심, 이끄심이 당연히 있다. 그래서 우리는 결혼을 앞두고 자기 나름대로 하나님의 인도하심, 계획하심을 꽉 붙잡고 있어야 한다.

반면 세상에서는 감정을 따라, 또는 자기 눈에 보기 좋은 대로 외모를 따지고, 조건을 보고 결혼한다. 학벌, 직장, 연봉 등 세상적인 조건들이 많이 따라붙는다. 그러니 결혼해도 오래가기가 쉽지 않다. 감정을 따라 결혼했기 때문에 감정이 식으면 끝날 수밖에 없다. 오늘날 얼마나 많은 부부가 이혼을 하는가? 결국 감정 때문이다. 감정이 좋을 때야 "당신만을 영원히 사랑합니다"라고 고백하지만, 그 감정은 3개월도 가기 힘들다. 그래, 영원이 고작 3개월인가?

이런 세속적인 사랑과 결혼을 부추기는 드라마를 너무 많이 보지 말라. 성경적 가치관이 배제된 채 첫눈에 반하는 것이 마치 사랑인 듯 표현하는 드라마를 밤낮 보고 있으면 자연스럽게 세상적인 가치관에 물들기 마련이다. 오늘날 세속적인 사랑과 결혼관이 이 땅을 가득 채우고 있다. 교회 청년들도 예외는 아니다. 그러므로 현재 이성 교제를 하고 있다면 그 교제 가운데 하나님의 축복하심이 있는지, 하나님의 도우심에 대한 간증거리가 있는지 확인해 보라. 혹시 단순히 감정 때문에 상대를 만나고 있는 것은 아닌가?

그리스도인들은 정결한 결혼, 하나님이 축복하시는 결혼을 사모해야 한다. 아무에게나 마음 주지 말고, 외모나 조건으로 사람을 대하지 말라. 세속적인 가치관을 갖고 결혼하지 않도록 조심하라.

2. 이 땅에서는 어려움! 하늘에서는 도우심!

이삭은 흉년이 들자 블레셋의 그랄 땅으로 내려갔다(창 26장). 그곳에서 이삭은 아내가 너무 아름다워서 그랄 사람들이 자신을 죽일까 봐 두려워 아내를 누이라고 속였다. 이 장면에서 누군가가 떠오르지 않는가? 바로 이삭의 아버지 아브라함이다. 그에게도 같은 전력이 있었다.

다행히 아비멜렉왕이 두 사람이 부부라는 사실을 알게 되어 백성에게 "이 사람이나 그의 아내를 범하는 자는 죽이리라"(창 26:11)라고 명해 그들을 보호해 주었다. 하나님이 도와주신 것이다.

그뿐 아니라 하나님이 이삭에게 복을 주셔서 그 땅에서 농사한 수확이 100배나 늘었다. 이삭은 흉년을 피해 온 자였는데, 양과 소와 종이 심히 많은 엄청난 거부가 되었다(창 26:13). 그러자 블레셋 사람들이 이삭을 시기해 농사와 가축을 기르는 데 중요한 우물을 다 막아 버렸다. 그것도 모자라 그 후 다른 곳에 파 놓은 우물을 두 번씩이나 빼앗기도 했다. 그때마다 하나님은 이삭에게 또 다른 우물을 주셨다. 결국 원수들이 화친을 청하기에 이르렀다.

> "그들이 이르되 여호와께서 너와 함께 계심을 우리가 분명히 보았으므로 우리의 사이 곧 우리와 너 사이에 맹세하여 너와 계약을 맺으리라 말하였노라"(창 26:28).

이삭은 어려운 상황에서 많은 고생을 했지만 하나님이 늘 함께하셨기 때문에 결국 승리했다. 이방 땅에서 죽을까 봐 두려워하기도 했고, 그곳 사람들의 시기와 방해로 거처를 계속 옮겨 다니기도 했다. 나중에는 아들 에서 때문에 근심하는 일도 있었다.

이처럼 이 땅에서는 의인이라도 어려움을 피해 갈 수 없다. 그러나 중요한 사실은 늘 하나님의 도우심이 있다는 사실이다. 어떤 사람은 어려움을 겪을 때면 "하나님이 나를 미워하시나? 하는 일마다 꼬여"라고 하며 불평한다. 하지만 그것이 인생이다. 이 땅에서는 일이 꼬이고 잘 풀리지 않는 경우가 더 많다. 이삭도 하나님의 축복을 받은 약속의 자녀이지만 온갖 고생을 다 했다. 그러나 결국에는 하나님이 도와주셔서 승리했고, 원수까지 찾아와서 화친을 맺었다. 이 공식을 잘 배워야 한다.

"이 땅에서는 어려움! 하늘에서는 도우심!"

이 땅에서 남은 40-50년을 살아갈 때 앞으로도 많은 어려움이 예상된다. 그러나 그때마다 위로부터의 도우심으로 해결해야 한다. 애당초 이 땅에 어려움이 없다고 생각해서는 안 된다. 원래 하는 일마다 꼬이는 법이다. 그러나 하늘에서 풀어 주신다. 그러므로 세상에서의 어려움 때문에 낙심하거나 좌절하지 말라. 어려움은 있지만 하나님의 도우심으로 잘 헤쳐 나갈 수 있다고 믿는 것이 바른 신앙이다.

지금 당신의 상황은 어떠한가? 힘들고 곤고한가? 그렇다면 바로 지금이 하나님의 도우심을 기다릴 시간이다. 하나님이 도와주신다. 어떤 문제든 하나님께 기도하라. '힘듦'-'도우심', 둘은 세트처럼 같이 간다.

불가능이라고 생각하지 말라. 힘들 때 '이 일은 안 될 거야'라는 생각은 자신의 견해일 뿐이다. 하나님께 힘든 일이 어디 있겠는가? 최근 몇 개월 동안 마음에 힘든 일이 있었는가? 하나님께 기도하라. 나 역시 성도들과 상담하다가 도저히 내 힘으로 안 된다고 생각되는 문제가 있으면 그때 하는 말이 "기도하십시오"다. 목사니까 밤낮 기도하라고 이야기하는 것이 아니라 진짜 기도밖에 답이 없기 때문에 권면하는 것이다.

반대로 힘들 때 하나님을 멀리하는 사람들이 있다. 그들은 "왜 제게 이처럼 어려운 일을 주셨나요?" 하며 하나님께 떼쓰고 억지를 부린다. "힘드니까 앞으로는 기도도, 성경 공부도 하지 않겠습니다!" 하며 어깃장을 놓기도 한다. 오히려 힘드니까 더 기도해야 하고 하나님께 나아가야 하는데 반대로 어리석은 결정을 한다. 안타까울 뿐이다. 우리는 사랑이 많으신 하나님께 나아가는 지혜로운 자가 되자.

3. 배우자는 서로의 신앙을 성숙하게 할 책임이 있다

어느덧 세월이 많이 지나 이삭은 눈이 어두워 잘 보지 못하는 노인이 되었다. 이삭은 언제 죽을지 모른다는 생각에 장남 에서에게 사냥을 해서 별미를 만들어 오라고 명했다. 그는 죽기 전에 장남을 마음껏 축복하려고 했다(창 27:2-4). 그런데 이 말을 들은 리브가는 축복을 야곱에게 주려고 계교를 부렸고, 결국 야곱이 장남의 축복을 가로채게 만들었다. 사실 리브가는 남편에게, "여보, 이만저만하니 야곱에게 축복해야 하지 않을까요?" 하면서 권면했어야 했다. 한마디로 아내와 남편이 한마음이 되지 못한 것이다.

리브가는 아들 야곱을 불러 아버지 이삭을 속일 계략을 꾸몄다. 리브가는 야곱에게 "아버지가 네 형 에서에게 사냥을 해서 요리를 해오면 축복해 주겠다고 하시는구나. 네가 염소를 가져오면 내가 별미를 만들어 줄 테니 가져다 드려라"라고 말했다(창 27:6-10). 그러자 야곱은 이렇게 말했다.

"내 형 에서는 털이 많은 사람이요 나는 매끈매끈한 사람인즉 아버지께서 나를 만지실진대 내가 아버지의 눈에 속이는 자로 보일지라 복은 고사하고 저주를 받을까 하나이다"(창 27:11-12).

리브가는 그런 문제는 자신이 다 알아서 할 테니 자기 말을 따르라고 했다. 리브가는 야곱에게 에서의 좋은 옷을 입히고 염소 새끼의 가죽을 그의 매끈매끈한 손과 목에 두르게 한 후 별미를 가지고 아버지에게 가도록 했다. 아내가 남편과 하나 되지 못하고, 오히려 남편의 뜻을 거스르며 속인 것이다.

그렇다면 아들 야곱은 어떠했는가? 야곱은 "내 아들아 네가 누구냐"라고 묻는 아버지의 물음에 "나는 아버지의 맏아들 에서로소이다"라고 거짓말을 했다(창 27:18-19). 그는 자신이 사냥한 고기를 드시고 마음껏 자신을 축복해 달라고 말했다. 그런데 야곱이 무슨 사냥을 했는가? 집에 있는 염소를 가져왔을 뿐이다. 심지어 이삭이 "내 아들아 네가 어떻게 이같이 속히 잡았느냐"라고 묻자 "아버지의 하나님 여호와께서 나로 순조롭게 만나게 하셨음이니이다"라고 둘러댔다(창 27:20). 뭔가 이상한 느낌이 든 이삭은 아들을 만져 보며 음성은 야곱이나 손은 에서의 손이라며 의아해했다. 그러면서 "네가 참 내 아들 에서냐"라고 마지막으로 한 번 더 물었다. 이때라도 야곱이 자신의 잘못을 고백했다면 좋았을 텐데, 그는 끝까지 "그러하니이다"라고 말함으로 아버지를 속이고 말았다(창 27:24).

부자의 대화 중 아들 야곱의 말은 온통 거짓이었다. 어떻게 아들이 아버지를 속일 수 있는가? 결국 편애가 이러한 상황을 낳았다. 이삭은 큰아들 에서를 사랑했고, 리브가는 작은아들 야곱을 사랑했다. 편애하면 문제가 생긴다. 가정에서 자녀를 키울 때 편애는 금물이다. 형과 동생을 비교하거나 자녀들 중 누군가를 더 사랑하는 것은 가정을 망치는 일이다.

결국 이삭의 가정은 서로 속고 속이는 집안이 되고 말았다. 오죽하면 아내가 남편을 속였을까? 당시 이삭은 눈이 거의 보이지 않을 만큼 늙었는데, 그렇게 오래 살면서 아내를 온전하게 하지 못했다. 남편의 역할을 잘 못했다고 평가할 수밖에 없다. 또한 야곱을 아버지 속이는 아들로밖에 키우지 못했다.

이삭의 인격, 신앙, 가장으로서의 리더십은 한마디로 실패였다. 자기 아내를 변화시키지 못했고, 아들도 거짓말하는 자녀로 만들었다. 신약 시대에 이르러 이런 사람은 교회에서 절대로 중요한 직책을 맡을 수 없다. 자기 가정을 돌보지 못하는 사람은 목사나 장로가 되어서는 안 된다. 자녀들이 순종하고 아내가 복종하는 경우에 한해 교회의 중책을 맡을 수 있다. 자기 가정도 잘 돌보지 못하면서 어떻게 더 큰 가정인 교회를 돌볼 수 있겠는가? 간혹 교회 장로인데 자녀들이 불순종하며 방탕한 경우가 있다. 이런 경우에는 빨리 장로의 직분을 내려놓아야 한다. 목회자의 경우에도 마찬가지다(딤전 3:4-5).

여기서 분명히 해야 할 점이 있다. 아무리 결혼이 주의 섭리 가운데 드라마틱하게 이루어졌다 할지라도 그것은 출발점에 불과하며, 이후 결혼 생활의 운영은 본인의 책임이라는 것이다. 하나님의 축복 속에서 남녀가 만났다고 해서 이후의 50년이 보장되지는 않는다는 말이다. 그러므로 남편은 아내의 신앙 성숙에 목숨을 걸어야 한다.

남편이 된 이유가 무엇인가? 아내를 돌보기 위해, 아내의 신앙 성숙을 돕기 위해 하나님이 남편의 역할을 허락하셨다. 그렇기 때문에 나 같은 사람을 찾아온 아내에게 주님의 풍성함을 꼭 나눠 주어야 한다. 돈이 없어서 맛있는 음식, 좋은 옷은 못 사 줄지라도 주님의 사랑만큼은 반드시 베풀어 주어야 한다.

어느 날 생을 마칠 때 남편은 아내로부터 "당신과 결혼했기 때문에 나는 영적으로 성숙했고, 하나님의 사랑받는 딸이 되었어요"라는 고백을 들을 수 있어야 한다. 고기를 못 사 주고 김치밖에 못 먹어도 괜찮다. 반면에 고기는 실컷 사 주었으나 성숙한 딸로 만들지 못했다면 남편으로서 실패한 것이다. 하나님이 남편을 통해 아내를 거룩하고 흠 없게 만들려고 하신 목표를 놓친 셈이다(엡 5:27).

마찬가지로 아내에게도 똑같은 책임이 있다. "나를 평생 책임져 준 남편이 나 같은 아내를 만나 다른 것은 몰라도 하나님 앞에서 더욱 신실한 종이 되었구나." 이 말은 하고 죽어야 한다. 그래야 하나님 앞에 떳떳하게 설 수 있다. 결혼 후에 배우자의 신앙 수준이 떨어졌다면 본인의 책임이며, 하나님 앞에서 자기 몫을 감당하지 못한 결과다. 나를 만나는 바람에 배우자의 신앙이 떨어져서는 안 된다.

또한 부부는 온전히 서로 신뢰하고 하나가 되어야지, 둘 사이에 어떠한 막힘이 있어서도 안 된다. 거짓말이나 숨기는 것이 있어서도 안 된다. 간혹 배우자 몰래 비자금을 갖고 있는 남편이나 아내가 있다.

그리스도인으로서 남편이나 아내가 모르는 돈이 있어서 되겠는가? 혼자만의 계획은 있을 수 없다.

성경적 결혼은 둘이 한 몸을 이루는 것이다. 남편이 아내이고 아내가 남편이 되어야 한다. 완전한 하나가 되어야 한다. 이러한 구조는 세상 어디에도 없다. 회사에는 상사가 있고 부하가 있다. 나는 나일 뿐, 상사가 나일 수 없다. 이 세상 70억 인구 중 나는 유일한 한 사람인데, 그것이 아내이며 남편이라는 뜻이다. 그런데 그러한 배우자에게 거짓말을 한다는 것은 있을 수 없다. 부부는 생각, 가치관, 삶의 방향, 재정 사용 등 모든 면에서 하나가 되어야 한다.

혹시 부부가 하나 되지 않고 서로 너무 다른가? 지금부터라도 가성예배를 드려라. 부지런히 성경 공부를 하고 깨달은 말씀을 나누면 생각이 일치되기 시작한다. 앞으로 3년 뒤에는 생각이 맞춰질 것이다. 그때는 두 사람이 한마음이 되어 주를 섬길 수 있다.

그리스도인들은 거짓말을 하면 안 된다는 것을 다 알고 있다(엡 4:25). 그럼에도 아직도 거짓말을 하는 사람이 있는가? 여호와께서는 거짓된 혀를 싫어하신다(잠 6:17). 설혹 주님을 섬기는 일일지라도 거짓말을 하면 안 된다. 이는 마귀의 자식들이 하는 짓이다. 마귀의 가장 대표적인 특징이 바로 거짓말이다.

"진리가 그 속에 없으므로 진리에 서지 못하고 거짓을 말할 때마다 제 것으로 말하나니 이는 그가 거짓말쟁이요 거짓의 아비가 되었음이라" (요 8:44).

그런데 유감스럽게도 우리는 거짓말 9단으로 태어나서 거짓말 10단, 15단, 20단까지 자라 간다. 거짓말에 대해서는 도사인 셈이다. 성도들과 상담하다 보면 100% 거짓말은 없다. 물론 "네가 참 내 아들 에서냐"라는 이삭의 물음에 대한 야곱의 대답은 100% 거짓말이었다.

그러나 일반적으로 사람들은 10가지 사실적 요소가 있을 때 자신에게 가장 유리한 한두 가지를 뽑아서 이야기를 꾸며 내 사실처럼 말하곤 한다. 말하는 당사자는 완전히 거짓은 아니니까 문제 될 것이 없다고 생각한다. 전체적으로 볼 때 분명히 A인데, 한두 가지 사실적인 내용만 남기고 적당히 다른 내용을 섞어서 F를 만든다. 그 내용에 사실이 한두 가지가 있으니 그것을 믿고 본인은 거짓말을 하지 않았다고 생각한다.

그런데 거짓말하는 자의 특징은 자기가 자기를 속인다는 것이다. 자기가 거짓말을 해놓고 이상하게도 그것을 믿으려고 한다. 어느새 본인은 그 거짓말을 진짜라고 믿고 있다. 그런데 문제는 다른 사람들이 그를 신뢰하지 않는다는 점이다. 자신은 너무나 그럴듯하다고 생각할지 모르지만 상대방은 전혀 믿지 않는다. 왜냐하면 상대방도 이미 거짓말 9단에서부터 출발한 사람이기 때문이다. 들으면 바로 안다. '저 사람이 지금 둘러대는구나.' 한두 번은 속을 수 있지만 더 이상 속지 않는다. 십자가 보혈의 공로로 눌렀을 뿐, 우리는 여전히 죄성을 지니고 있다.

말을 하고 책임을 못 지는 경우도 있다. 이 역시 거짓말의 범주에 속한다. "내일까지 꼭 하겠습니다"라고 말하고는 다음 날이 되면,

"아, 못했습니다"라고 대답하는 경우 말이다. 몸이 조금 안 좋지만 출근은 할 수 있는 상태인데도 아프다고 핑계 대며 출근하지 않으면 자신의 양심을 속이는 것이 된다. 선의의 거짓말도 마찬가지다. 아니, 선의의 거짓말이란 애당초 존재하지 않는다. 그렇다면 모든 것이 선의의 거짓말로 합리화될 수 있기 때문이다.

"내일까지 꼭 하겠습니다"라고 말했다면 꼭 해야 한다. "내일 전화하겠습니다"라고 말했다면 꼭 전화해야 한다. "내일 만납시다"라고 말했다면 만나야 한다. 노력해도 지키지 못하는 경우가 있을 수 있지만, 그런 상황을 어쩔 수 없었다는 식으로 여기지 말라. 신실함을 유지하라. 주위 사람들이 당신의 말을 믿을 수 있도록 해주어야 한다.

남편이 어떤 이야기를 하면 아내는 "남편이 말했으니까 틀림없어"라고 반응할 수 있어야 한다. 목사도 마찬가지다. "목사님이 말씀하셨으니 사실일 거야"라고 성도들이 말할 수 있어야 한다. 때로 교회가 마음에 안 맞아서 혹은 치리를 당해서 교회에서 나가게 된 사람이 교회나 목사에 대해 아무 말이나 할 수 있다. 그런데 성도들이 그 말을 듣더라도 오해하지 않도록 평소 목사는 진실해야 한다.

회사에서도 "최 대리가 그렇게 말했어? 그럼 맞겠지"라는 신뢰를 얻을 수 있어야 한다. 누가 뭐라고 해도 사람들이 내 말을 믿어 주는 정도가 되어야 한다. "네, 하겠습니다" 하면 "하긴 뭘 하나?"라든지, "다음부터는 잘하겠습니다" 하면 "뭘 잘해? 진짜 잘해야지. 그런 말을 하지나 말든지"라는 피드백이 오게 해서는 안 된다. 목회자도 마찬가지다. 성도들이 목사에게 기도를 많이 부탁하는데, "네, 기도하겠습니다"라고 말했다면 꼭 기도해야 한다.

  사람들은 참 거짓되다. 대수롭지 않게 약속을 할 뿐 아니라 약속하고 지키지 않는 경우도 많다. 마음만 먹으면 할 수 있는데 대수롭지 않은 이유로 약속을 깨는 사람은 진실한 사람이 될 수 없다. 주님을 믿고 새사람이 되었는가? 그렇다면 입에 담겨 있는 거짓부터 버려라. 아직도 세상 방식으로 자신의 생을 운영하는가? 그때그때 말만 무성한 사람은 주위에서도 다 안다. 우리는 마귀의 최고 속성인 거짓을 미워해야 한다. 우리는 거짓말 9단으로 태어났지만 7단, 5단, 1단으로 내려가고, 아예 거짓말을 할 줄 모르는 단계에까지 이르러야 한다.

4. 하나님의 섭리를 깨달았다면 순종하라

  이삭이 야곱에게 축복하기를 마치고 야곱이 나가자 곧 형 에서가 돌아왔다(창 27:30). 에서는 음식을 만들어 아버지에게 갖다 드리면서 자신을 축복해 달라고 했는데, 아버지로부터 "너는 누구냐"라는 이상한 반응이 돌아왔다. 에서가 "나는 아버지의 아들 곧 아버지의 맏아들 에서로소이다"라고 말하자 이삭은 심히 크게 떨며 "그러면 사냥한 고기를 내게 가져온 자가 누구냐 네가 오기 전에 내가 다 먹고 그를 위하여 축복하였은즉 그가 반드시 복을 받을 것이니라"라고 말했다(창 27:32-33).

  아마 이때 이삭은 굉장한 내면의 갈등을 겪었을 것이다. 에서의 말을 듣고는 "그놈이 야곱이었구나!" 하면서 분노를 폭발했어야 하는데 성경은 그가 심히 크게 떨었다고 말한다.

아버지의 냉정한 말을 들은 에서는 "내 아버지여 내게 축복하소서 내게도 그리하소서"(창 27:34) 하며 소리 내어 울었다. 큰아들의 간절한 요청에도 불구하고 이삭은 이미 야곱이 에서의 복을 빼앗아 갔다고 결론지었다. 결국 에서는 야곱을 미워해 죽이겠다고 결심했다. 이 사실을 알게 된 리브가는 야곱을 멀리 보낼 계획을 세웠고, 이삭은 야곱을 보내기 전에 그를 축복해 주었다. 야곱이 거짓말한 것을 생각하면 야단쳐야 할 상황인데, 오히려 불러서 축복하며 가나안 사람 중에서 아내를 맞이하지 말라고 당부했다.

여기서 우리는 이삭이 하나님의 섭리에 순종하는 사람임을 알 수 있다. 이삭이 야곱에게 속은 것을 알고 심히 떨었다고 했는데, 이는 분해서 떤 것이 아니었다. 사실 이삭도 마음 한구석에서는 아들들에 대한 하나님의 계획을 생각하고 있었을 것이다. 두 아들이 태어나기 전에 이미 "두 국민이 네 태중에 있구나 두 민족이 네 복중에서부터 나누이리라 이 족속이 저 족속보다 강하겠고 큰 자가 어린 자를 섬기리라"(창 25:23)라는 하나님의 말씀을 듣지 않았던가?

이삭은 두 아들 중 분명히 야곱이 축복을 얻게 될 것을 알았지만 자신이 사랑하는 에서에게 그 복을 주고 넘어가려 했다. 그런데 결과적으로 야곱이 복을 받은 모습을 보면서 그는 크게 떨 수밖에 없었다. 그동안 마음속에 불편함이 있다가 오히려 이러한 사건이 벌어져서 차라리 속이 편해졌는지도 모르겠다. 이후에 이삭이 야곱에게 노했다는 말은 성경에 없다. 큰 자가 어린 자를 섬기게 된다는 사실을 인정했던 것이다.

결국 이삭은 자기가 원하는 대로 하려 했지만 계획이 빗나가면서 자기의 잘못을 깨달았다. 그 후 하나님의 뜻을 바꾸려고 우기지 않았다. 이삭에게 있어서는 이 점이 훌륭하다. 모리아산에서 아버지 아브라함이 자신을 죽이려고 할 때 순종했던 것도 훌륭하지만, 야곱을 축복한 부분이 더 훌륭하다.

자기의 잘못을 깨닫고 빨리 고치는 일은 경험상 쉽지 않다. 우리는 하나님이 원하시는 삶이 아니라는 사실을 분명히 알면서도 자신의 삶을 좀처럼 바꾸려 하지 않는다. 그렇다면 어디에 기준을 두어야 하는가? 분명하고 확실한 기준이 있다. "오늘 주님이 오셔도 됩니다!"라고 확신 있게 말할 수 있느냐다. 만약 "지금 오시면 안 됩니다"라고 말한다면 현재 하나님께 100% 순종하고 있지 않다는 말이다. 고집 피우고 여러 핑계를 대는 죄성이 여전히 남아 있는 상태다.

만일 주님이 자신의 삶을 칭찬하실 것 같지 않다면 지금 당장 고쳐라. 고치고 싶지 않다면 아직 죄성에 붙잡혀 있는 것이다. 어린아이 때는 부모가 시키면 말을 잘 듣는데 머리가 크면 자기가 하고 싶은 대로 한다. 그런데 성경은 자기가 하고 싶은 대로 하는 것을 죄라고 지적한다. 본질상 진노의 자녀의 삶이라고 말한다(엡 2:3). "성경 말씀을 보니 그렇게 살아야 한다는 것은 알겠습니다"라고 말하고 나서 자기 뜻대로 하는 사람은 아직도 거듭나지 못한 자다.

지금 내 삶에서 돌이켜야 할 부분은 무엇인가?

우리는 깨달았으면 순종해야 한다는 면에서 이삭을 본받아야 한다. 히브리서 기자는 이삭의 생애 중 가장 훌륭한 점을 다음과 같이 기록했다.

"믿음으로 이삭은 장차 있을 일에 대하여 야곱과 에서에게 축복하였으며"(히 11:20).

사실 불가능한 일이었다. 이삭은 에서를 사랑했고, 더군다나 에서가 장남이었기에 축복을 베풀 명분도 있었다. 장남에게는 2배 이상 축복하게 되어 있었기 때문이다. 하지만 이삭은 하나님의 계획을 깨닫고 야곱을 진심으로 축복했다.

우리는 어떠한가? 지금 내 삶에서 돌이켜야 할 부분은 없는가? 하나님이 무엇을 기뻐하시는지 잘 알면서도 계속 고집 피우며 버리지 않는 것이 있는지 살펴보자. 잘못되었다는 것을 알고는 즉각 고쳐서 순종한 이삭을 본받아 하나님께 순종하는 자녀로 살자.

07

자신의 한계를 깨닫기 전까지는
누구나 괜한 고생을 한다
『야곱』

아버지 이삭과 달리
야곱은 파란만장한 생을 보낸 사람이다.
속임과 배신, 사랑과 미움, 낙심과 두려움,
그리고 마지막은 소망으로 이어진 삶 전체가
마치 풍랑 이는 바다와 같은 인생이었다.
하나님은 그러한 삶 속에서 야곱을 어떻게 성화시키셨는가?
간교한 인간이 어떻게 성숙한 자로 바뀌었는가?

1. 하늘의 축복을 사모한 자

야곱은 비겁한 방법으로 형의 축복인 장자권을 빼앗았다. 어느 날 야곱이 죽을 쑤었는데, 에서가 심히 피곤한 상태로 들에서 집에 돌아왔다. 에서가 동생 야곱에게 그 붉은 음식을 먹게 해달라고 하자 야곱은 그 기회를 이용해 형에게 장자의 명분을 자신에게 팔라고 했다.

"내가 죽게 되었으니 이 장자의 명분이 내게 무엇이 유익하리요"(창 25:32).

에서는 순순히 야곱에게 맹세하고 장자의 명분을 넘겨주었다. 형이 배고파하면 마음껏 먹으라고 해야 하는데, 야곱은 형의 배고픔을 이용해 자신이 원하던 장자의 권리를 차지했다.

그런데 야곱은 왜 그토록 장자권을 원했을까? 장자권이 하나님의 축복인 것을 알고 장자의 축복을 사모했기 때문이다. 비록 비열한 방법으로 빼앗은 일은 잘못이지만, 하늘의 축복을 사모한 태도는 칭찬할 만하다.

여기서 성경은 야곱의 비열함보다는 에서의 경솔함을 책망한다. 아무리 배가 고프더라도 설마 굶어 죽겠는가? 조금만 기다리면 어머니가 해주신 음식을 먹게 될 텐데 말이다. 에서는 곧 죽어 가는 사람처럼(실제로 죽지도 않는데) 반응했다. 사실 며칠을 금식하더라도 사람은 쉽게 죽지 않는다. 비록 배가 고파 죽을 것 같더라도 포기할 것이 따로 있지, 어떻게 팥죽 한 그릇에 하나님이 허락하신 장자권을 팔 수 있는가? 차라리 자기가 사냥해 온 토끼나 사슴과 바꾸든지 해야 했다. 성경은 이런 에서의 행동을 나무란다.

"에서가 장자의 명분을 가볍게 여김이었더라"(창 25:34).
"혹 한 그릇 음식을 위하여 장자의 명분을 판 에서와 같이 망령된 자가 없도록 살피라"(히 12:16).

성경은 하나님이 주신 장자권을 판 에서에 대해 '망령된 자'라고 설명한다. 왜냐하면 그가 하늘의 축복을 경시했기 때문이다. 야곱은 하늘의 신령한 축복을 사모한 반면, 에서는 당장의 배고픔을 해결하는 데 급급했다. 너무나 어이없는 이유로 하늘의 복, 영광스런 지위를 스스로 걷어찼다. 야곱은 하나님이 허락하신 장자의 축복이 얼마나 귀한지 알고 사모했지만, 형 에서는 이 땅의 팥죽을 사랑했다. 한마디로 에서에게는 영적 분별력이 없었다.

그런데 이 사건을 보면서 단순히 '에서는 장자의 명분을 가볍게 여겼고, 야곱은 하늘의 축복에 집착했다'라고만 생각해서는 안 된다. 우리도 야곱처럼 중요한 것을 중요하게 보는 사람인지, 에서처럼 중요한 것을 사소하게 보는 사람인지 돌아보아야 한다. 혹시 하나님이 내게 맡기신 일을 대수롭지 않게 여기고, 세상에서 준 직책을 더 소중하게 여기며 살아가고 있지는 않은가? 성경은 "위의 것을 생각하고 땅의 것을 생각하지 말라"(골 3:2)라고 말한다. 즉 땅의 것에 집착하지 말라는 뜻이다. 더구나 땅의 것 때문에 하늘의 것을 놓치는 어리석은 자가 되어서는 안 된다. 하나님을 섬기며 그분을 알아 가는 일보다 더 급하고 중요한 일은 없다.

정말 지혜로운 자는 이 땅에서의 삶만을 계획하지 않는다. 주님을 만날 때 받을 상을 바라본다. 그렇기 때문에 하나님이 맡기신 직책을 잘 감당해야 한다. 어린 자를 가르치고 돌보며, 성도들과 교제하며 그들을 섬겨야 한다. 비신자에게 복음을 증거하고, 세계를 향한 선교 사명을 감당해야 한다. 주님이 우리에게 이 일을 맡기셨다. 하나님이 맡기신 귀한 일들을 세상의 욕심, 만족, 안일함 때문에 놓친다면 그것은 바로 에서처럼 망령된 행동으로서, 장자권을 판 것과 같다.

이런 면에서 혹시 내가 에서처럼 팥죽 한 그릇에 마음을 빼앗겨 더 중요한 하나님의 명하심을 놓치지는 않았는지 늘 살펴보아야 한다. 사실 세상이 정말 좋은데 주님 때문에 억지로 이 길을 가는 것이 아니라. 애초에 세상 것을 대수롭지 않게 여기는 신앙을 가져야 한다. 상 주심을 바라봄으로써 "그리스도를 위하여 받는 수모를 애굽의 모든 보화보다 더 큰 재물로"(히 11:26) 여겼던 모세처럼, 우리의 가치관이 성경적으로 변화되는 것이 더 중요하다.

나를 향한 하나님의 계획과 축복을 사모하면서 하나님 나라에서의 지위와 역할, 기회를 꼭 붙잡아야 한다. 중요한 것을 가볍게 본 에서가 아니라, 비록 방법은 졸렬했지만 야곱처럼 하늘의 신령한 축복을 소중하게 보는 분별력을 지닌 성도가 되어야 한다. 다시 말해, 우리는 현재 자신의 삶에서 어떻게 해서든지 영적인 일들, 하나님 나라와 관련된 직책을 얻기 위해 힘써야 한다. 조장, 구역장, 집사, 권사, 장로, 목사, 선교사 등 하나님 나라를 확장하기 위해 하나님이 주신 직분을 귀하게 여기고 잘 감당해야 한다. 영적 직위 없이 평생 무명으로 살거나 하나님 나라에서 볼 때 아무것도 아닌 상태로 살아서는 안 된다.

2. 고난을 통해 더욱 성숙하고 성화된다

야곱은 하늘의 축복을 사모했지만, 땅에서는 죽도록 고생했다. 아버지를 속인 야곱은 자신을 죽이려는 형 에서를 피해 외삼촌 라반에게로 도망갔다. 그런데 라반은 남을 속이는 수준이 야곱보다 훨씬 더 프로급이었다. 아버지를 속여 장자의 축복을 빼앗은 야곱은 속임의 달인 라반을 만나 무척 고생했다.

조용한 사람으로서 장막에 거주했던 야곱은(창 25:27) 부자 아버지 이삭의 아들로 편안하게 지냈지만, 라반을 만난 후 목동으로 지내면서 온갖 힘든 육체적 노동을 해야 했다. 그는 20년 동안 목동 생활을 하면서 가축을 먹이고, 분비물을 치우고, 도둑을 막느라 뜬눈으로 밤을 지새웠다. 더위를 참고 추위에 떨었고, 가축을 잃어버리면 자신이 보충까지 하면서 외삼촌에게 봉사했다(창 31:38-42).

그렇다면 야곱이 왜 이런 고생을 했을까? 라반의 딸 라헬을 사랑했기 때문이다(창 29:18). 야곱은 라헬을 얻기 위해 외삼촌에게 7년을 섬기겠다고 제안했고, 그녀를 사랑하는 까닭에 7년을 며칠같이 보낼 수 있었다(창 29:20). 사랑하는 사람과 함께한 시간은 휙 가기 마련이다.

그런데 7년 후에 라반은 음흉함을 드러내기 시작했다. 라반이 야곱의 결혼 첫날밤에 라헬 대신 언니 레아를 들여보냈던 것이다.

"야곱이 아침에 보니 레아라 라반에게 이르되 외삼촌이 어찌하여 내게 이같이 행하셨나이까 내가 라헬을 위하여 외삼촌을 섬기지 아니하였나이까 외삼촌이 나를 속이심은 어찌 됨이니이까"(창 29:25).

야곱의 항변에 라반은 언니보다 아우를 먼저 주는 것은 이 지방 풍습이 아니라고 대응했다. 그렇다면 야곱이 일한 7년 사이에 언니 레아를 다른 사람에게 시집보내면 될 일이었다. 라반의 음흉한 계획에 따라 야곱은 7일을 채워 라헬도 아내로 받았고, 라헬 몫으로 7년을 더 라반을 섬기게 되었다. 마치 앞의 7년은 레아를 위해서 일한 것처럼 교묘히 속인 셈이었다. 결국 야곱은 또다시 7년을 봉사하게 되었고, 그 후 6년을 더 일해서 20년 동안 실컷 일만 했다.

이 기간 야곱은 외적 고통뿐 아니라 내적 고통도 심했다. 바로 두 아내의 다툼 때문이었다. 한 남편에게 두 아내가 있으니 당연히 갈등이 생길 수밖에 없다. 야곱은 라헬을 사랑했기 때문에 레아를 좋아하지 않았다. 레아는 남편의 사랑을 받지 못하는 불쌍한 처지가 되었다. 그러자 "여호와께서 레아가 사랑받지 못함을 보시고"(창 29:31) 그의 태를 여셔서 네 아들(르우벤, 시므온, 레위, 유다)을 주셨다.

아들을 낳지 못한 라헬은 언니를 시기했다(창 30:1). 한 남편을 두고 서로 애정 다툼을 벌이고 있으니 자매라 하더라도 둘의 관계가 좋지 않은 것은 당연했다. 야곱이 라헬을 좋아하니 레아의 마음은 늘 괴로웠을 텐데 대신 아이들이 생겼으니 아이들을 무기로 동생을 괴롭혔을 수도 있다. 이런 상황에서 라헬은 아이들을 볼 때마다 마음이 아프고 시기심이 생겼을 것이다.

그래서 라헬은 자기 시녀를 통해서 아들을 얻었다. 당시 시녀는 주인에게 소속된 재산에 불과했기 때문에 시녀를 통해 낳은 아들은 주인의 소유였다. 이런 방식으로 라헬이 아들을 낳자 레아 역시 아들이 4명인데도 불구하고 자신의 시녀를 통해 또 아이를 얻었다. 결국 자녀 낳기 경쟁을 하는 형국이 되어 버렸다.

가만히 살펴보면 레아는 남편으로부터 사랑받지 못하는 대신 아들을 낳았고, 라헬은 남편의 사랑을 받는 대신 아들을 낳지 못했다. 공평하신 하나님이다. 라헬이 사랑도 받고 아이까지 낳았다면 레아는 어떻게 되었겠는가?

여기서 우리가 눈여겨볼 점이 있다. '하나님은 공평하신 분인데, 왜 나는 돈도 없고, 학벌도 별로이고, 외모까지 이 모양인가? 저 사람은 돈, 학벌, 외모까지 다 갖추었는데'라고 생각하며 열등의식을 갖는 사람이 있다. 그러나 돈, 학벌, 능력, 외모, 건강 등 이 땅에서 얻을 수 있는 몇 가지를 가지고 비교하면서 하나님이 공평하신지를 판단해서는 안 된다. 오히려 그리스도인인 우리는 "나는 그 무엇보다 예수님을 소유하고 있어서 기쁘다"라고 말해야 한다. 우리는 예수님과 세상의 것을 비교하면서 예수님을 얻었다는 사실에 만족할 수 있다. 정말 예수님을 제대로 만났다면 예수님 한 분만으로 기쁘다.

세상의 모든 것을 다 얻는다 해도 예수님을 얻지 못하면 다 잃은 것이다. 아직도 예수님을 믿는 것이 세상에서 가질 수 있는 여러 조건 중 하나인가? 그렇다면 아직 신앙의 깊은 영역에 들어가지 못한 상태다. 예수님이 어떤 분이신지 잘 모르고 있는 것이다.

바울은 자신을 가리켜 "아무것도 없는 자 같으나 모든 것을 가진 자"(고후 6:10), "만물의 찌꺼기"(고전 4:13)라고 했다. 사실 바울은 세상에서 가장 밑바닥에 처한 거지나 다름없었다. 배도 많이 고팠다. 목마르고, 헐벗고, 매 맞으며 이쪽저쪽 밤낮 쫓겨 다녔다. 정말 아무것도 없는 자 같았다. 하지만 사실 그는 모든 것을 가진 자였다. 예수님을 제대로 만난 사람에게는 열등의식이 있을 수 없다. 예수님을 만났는데 어떻게 이 땅의 것 때문에 괴로워하고 힘들어할 수 있겠는가?

예수님을 만나기 전에 자아정체감이 굉장히 낮았던 사람들은 예수님을 믿고 난 후 "공평하신 하나님!"이라고 고백해야 한다. 이 고백이 가능하다면 이 땅에서 더 이상 불만족은 없다. 이미 예수님을 소유했으니 이 땅의 모든 것을 상대화할 수 있다. 따라서 범사에 감사할 수 있다. 물론 우리의 현실은 녹록하지 않다. 하지만 예수님을 소유하고 있지 않은가? 우리는 살면서 공평하신 하나님을 고백할 수 있어야 한다. "하나님은 비참하고 초라한 내가 주님을 믿게 하셨구나. 공평하신 하나님!"

야곱은 원래 속이고 거짓말하는 자였는데, 그보다 훨씬 고단수인 음흉한 라반을 만나 온갖 고생을 했다. 아마 속임당할 때의 기분이 어떠한지 그때 알았을 것이다. 훗날 매우 성화된 모습의 야곱을 볼 수 있는데, 아마 20년의 시간이 큰 기여를 한 것 같다. 이러한 종류의 고생은 근본적으로 하나님이 허락하신 것이다. 고난은 훌륭한 교사다. 고난을 주신 분이 하나님이시라면 우리에게 필요해서 주신 것임이 분명하다. 고난을 통해 우리는 더욱 성숙하고 성화된다.

여기서 잠깐 라반이라는 인물에 대해 살펴보자. 많은 사람이 라반의 욕심 때문에 피해를 입었다. 레아와 라헬은 원래 사이좋게 지내야 하는 자매 사이였는데 평생 서로 미워하고 시기하며 살게 되었다. 두 딸을 원수지간으로 만든 사람이 바로 아버지 라반인 것이다. 야곱은 야곱대로 라반에게 속아서 결혼의 신성함을 더럽히게 되었고 고향집에 가지 못한 채 실컷 일만 했다. 한 사람의 욕심이 얼마나 무서운 결과를 낳을 수 있는지를 단적으로 보여 주는 실례다. 욕심은 자기에게만 국한되지 않고 남에게도 큰 피해를 준다. 내가 욕심 부리는 만큼 누군가가 고통을 당한다.

　오늘날 많은 부모가 자녀에게 공부 욕심을 낸다. 자신이 성취하지 못한 꿈을 자녀에게 투영해 대리 만족하는 경우도 많다. 공부에 전혀 흥미가 없는 아이를 이 학원, 저 학원에 보내니 아이만 불쌍하다. 아이는 놀기도 해야 하는데 어쩌다 그런 부모를 만나 적성에도 맞지 않는 공부를 하느라 고생이 말이 아니다. 게다가 공부를 못하면 부모가 안달을 하고 압박을 주어 어린 심령을 상하게 한다. 또 어떤 아이는 하나님의 은혜로 한 집안에 태어났는데, 부모의 욕심 때문에 함께 살고 싶은 부모와 가족의 품을 떠나 조기 유학을 가기도 한다. 결국 부모의 욕심이 아이를 힘들게 하는 것이다. 우리는 자녀를 귀하게 여겨야 한다. 아이가 무엇을 좋아하는지 살피고 아이의 은사에 따라 앞날을 잘 준비시켜 주어야 한다.

　자녀 말고도 욕심 때문에 얼마나 많은 사람이 고통과 아픔을 겪는가? 어떤 집은 남편이 돈을 더 벌겠다는 욕심에 주식을 하다 재산을 다 날리고 도망치듯 여기저기 이사를 다닌다. 또 눈에 보이는 물건이라면 다 사고 싶어 하는 아내의 허영 때문에 늘어난 카드 빚으로 경제적으로 쪼들리기도 한다.

　직장에서도 욕심이 문제가 된다. 출세욕이 있는 상사를 생각해 보라. 그는 어떻게 해서든지 자기 부서에서 성과를 내서 승진하려고 한다. 자신이 출세하려고 밤낮 부하 직원들을 야근시키고 들들 볶아서 성과물을 내게 한다. 그런 상사를 만나면 아랫사람들이 너무 힘들다. 우리가 혹시 그런 상사가 될까 조심해야 한다. 어떤 경우에는 맏아들이 부모의 재산을 다 취하고 동생들에게 나누어 주지 않아 가족 간에 분쟁이 생기기도 한다. 모두 욕심 때문에 벌어진 일이다.

중국에는 '소황제'(小皇帝)라는 말이 있다. 한족 가정에 아이가 한 명이다 보니 황제처럼 떠받들어 키운다고 해서 붙여진 이름이다. 부모의 교육열은 타오르고, 자녀는 죽어 간다. 무엇 때문에 가족과 주위 사람들을 힘들게 하는가? 내 욕심 때문에 그들이 피해를 본다는 생각을 왜 못하는 것일까? 야곱의 장인 라반은 양과 낙타, 염소는 더 얻었을지 모르지만, 사랑하는 두 딸을 원수로 만들었고, 사위와도 원수가 되고 말았다. 한 사람 때문에 사위는 20년이나 고생을 해야 했다.

우리는 성도로서 이 땅의 정욕과 탐심을 십자가에 모두 못 박은 사람들이다. 그런데 아직도 물건이나 돈, 자녀에 대한 욕심이 남아 있는가? 이제 내가 사는 것이 아니라 내 안에 그리스도께서 사신다. 육신의 만족, 세상의 자랑을 버려야 한다. 과도한 집착을 버려라. 기도를 충분히 한 후에 세운 계획이 아니라면 중단하라. 만약 욕심에서 비롯된 계획이라면 결국 남을 괴롭히는 일을 꾀하는 셈이 된다. 다만 우리가 이 땅에서 욕심 낼 일이 있다면 '어떻게 하면 하나님 나라를 확장시킬 수 있을까?'라는 주님의 일에 대한 것뿐이다.

3. 위기를 만나거든 무릎으로 풀어라

야곱은 형 에서 때문에 하나님께 부르짖었다. 음흉한 라반을 떠나

고향으로 돌아가려고 했는데, 이번에는 자기를 죽이려고 벼르는 형 에서를 대면해야 하는 상황이 되었다. 지난 20년 동안 야곱의 마음 한구석에는 항상 아직도 형이 자기를 죽이려 할지 모른다는 불안한 마음이 있었을 것이다. 그래서 야곱은 만일의 경우를 대비해 자기보다 먼저 사자를 보냈다.

"야곱이 세일 땅 에돔 들에 있는 형 에서에게로 자기보다 앞서 사자들을 보내며"(창 32:3).

그런데 사자들이 돌아와서 에서가 400명을 거느리고 야곱을 만나러 온다는 소식을 전했다(창 32:6). 혹시나 해서 사자를 보냈는데 형이 정말 400명을 이끌고 온다는 것이었다. 이는 싸우자는 말이었다. 누가 오랜만에 형제를 만나는데 400명을 끌고 오겠는가? 야곱이 생각할 때 필경 자신과 가족을 죽이려는 것이 분명했다. 심히 두렵고 답답했던 야곱은 3가지 방법을 취했다.

첫째, 무리를 둘로 나누었다. 에서가 와서 한 떼를 치면 나머지 한 떼는 피하게 해서 절반이라도 구해야겠다는 전략이었다.

둘째, 하나님의 약속을 기억하며 기도했다.

"야곱이 또 이르되 내 조부 아브라함의 하나님, 내 아버지 이삭의 하나님 여호와여 주께서 전에 내게 명하시기를 네 고향, 네 족속에게로 돌아가라 내가 네게 은혜를 베풀리라 하셨나이다……내 형의 손에서, 에서의 손에서 나를 건져 내시옵소서 내가 그를 두려워함은 그가 와서 나와 내 처자들을 칠까 겁이 나기 때문이니이다……주께서 말씀하시기를 내가 반드시 네게 은혜를 베풀어 네 씨로 바다의 셀 수 없는 모래와 같이 많게 하리라 하셨나이다"(창 32:9-12).

셋째, 야곱다운 기지를 발휘해 형에게 예물을 보냈다(창 32:13-20). 처음에는 사자들을 보냈지만 곧이어 예물을 보냈다. 이때 아끼지 않고 많이 보냈다. 암염소 200마리, 숫염소 20마리, 암양 200마리, 숫양 20마리, 젖 나는 낙타 30마리와 그 새끼, 암소 40마리, 황소 10마리, 암나귀 20마리와 그 새끼 나귀 10마리 등 선물이라고 보기 어려울 정도의 규모였다. 그야말로 가축 떼의 대이동이었다. 야곱은 어떻게든 이 예물로 형의 감정을 풀어 주면 형이 자신을 받아 줄 것이라고 생각했다.

넷째, 홀로 남아 천사와 씨름했다. 아무리 자기 나름대로 대처 방법을 강구해도 야곱의 마음은 두렵고 답답할 뿐이었다. 드디어 그는 마지막으로 하나님께 목숨 걸고 나아갔다. 일단 가족들로 하여금 얍복 나루를 건너게 한 후 야곱은 홀로 남았다. 그는 홀로 남아 이 문제를 해결하기 원했다. 그 유명한 야곱의 씨름이 시작된 것이다.

"야곱은 홀로 남았더니 어떤 사람이 날이 새도록 야곱과 씨름하다가"
(창 32:24).

이 씨름의 성격은 하나님께 매달리는 야곱의 모습을 시청각적으로 보여 준다. '어떤 사람'은 "이는 네가 하나님과 및 사람들과 겨루어 이 겼음이니라"(창 32:28)라는 말씀으로 미루어 볼 때 하나님의 사자임을 알 수 있다. 실제 호세아 12장 3-4절에는 "야곱은……천사와 겨루어 이기고 울며 그에게 간구하였으며"라고 기록되어 있다. 씨름의 대상을 예수님으로 해석해서는 안 된다. 성경대로 해석할 때 그는 천사다.

우리는 이 싸움의 내용에 주목해야 한다. 야곱은 허벅지 관절이 상할 정도로 씨름을 했다. 왜 그렇게 싸웠는가? 어떤 사람이 "날이 새려 하니 나로 가게 하라"라고 하자 야곱은 "당신이 내게 축복하지 아니하면 가게 하지 아니하겠나이다"라고 응대했나(창 32:26). 대화 내용으로 볼 때 야곱은 축복해 달라고 했고, 어떤 사람은 축복하지 않고 그냥 가겠다고 했던 것이다.

이는 단순한 씨름이 아니었다. 만일 그러했다면 하나님의 사자가 왜 야곱을 이기지 못했겠는가? 한 번 쳐서 상대를 걷지 못하게 만들 만큼 괴력의 소유자인데 말이다. 하나님의 사자가 야곱을 이기지 못한 이유는 이 싸움이 축복을 얻고자 하는 야곱의 투쟁이었기 때문이다. 결국 야곱은 자기를 축복해 달라고 하나님께 밤새도록 간구한 것이었다.

"그가 이르되 네 이름을 다시는 야곱이라 부를 것이 아니요 이스라엘이라 부를 것이니 이는 네가 하나님과 및 사람들과 겨루어 이겼음이니라 야곱이 청하여 이르되 당신의 이름을 알려 주소서 그 사람이 이르되 어찌하여 내 이름을 묻느냐 하고 거기서 야곱에게 축복한지라"
(창 32:28-29).

이 사건은 야곱이 어떤 사람인가를 시사한다. 그는 자신이 원하는 것이라면 간교하게 계책을 써서라도 얻어 내는 사람이었다. 순전히 인간적인 방법으로 장자권도 얻어 냈다. 팥죽도 우연히 쑤었던 것이 아닌 것 같다. 아버지를 속여서 축복을 받았고, 결국은 하나님이 주신 축복이었지만 라반의 양들도 속임수 형태로 얻었다. 그리고 가족을 데리고 야반도주를 하기까지 했다. 자기가 시도하고 행했던 일들이 그때까지는 성공했다.

그러나 형을 만나러 가는 순간, 모든 것이 무너졌다. 아마도 야곱은 그의 인생에 있어서 최대의 위기를 맞이했는지도 모른다. 자기를 죽이려는 형을 피해 도망갔다가 20년 만에 다시 돌아왔는데 형이 400명을 끌고 자기에게 오고 있다니 말이 되는가? 결국 야곱은 자신의 힘으로는 안 된다는 결론에 이르렀다. 상황 분석, 무리를 두 떼로 나누기, 예물 보내기 등 온갖 인간적인 수단과 방법을 다 써도 안 된다는 사실을 깨닫자 그는 오직 하나님께 나아갔다. 자신의 모든 것을 버리고 죽기 살기로 축복을 간구했다. 온전히 하나님께 매달린 그는 비로소 하나님의 은혜를 입고 해결함을 받았다.

우리도 야곱과 마찬가지로 이 땅을 살아가는 동안 크고 작은 힘든 문제, 나름의 어려움에 부딪힌다. 그때는 빨리 자신의 한계를 깨달아야 한다. 자기 힘으로 이루려고 끙끙대 보아야 해결되지 않는다. 속상하고 답답한 일이 있는가? 자신의 한계를 빨리 깨달아라. 스스로 머리 써서 풀어 보려고 하지 말고 무릎으로 풀어라. 하나님께 나아가라! 그렇지 않으면 괜히 고생만 사서 한다.

결국 문제는 하나님과의 관계에서 풀리는데, 아직도 많은 사람이 자기를 믿고 자기의 방식으로 해결하려고 한다. 우리는 모든 문제를 하나님께 가지고 나아가야 한다. 적당한 선에서 타협하는 것이 아니라 풀릴 때까지, 확실한 응답을 얻을 때까지 하나님께 매달려야 한다. 그동안 나름대로 이 방법, 저 방법을 써 보았지만 그래도 풀리지 않았다면 오직 하나님께 나아가는 방법을 선택하라. 달리 길이 없음을 깨닫고 오직 하나님만을 찾아라.

이 땅의 삶은 정말 고달프다. 그런데 문제는 영적으로 자고 있으니 아무리 고달파도 고달픔을 느끼지 못한다는 것이다. 초라한 삶인데 영적으로 둔하니 기도도 하지 않는다. 한숨만 짓고 남 탓만 할 뿐이다. 배우자, 자녀, 회사 상관, 동료 때문에 힘들다고 불평한다. 회사 일, 재정, 직장, 결혼, 앞날의 여러 문제로 고통스러워하기만 한다. 그러면 우리 주님이 왜 계시는가? 선한 목자가 계신데 왜 기도하지 않는가?

가끔 상담을 하다 보면 굉장히 심각한 문제를 겪고 있는 사람들을 만나게 된다. 힘들어 눈물까지 흘리는데, 정작 기도하라고 권면하면 기도는 하지 않는다. 공휴일에 기도원에 가거나 홀로 예배당에서 부르짖을 생각은 하지 않고 일단 놀고 본다. 그리고 나서는 자기 문제 때문에 힘들다고 계속 운다. 이런 사람은 아직 멀었다. 그런대로 견딜 만하기 때문에 기도까지 나아가지 못하는 것이다.

야곱은 도저히 자신의 힘으로 어찌할 수 없는 상황에 놓였다. 에서 혼자 온다고 했으면 아마 편히 잠을 잤을 것이다. 그런데 동생을 만나러 오는 형이 400명을 끌고 온다니, 아무리 생각해도 뾰족한 방법이 없었다. 그래서 하나님께 매달렸고, 결국은 응답을 얻었다. 야곱의 어쩔 수 없는 상황 덕분에 우리는 "매달렸더니 얻었다!"라는 중요한 교훈을 얻었다.

어쩌면 우리가 하나님께 매달리지 않는 이유는 아직 괜찮아서일지도 모른다. 정말 속상하고, 답답하고, 고통스러운 일이 있으면 기도하라. 그러면 하나님이 응답하신다. 야곱은 영적으로 둔해서 상황이 이 정도까지 되어서야 비로소 하나님께 매달렸다. 그러나 우리 안에는 성령이 계시기 때문에 우리는 언제나 하나님께 나아갈 수 있다. 이 땅의 문제로 속상한가? 그런데도 왜 하나님께 나아가지 않는가? 하나님께 매달려서 죽기 살기로 "하나님, 이 문제를 풀어 주십시오!"라고 기도하라.

너는 그렇게 살려고 이 땅에 태어났느냐?

필자는 성경 연구를 위해 영국에 있을 때 좀처럼 하나님께 매달리지 않는 영국 사람들을 보며 답답함을 느꼈다. 그들은 사는 것이 편해서인지 영적으로 어두워 있었다. 집을 장만하고, 잘 먹고, 좋은 직장에 다니니까 속고 있었다. 우리는 그러한 삶을 살려고 세상에 태어난 것이 아니다. 한 시대를 위해 어떻게 의미 있게 살다가 죽어야 할지 고민해야 한다. 현재 주어진 달콤함과 안일함으로 인해 '나는 괜찮지 않을까?'라고 여기는 불쌍하고 비참한 상태에서 벗어나야 한다.

주님이 우리에게 말씀하신다. "너의 그 삶이 빛나는 삶이냐? 그 삶이 만족스러우냐? 너는 그렇게 살려고 이 땅에 태어났느냐?" 비록 우리가 이 땅에서 돈과 지위와 명예를 얻었더라도, 혹 남부러울 것 없는 삶을 살고 있다 할지라도 주님의 질문은 동일하다. "그 정도 살려고 태어났느냐? 내가 그런 의도로 너를 보낸 줄 아느냐?" 이 질문에 자신이 만족할 때까지 매달려야 한다. "나는 과연 어떻게 살다 죽어야 하는가?"라는 질문에 대한 답이 분명해야 한다.

우리는 이 땅을 사는 동안 하나님께 자주 여쭈어 보아야 한다. "하나님, 지금 제 생이 하나님이 원하시는 삶인가요?" 사람들의 눈에 잘 살고 성공한 것처럼 보일지 모르지만, 하나님 앞에서는 그렇지 않을 수 있다. 따라서 하나님께 우리를 향한 섭리와 목적을 물어보아야 한다. 우리는 "제 남은 20-30년, 혹은 50년을 이렇게 살다가 죽겠습니다"라고 확신 있게 답할 수 있어야 한다.

우리는 이 땅에서 실패하고 낙심할 수 있지만, 하나님께 나아가는 자는 당장은 힘들어도 결국 승리자가 된다는 사실을 명심해야 한다. 그러므로 현재 주어진 삶 속에서 낙심할 것이 아니라 겸손하게 하나님께 나아가 그분의 은혜를 구하라. 해결할 수 있는데 절망하거나 낙심하지 말라. 오직 한 길, 한 방법이 남아 있다! 하나님이 준비하신 길이다.

08

해석이 안 되는 고난을 만나거든
『요셉 1』

요셉의 일생은
'고난의 시기'와 '영화의 시기'로 나눌 수 있다.
고난의 시기는 형들이 요셉을
노예로 팔아넘긴 사건에서 시작된다.
요셉의 꿈은 어떻게 이루어졌으며,
그는 어떻게 하나님의 사람이 될 수 있었는가?
하나님은 의인의 삶을 어떻게 이끌어 가시는가?

1. 형들에 의해 노예로 팔린 요셉

"요셉이 그들에게 가까이 오기 전에 그들이 요셉을 멀리서 보고 죽이기를 꾀하여 서로 이르되 꿈꾸는 자가 오는도다 자, 그를 죽여 한 구덩이에 던지고 우리가 말하기를 악한 짐승이 그를 잡아먹었다 하자 그의 꿈이 어떻게 되는지를 우리가 볼 것이니라 하는지라"(창 37:18-20).

17세 소년 요셉은 철이 없었던지, 순진하고 분위기 파악을 못해서였던지 형들의 잘못을 아버지에게 고자질해서 형들의 미움을 샀다. 더군다나 아버지의 편애까지 가세해 계속해서 형들에게 미움을 받았다. 나중에는 형들의 곡식 단이 자기의 곡식 단에게 절하는 꿈과 해, 달, 11개의 별들이 자기에게 절하는 꿈을 눈치 없이 말하다가 형들의 시기심에 불을 붙이는 바람에 노예로 팔려 가는 처지에 이르렀다.

이는 아버지의 편애가 형제 우애를 깨뜨리고 가정의 불화를 가져온 결과다. 자녀가 하나일 때는 문제 될 것이 없으나, 둘 이상인 경우 부모는 사랑의 배분을 잘해야 한다. 편애는 시기심을 불러일으키기 때문이다.

시기심과 미움에 사로잡힌 형들은 심부름 온 동생 요셉을 죽이기로 했다. 미움이 해결되지 못하고 지속되면 상대를 죽이는 데까지 나아갈 수 있다.

"그 형제를 미워하는 자마다 살인하는 자니 살인하는 자마다 영생이 그 속에 거하지 아니하는 것을 너희가 아는 바라"(요일 3:15).

요셉의 형들의 행동은 '미움은 곧 살인'이라는 신약의 말씀을 잘 설명해 주는 시청각 자료다. 그렇기 때문에 혹시 누구를 시기하고 있지 않은지 자신을 돌아보아야 한다. 미움과 시기는 신앙 성숙에 치명적이므로 빨리 내려놓아야 한다. 때로는 그 대상이 배우자, 부모 혹은 자녀가 될 수 있다. 회사의 상사나 동료, 부하 직원일 수 있다. 우리가 속한 공동체인 가족, 학교, 회사, 교회 등 어느 곳에서든 누군가를 미워하면 그것은 살인이다.

마음속에 생긴 미움은 시간이 가면 갈수록 뿌리를 더 깊이 내린다. 미움을 해소하기 위해 노력하라. 미움은 근본적으로 마귀로부터 나온다. 그래서 빨리 풀지 않으면 마귀가 틈을 타 시험에 들게 된다(엡 4:26-27).

2. 하나님을 의식하면서 살면 죄를 짓기가 어렵다

먼 애굽으로 팔려 간 요셉은 노예에 불과했지만 보디발의 집에서 성실하게 일해 신뢰를 얻어 그 집의 가정 총무가 되었다. 하나님이 요셉과 함께하시고 범사를 형통하게 하셔서 그가 총무가 된 후 주인은 하나님의 복을 많이 받았다. 그런데 주인의 아내가 요셉을 좋아해 동침하자고 요구했다. 요셉은 이를 뿌리쳤고, 거부당한 그녀는 요셉을 모함했다.

"이 말로 그에게 말하여 이르되 당신이 우리에게 데려온 히브리 종이 나를 희롱하려고 내게로 들어왔으므로 내가 소리 질러 불렀더니 그가 그의 옷을 내게 버려두고 밖으로 도망하여 나갔나이다"(창 39:17-18).

보디발의 아내의 말을 들으면 정말 그럴듯해 보인다. 하지만 요셉은 그전부터 여인의 청을 거절하려고 피해 다녔는데, 마침 아무도 없을 때 그녀가 요셉의 옷을 잡으면서 유혹하자 잡힌 옷을 버려두고 나가 버렸을 뿐이다. 그런데 도리어 여인은 마치 요셉이 자기를 겁탈하려다가 자신이 소리를 지르는 바람에 옷을 버려두고 도망간 것처럼 거짓말을 지어냈다. 그 결과 요셉은 누명을 쓰고 감옥에 갇히는 신세가 되고 말았다.

거짓은 세상 사람들의 특징이다. 그들의 살아가는 수단이니 좀처럼 고치려 하지 않는다. 우리가 사는 세상에는 악인들이 우글거리고 있다. 거짓말을 잘하고 그럴싸하게 말을 둘러대서 오히려 진실하게 말하는 우리를 억울하게 만든다. 나그네로서 이 땅을 통과할 때 마주하게 되는 현실이다. 이 회사에서 '오 부장' 때문에 못 견뎌 다른 회사로 가면 '김 부장'이 기다리고 있다. 이 세상 어디나 악인, 순 거짓말쟁이들이 많다. 따라서 그리스도인들도 얼마든지 그들에게 당할 수 있다는 사실을 알아야 한다. 때로는 신앙인으로부터 당하기도 한다. 신앙인도 옛 습성을 버리지 못하고 거짓말을 하거나 둘러대기 때문이다.

그런데 요셉은 억울하게 형들에 의해 노예로 팔려 와서 자포자기해 아무렇게나 살 수도 있었을 텐데, 어떻게 이처럼 힘든 유혹을 이겨 낼 수 있었는가?

요셉은 이방 나라의 노예로서 보잘것없는 존재였지만 하나님에 대한 의식을 늘 지니고 있었기 때문이다. 그래서 요셉은 아무도 없을 때 보디발의 아내가 유혹하자, "내가 어찌 이 큰 악을 행하여 하나님께 죄를 지으리이까"(창 39:9)라고 하며 거절할 수 있었다. 하나님을 의식하면 죄를 짓기가 어렵고, 하나님을 의식하지 않으면 죄를 안 짓기가 어렵다. 이렇듯 하나님을 의식한 요셉은 그 후에는 여인과 아예 함께 있지도 않았다(창 39:10).

처음부터 죄를 지을 기회를 차단하는 것이 유혹을 이길 수 있는 아주 훌륭한 방법이다. 유혹이 있는 곳을 괜히 기웃거리면 안 된다. 유혹에 취약한 상황을 아예 만들지 말아야 한다. 또 회사에서 회식한 후에 2차, 3차를 가다 보면 건전하지 않은 곳에 갈 수도 있고, 그러다가 죄를 짓게 된다. 그런 곳은 죽기 살기로 빠져나와야 한다.

그리스도인이기 때문에 어떤 유혹이든 이길 수 있다고 자신만만해서는 안 된다. 굉장히 위험한 발상이다. 처음부터 딱 끊어야 한다. 처음이 중요하다. 그리고 도무지 안 될 때는 요셉처럼 도망가야 한다.

> "그 여인이 그의 옷을 잡고 이르되 나와 동침하자 그러나 요셉이 자기의 옷을 그 여인의 손에 버려두고 밖으로 나가매"(창 39:12).

이런 상황에서는 도망치는 것이 최선이다. 비록 요셉은 그 일로 인해 감옥에 들어가게 되었지만, 죄를 짓느니 차라리 인산이 만든 감옥에 들어가는 편이 낫다. 만일 이때 동침을 했다면 결국 마귀가 만든 함정에 빠져 양심의 가책으로 괴로워했을 테고, 언젠가 죄의 대가를 톡톡히 치르게 되었을 것이다. 마귀의 함정에 빠지느니 차라리 유혹 없는 안전한 감옥으로 피신하는 것이 훨씬 낫다.

인생 나그넷길에는 여러 가지 유혹과 시험이 있다. 잘나가던 사람이 성 문제 때문에 추락하는 경우가 얼마나 많은가? 죄악과 유혹의 기미가 조금이라도 보이거든 아예 주변에 얼씬거리지도 말아야 한다. 성경은 "악은 어떤 모양이라도 버리라"(살전 5:22)라고 말한다. 괜히 흉내 낼 필요 없다. 죽기를 각오하고 유혹을 뿌리치고 도망가라.

예를 들어, 회사 사장이 굉장히 세련되고, 다정하고, 예쁜 여직원에게 관심이 생겼다고 치자. 만약 시간이 갈수록 여직원에게 점점 더 마음이 간다면 어떻게 해야 할까? 그때는 사장직을 던지거나 여직원을 다른 곳으로 보내는 등 어떻게 해서든지 만남을 차단해야 한다. 회사의 임원으로서 대안 없이 떠나면 어떻게 하냐면서 머물러 있어서는 안 된다. 책임감으로 남은 임기를 채울 것이 아니라 그 직위를 바로 내려놓고 떠나야 한다. 사람들이 어떻게 생각할까 염려할 문제가 아니다.

목회자들도 마찬가지다. 사역에 대한 책임이 있다는 이유로 주저해서는 안 된다. 혹시 최근에 이런 면에서 자신에게 유혹거리나 시험거리가 있는가? 빨리 도망쳐라. 자꾸 유혹에 흔들리는 마음을 억누르면서 체면과 책임감으로 주저앉지 말라. 무너지기 전에 도망가야 한다.

이단을 대할 때의 자세도 마찬가지다. 성경은 "이단에 속한 사람을 한두 번 훈계한 후에 멀리하라"(딛 3:10)라고 말한다. 본인의 신앙이나 성경 지식이 확실하지 않으면 잘못된 가르침의 영향을 받아 거짓 가르침 쪽으로 기울어질 수 있다. 자신은 괜찮을 것이라고 확신하지 말고 조심하고 경계하며 사는 것이 지혜로운 방법이다.

3. 풀리지 않는 문제로 하나님을 의심하지 말라

요셉은 하나님을 의식하면서 유혹을 뿌리쳤는데, 결과는 감옥행이었다. 보통 이런 경우 실족하기 쉽다. 노예로 팔려 온 것도 억울한데 의롭게 행하다가 감옥에 들어가다니, '하나님은 살아 계신가? 정말 하나님이 살아 계신다면 어떻게 이런 일이 있을 수 있는가?'라는 회의가 들 수 있다. 요셉의 마음을 정확히 알 수는 없지만 하나님께 따지고 싶었을지도 모르겠다.

하나님의 뜻을 이루기 위해 유혹을 거절할 경우 하나님이 어여쁘게 보시고 형통한 길을 주셨다는 간증이 나와야 할 것 같다. 그런데 요셉은 감옥에 들어갔다. 교회를 5년이나 10년 다니다가 이와 같은 상황을 맞이하면 실족하기 십상이다. 자기는 신앙이 좋은 사람과 결혼하려고 기다리다가 아직 결혼을 못하고 있는데, 친구는 비신자와 결혼해서 행복하게 사는 것 같다. 남들이 데이트할 때 주님의 일만 죽어라 열심히 했는데 다 결혼하고 혼자 남았다. 열심히 대학부, 청년부에서 봉사했는데 취식이 안 되었다. 교회 일을 열심히 했지만 승진도 안 되고, 일이 더 꼬이기만 한다. 이렇듯 되는 일이 하나도 없을 때 우리는 실족하게 된다.

선교사나 목회자도 마찬가지다. 어렵게 목회한 사역자일수록 자녀만큼은 잘되어야 한다고 생각할 수 있다. 힘들게 개척 교회를 섬기면서 수고했는데 교통사고를 당했다든지, 태풍에 교회 예배당이 파손되었다면 어떠할까? "하나님, 제가 지금까지 하나님을 열심히 섬겼는데 어떻게 이러실 수 있습니까?"라는 원망이 생길지 모른다.

그러나 우리는 당장 눈에 보이는 결과만 갖고 속단해서는 안 된다. 중요한 것은 '내가 하나님 앞에 제대로 서 있는가? 하나님의 뜻대로 살고 있는가?'다. 만약 그렇다면 결과에 집착할 필요가 없다. 내가 하나님의 뜻대로 살아가고 있다면 결과는 하나님의 몫이다. 보이는 결과에 연연하지 말라.

하박국 선지자의 고백처럼 무화과나무가 무성하지 못하고, 밭에 소산물이 없고, 외양간에 송아지가 없어도 괜찮다. 내가 잘못하지 않았는데 고난이 찾아왔다면, 또 주님을 섬기는 중에 어려움이 발생했다면 우리는 그 상황에서 하나님만 의지하며 최선을 다하면 된다. 원래 이 땅은 아무리 바르게 살려 해도 악인 때문에 고통당하는 곳이다. 이러한 이유로 신앙이 흔들려서는 결코 안 된다.

하나님은 요셉을 사랑하셨다. 그에게 꿈도 주셨지만 수난도 주셨다. 형들을 통해 고난받게 하셨고, 낯선 땅에 팔려가 노예로 지내게 하셨다. 그 후 보디발의 아내 때문에 누명을 쓰고 감옥에 들어가게 된 것도 하나님이 허락하신 일이다. 이 과정만 보고 하나님의 사랑을 판단해서는 안 된다. 요셉의 생애 전체를 보아야 한다.

마찬가지로 우리는 직장, 결혼 등 잘 풀리지 않는 몇 가지 문제로 하나님의 사랑을 의심하지 말고 인생 전체를 볼 수 있어야 한다. 그렇지 않으면 마귀가 "네 모습을 보아라. 주님께 열심히 봉사했는데 네게 남은 게 무엇이냐? 다른 사람은 그렇게 노력하지 않아도 잘 사는데 너는 뭐냐?" 하면서 자꾸 공격한다.

요셉은 자기가 왜 감옥에 들어가야 하는지 이해할 수 없었을 것이다. 원래 고난은 이해가 안 되는 법이다. 아예 이해하려고 하지 말라. 고난은 이 땅에서 기본적으로 나오는 메뉴다. 그 이유를 자꾸 찾으려고 하지 말라. 오히려 성경은 고난이 있을 때 기도하라고 명한다. 그러므로 고난이 오거든 '더 기도하라는 하나님의 뜻이구나!'라고 생각하라.

"너희 중에 고난당하는 자가 있느냐 그는 기도할 것이요"(약 5:13).

만약 성경의 내용을 다 아는 우리가 요셉이 갇힌 감옥에 함께 들어가 있다고 가정해 보자. 요셉이 힘없이 앉아 있으면 어떻게 권면하겠는가? 걱정하지 말라고, 하나님이 내보내 주실 것이라고, 뜻밖의 결과가 나타날 것이라고 안심시킬 것이다. 풀이 죽어서 밥도 안 먹으며 금식하겠다고 한다면, "먹어라. 다음이 있다"라고 말하며 격려하지 않겠는가? 왜 그런가? 우리는 그다음을 알기 때문이다. 그래서 요셉에게 우울해할 필요가 없다고, 원망할 상황이 아니라 묵묵히 견뎌야 할 상황이라고 말해 줄 것이다.

이제 이 일을 요셉에게만 해당되는 것처럼 넘기지 말고 자신에게도 적용해 보라. 억울하고 분한 일이 있는가? 주를 잘 섬기고 있는데 앞이 꽉 막혀 있는가? 너무 낙심되는가? 이때야말로 그동안 갖고 있던 믿음을 발휘할 시간이다. 지금까지 선한 목자가 나를 인도하셨다고 믿는 믿음으로 반응해야 할 때다. 최악의 상황에도 다 하나님의 뜻이 있음을 믿으며 주님을 바라보아야 한다.

'아무렴 하나님이 나를 망하게 하시겠는가!'라고 생각하며 궁극적으로 승리할 것을 바라보라. 이러한 믿음으로 현실을 견뎌 내야 한다. 힘든 순간에 나를 향한 하나님의 인자하심을 믿고 기쁘게 살아야 한다. 우리의 앞길이 하나님의 손에 달려 있음을 믿어야 한다. 현재 답답하고 일이 잘 풀리지 않아도 선한 목자가 나를 인도하시는 이상 괜찮다고 말해야 한다.

"아무것도 염려하지 말고 다만 모든 일에 기도와 간구로, 너희 구할 것을 감사함으로 하나님께 아뢰라"(빌 4:6).

4. 마지막 순간까지 하나님을 신뢰하라

요셉이 계속 고통을 당하게 된 이유는 바로의 술 맡은 관원장의 부주의함 때문이었다. 술 맡은 관원장은 당시 중요한 직책으로, 거의 장관급에 해당하는 왕의 신하였다.

"요셉이 그에게 이르되 그 해석이 이러하니 세 가지는 사흘이라 지금부터 사흘 안에 바로가 당신의 머리를 들고 당신의 전직을 회복시키리니 당신이 그전에 술 맡은 자가 되었을 때에 하던 것같이 바로의 잔을 그의 손에 드리게 되리이다 당신이 잘되시거든 나를 생각하고 내게 은혜를 베풀어서 내 사정을 바로에게 아뢰어 이 집에서 나를 건져 주소서 나는 히브리 땅에서 끌려온 자요 여기서도 옥에 갇힐 일은 행하지 아니하였나이다"(창 40:12-15).

요셉의 꿈 해석대로 바로의 술 맡은 관원장은 3일 후에 전직이 회복되어 다시 왕을 모시게 되었다. 도와줄 사람 하나 없는 막막한 처지에 놓여 있던 요셉에게는 이제 감옥살이를 끝낼 수 있는 절호의 기회가 찾아왔다. 술 맡은 관원장이 복직하면 요셉도 감옥에서 나갈 수 있을 것 같았다. 그런데 그는 자기 문제를 해결한 후 억울한 요셉의 석방을 위해서 그 어떠한 시도도 하지 않았다.

"술 맡은 관원장이 요셉을 기억하지 못하고 그를 잊었더라"(창 40:23).

요셉의 입장에서는 술 맡은 관원장이 3일 뒤에 복직되니까 3일만 지나면 좋은 소식이 들려오리라고 기대했을 것이다. 그 후로 요셉은 문소리만 나도, '혹시 나를 데리러 온 것은 아닐까?' 하고 귀를 기울였을지 모른다. 술 맡은 관원장의 도움만이 감옥에서 나갈 수 있는 유일한 방법이었기에 요셉은 더욱 절실하게 기다렸을 것이나. 그가 은혜를 갚으리라고 기대할 만했다. 그러나 나흘, 닷새, 열흘, 한 달이 지나도 아무 소식이 없자 요셉은 절망했을 것 같다.

이 정도면 하나님을 원망할 만했다. 안 풀려도 너무 안 풀린다. 차라리 술 맡은 관원장을 만나지 않게 하시거나 그런 희망을 주시지 말았어야 했다. 기껏 만나게 하시고 꿈 해몽도 하게 하셔서 나갈 수 있는 절호의 기회를 주시고는 다시 절망하게 만드시다니……. 나갈 희망이 보이다가 사라졌을 때 얼마나 더 절망스러웠겠는가? 보통 사람들은 이때 크게 낙심한다. 그동안 감옥에서 죄수로 지낸 것까지는 참았지만, 더 이상은 못 참겠다고 분통을 터뜨리면서 하나님을 원망할 수도 있다.

인간의 생각은 여기까지다. 그러나 하나님은 우리가 보지 못하는 것을 보고 계시며, 더 좋은 것을 준비하고 계신다. 그래서 성경은 "술 맡은 관원장은 요셉을 잊어버렸고 요셉은 감옥에서 죽었다"라는 말씀으로 이어지지 않는다. 이미 알고 있듯이, 이 대목은 요셉의 인생에서 중간 시기에 불과하다. 하나님은 요셉을 위해 큰일을 준비해 두셨다. 중간 과정을 지나고 있는데 이제 끝났다고 생각하며 낙심해서는 안 된다.

하나님은 필요에 따라 우리를 사망의 음침한 골짜기로 인도하실 수 있다. 그때 우리는 죽을까 봐 걱정한다. 하지만 사망의 음침한 골짜기를 지나가더라도 죽지 않으면 된다.

사실 술 맡은 관원장이 사흘 전 요셉의 애절한 부탁을 잊어버리기란 쉽지 않다. 더구나 자기의 목숨이 달려 있는 상황이었다. 자기와 오랫동안 같이 있던 동료는 죽었고, 자기는 살아났다. 자신도 왕께 불려 갈 때 두려웠을 것이다. 죽느냐 사느냐가 달린 엄청난 꿈과 해석이었는데 어떻게 이 어마어마한 사건을 사흘 만에 잊어버릴 수 있겠는가? 그는 건망증 때문에 잊었던 것이 아니다. 하나님의 섭리가 아니면 잊을 수 없다.

만약 요셉이 원하는 대로 술 맡은 관원장이 복직한 후 잊지 않고 왕께 간청해 요셉을 감옥에서 나오게 했다고 하자. 그때 감옥에서 풀려난 요셉은 고향 집에 돌아갈 여비도 없었을 것이다. 어찌어찌 여비를 얻어 돌아갔더라도 결국은 11년 동안 노예와 죄수로 고생만 죽도록 하다가 집으로 돌아간 셈이 된다.

집에는 물론 사랑하는 아버지가 계신다. 그러나 동생을 죽이려다가 노예로 팔아 버린 형들도 있다. 돌아가면 어떤 일들이 펼쳐질까? 요셉은 자기의 청춘을 빼앗은 형들에 대한 미움이 남아 있고, 형들은 요셉에게 다시 악을 꾀할지도 모른다. 이번에는 아버지가 이 사실을 알고 형들을 가만 놔두지 않을지도 모른다. 아니면 요셉은 형들이 무서워 억지로 화해를 하지만 형들을 용서하지 못한 채 살 수도 있다.

그런데 우리가 아는 대로, 술 맡은 관원장이 기억하지 못하는 바람에 요셉은 2년 뒤에 이집트의 총리가 되었다. 그는 총리가 되었기 때문에 형들과의 문제도 주도권을 갖고 처리하며 그들을 용서할 수 있었다. 총리로서 기근에 처해 굶어 죽을 아버지와 가족들을 살렸을 뿐 아니라 수많은 사람을 기근에서 구해 냈다. 결국 요셉은 열방의 지도자가 되었고, 어릴 때 꾸었던 꿈, 즉 해와 달과 11개의 별들이 자기에게 절하는 꿈을 이루었다.

그래서 술 맡은 관원장이 요셉을 기억하지 못하고 잊어 준 것은 고마운 일이다. 당장에는 요셉이 스스로를 비참하게 여겼을 테고, '하나님이 살아 계시면 어떻게 이럴 수 있을까?' 하며 회의했겠지만, 그 이면에는 하나님의 섭리가 있었다.

이 사건은 결국 무엇을 의미하는가? 어떤 시련이 있어도 끝까지 하나님을 경외하는 자에게는 시간과 에너지, 모든 면에서 결코 손해되는 것이 없다는 뜻이다. '내가 5년만 젊어져서 다시 시작해 봤으면' 하고 후회할 필요가 없다. 요셉이 감옥에서 보낸 세월과 그 후 2년 더 연장된 억울한 시간 뒤에는 다 하나님의 뜻이 있었다.

당신의 삶이 감옥에서 보낸 요셉의 마지막 2년처럼 갑갑하고, 낙심되고, 절망스러운가? 하나님의 뜻이 있다는 것을 기억하라. 일이 풀리지 않는다고 한탄하지 말라. 세월만 부질없이 간다고 낙심하지 말라. 요셉처럼 우리 인생의 시간 계획도 다 하나님이 짜 놓으셨다.

하나님의 계획이 실현되는 과정 중에 낙심하거나 한탄하지 말라. 우리는 하나님 앞에서 잠잠히 최선을 다하기만 하면 된다. 괜히 떼 쓰고 소란 피우지 말라. 그런 사람은 세월도 놓치고, 열매도 거둘 수 없다.

살면서 힘든 일, 답답한 일이 많고 하는 일마다 잘 안 풀리는가? 당장은 속상하고 자신감을 잃을 수 있지만, 승부를 좀 더 길게 걸 필요가 있다. 하나님의 인도하심을 믿어라. 왜 중간 과정에서 망한 것처럼 한탄하는가? 때마다 주어지는 상황에 대해 일희일비하지 말라. 그런 태도는 장기적 계획을 진행하고 계신 하나님의 입장에서 볼 때 서운한 일이다. 죄를 지은 것이 아니라면, 능력껏 최선을 다했다면 기다려라. 하나님이 어떤 계획을 갖고 계실지 궁금해하라. '대체 하나님이 어떻게 하실까?'를 생각하면 더 흥미롭지 않은가?

필자는 힘들 때마다 늘 "하나님이 이렇게 허락하셨다"라고 고백하면서 많은 힘을 얻는다. 예전에 캠퍼스 사역을 할 때 수많은 영적 전투 속에서 낙심되는 순간이 많았다. 열심히 노력해서 수련회를 열었는데 학생들이 많이 참여하지 않고 재정 적자까지 난 적이 있었다. 그때 '하나님이 이렇게 허락하셨다'라고 믿으며 그 일에 최선을 다해 임했다. 교회를 개척한 후에도 수많은 어려움이 있었다. 믿었던 사람들로부터 배신도 당했고, 기대했는데 수수방관하는 사람들도 있었다. 때로는 오해와 비방도 들었다. 하지만 힘든 순간마다 '하나님이 이렇게 허락하셨다'라고 믿으며 힘을 얻었다.

만약 요셉이 이 기간 동안 낙심하고 절망해 자포자기했다면, 그래서 될 대로 되라는 식으로 신앙생활도 제대로 하지 않았다면 과연 2년 뒤 하나님의 시간에 바로의 꿈을 해석하는 영성을 갖춘 하나님의 도구로 사용될 수 있었을까? 요셉은 오히려 어려울수록 하나님을 떠나지 않았고 더 깊은 영성을 지녔기에 하나님의 때에 사용될 수 있었다.

하나님의 때와 내 때가 다르다는 것을 알아야 한다. 그렇다고 안달하거나 불평해서는 안 된다. 요셉에게도 2년이라는 세월의 간극이 있었는데, 하나님이 보실 때는 그가 2년 뒤에 감옥에서 나와야 했다. 지금 나오면 갇힌 죄수였다가 풀려난 거지일 뿐이지만, 2년 뒤에 나오면 죄수에서 총리로 신분이 바뀌는 계획이었다.

하나님의 시간표에 맞출 때 범사에 감사할 수 있다

우리는 자신이 세운 인생의 계획들을 하나님의 시간표에 맞춰야 한다. 두 계획이 다를 수 있다. 그러나 내가 최선을 다했다면 안심하라. 마음의 평안을 지켜라. 상황이 극히 열악하고 힘들어도 하나님의 때를 기다려라. 하나님의 생각과 우리의 계획은 많이 다르기 때문에 인내가 필요하다. 하나님의 시간표가 있음을 믿고, 지금 나를 이끄시는 분이 하나님이심을 믿는다면 어찌 불평할 수 있겠는가? 그렇다면 우리는 범사에 감사할 수 있다.

때로 원하는 것을 이루지 못하거나 시험에서 떨어질 수 있다. 또한 결혼 문제가 안 풀릴 수도 있다. 인생이 내가 원하는 방향과 전혀 다르게 흘러갈 수 있다. 그러나 신실하신 하나님은 단 한 번도 나와의 약속을 어기신 적이 없고, 결코 나를 망가뜨리시는 분이 아니기 때문에 그분을 신뢰해야 한다. 참으로 하나님의 인도하심을 믿는 믿음은 범사에 감사로 드러난다.

대학 입시에서 떨어져도 감사, 붙어도 감사, 헤어져도 감사, 만나도 감사, 장미꽃 감사, 장미꽃 가시도 감사. 우리는 언제든지, 어떤 상황에서도 감사할 수 있다. 남은 인생, 내 생각과 전혀 다른 일이 벌어진다 할지라도 늘 하나님께 감사하는 삶을 살자.

우리는 당장 눈에 보이는 결과만 갖고 속단해서는 안 된다.
중요한 것은 '내가 하나님 앞에 제대로 서 있는가?
하나님의 뜻대로 살고 있는가?'다.
만약 그렇다면 결과에 집착할 필요가 없다.
내가 하나님의 뜻대로 살아가고 있다면 결과는 하나님의 몫이다.
보이는 결과에 연연하지 말라.

09

하나님이 짜신 인생의 시간 계획
『요셉 2』

연단의 결과
요셉은 하나님 나라에 합당한 인물이 되었다.
성경은 요셉의 성숙함을 보여 준다.
애굽의 총리가 된 요셉에게 본받을 점은
세상에서 인정받는 지위에 올라 잘 사는 것이 아니다.
그것은 신앙의 영역보다 세상의 영역이다.
나는 지금 있는 자리에서
하나님의 아름다운 덕을 얼마나 잘 드러내고 있는가?

1. 5분의 1을 제안한 요셉

만 2년 후에 애굽 왕 바로가 꿈을 꾸고 마음이 번민할 때 비로소 술 맡은 관원장이 요셉을 생각해 냈다. 급히 왕 앞에 불려 온 요셉은 그 꿈을 해석했을 뿐 아니라 앞으로 어떤 정책을 펴야 할지 그 방법까지 제시했다.

"온 애굽 땅에 일곱 해 큰 풍년이 있겠고 후에 일곱 해 흉년이 들므로 애굽 땅에 있던 풍년을 다 잊어버리게 되고 이 땅이 그 기근으로 망하리니 후에 든 그 흉년이 너무 심하므로 이전 풍년을 이 땅에서 기억하지 못하게 되리이다"(창 41:29-31).

요셉은 바로왕에게 명철하고 지혜 있는 사람을 택해 애굽 땅을 다스리게 하고, 일곱 해 풍년에 곡물의 5분의 1을 거두어 저장해 7년 흉년을 대비하라고 제안했다. 단지 많이 모아서 흉년을 대비하라고 말해도 되었을 텐데, 5분의 1을 거두라니, 참 특이한 제안이다. 하나님이 꿈 해석뿐 아니라 앞으로 다가올 풍년 7년, 흉년 7년 등 14년의 미래를 내다보면서 '5분의 1'이라는 해결 방안까지 알려 주셨던 것이다. 이 제안을 바로와 모든 신하가 좋게 생각했다.

> "바로가 그의 신하들에게 이르되 이와 같이 하나님의 영에 감동된 사람을 우리가 어찌 찾을 수 있으리요 하고 요셉에게 이르되 하나님이 이 모든 것을 네게 보이셨으니 너와 같이 명철하고 지혜 있는 자가 없도다"(창 41:38-39).

애굽 왕은 비록 죄수이지만 권위 있고 당당한 요셉이야말로 하나님의 영에 감동된 사람, 곧 하나님이 지혜와 명철을 더해 주신 사람임을 감지했다. 그래서 요셉을 곧바로 애굽 온 땅을 다스리는 총리로 임명했다.

그리스도인인 우리가 이 땅을 살아가면서 주위 사람들에게 보여 줄 모습이 바로 이것이다. 하나님의 자녀는 무엇인가 달라야 한다. 성령이 우리와 동행하시기 때문에 다를 수밖에 없다. 요셉은 죄수 신분이었음에도 그에게는 하나님의 영감이나 감동, 영광스러움이 있었다. 요셉에게 있는 무엇인가 다른 모습이 우리에게도 있어야 한다. 하나님의 영의 감동을 받은 사람의 특징은 무엇일까? 기쁨, 감사, 분별,

정직, 욕심 부리지 않음, 신실함 등 세상 사람들과 구별된 것들이다.

하나님의 결정권

여기서 우리는 하나님이 마음만 먹으시면 세상일이 아주 간단하게 처리되는 모습을 볼 수 있다. 요셉은 한순간에 죄수에서 대제국 애굽의 총리로 신분이 바뀌었다. 하나님이 꿈 하나를 사용해 그를 총리로 만드셨다. 이것이 하나님의 방법이다. 일반적으로 꿈은 곧 잊히기 마련이다. 그런데 바로의 꿈은 너무 불길해서 머릿속에 생생하게 남았다.

> "그 뒤에 또 약하고 심히 흉하고 파리한 일곱 암소가 올라오니 그같이 흉한 것들은 애굽 땅에서 내가 아직 보지 못한 것이라"(창 41:19).

지금까지 보지 못한 흉한 일곱 암소가 등장한 꿈이어서 바로는 잊고 싶어도 잊을 수가 없었다. 그 흉측한 일곱 암소가 일곱 살찐 소를 먹었다. 사자가 아니라 소가 소를 먹는 꿈은 왕을 더욱 번민하게 만들었다. 아무리 왕이라도 꿈을 꾸지 않을 재간은 없었다. 하나님이 원하시면 꿈 하나로도 족하다.

따라서 이 땅에서 잘나가든지, 아니면 하는 일마다 막히고 아무 대책이 없든지 우리가 기억해야 할 것은 현재 상황은 아무것도 아니라는 점이다. 하나님이 한 번 개입하시면 그것으로 끝난다. 중요한 것은 하나님께로부터 은혜를 받느냐, 못 받느냐다. 요셉은 노예일 때나 감옥에서 지낼 때나 변함없이 하나님이 함께하신 자로서 하나님의 은혜를 받은 자였다(창 39:2, 23).

 은혜를 받느냐, 못 받느냐에 따라 우리 생이 결정된다. 우리는 얼마든지 비천해질 수도, 높아질 수도 있다. 하나님의 은혜를 받으면 지위가 낮든지 높든지 상관없이 참으로 귀하고 영광스러운 삶을 살 수 있다. 내가 무엇인가를 이룰 수 있다고 생각하는 것은 어리석다. 모든 일은 내가 아니라 하나님이 허락해 주셔야 이루어진다. 최종 재가는 하나님이 하신다.

 그렇기 때문에 신앙을 팽개친 채 자기 머리를 써서 출세해 보려고 애써 보아야 아무 소용없다. 대인 관계에 신경 쓴다고 출세하는 것이 아니다. 하나님이 재가해 주셔야만 모든 일이 이루어진다. 사무엘의 어머니 한나의 감사 기도가 우리의 신앙 고백이 되도록 해야 한다.

> "여호와는 죽이기도 하시고 살리기도 하시며 스올에 내리게도 하시고 거기에서 올리기도 하시는도다 여호와는 가난하게도 하시고 부하게도 하시며 낮추기도 하시고 높이기도 하시는도다"(삼상 2:6-7).

 그러므로 "우리 가정은 문제가 많고, 내 스펙은 보잘것없고, 가진 것도 별로 없다"라고 하며 현재 자신의 상황 때문에 위축되지 말라. 하나님께 은혜를 받으면 한순간에 세상에서 높아질 수 있다. 우리는 단지 하나님 앞에 겸손히 나아가면 된다. 오직 그분만 바라보며 그분만을 의지할 뿐이다. 모든 결정은 하나님이 하신다. 우리는 하나님의 은혜를 사모하면 될 뿐이다.

"너의 행사를 여호와께 맡기라 그리하면 네가 경영하는 것이 이루어지리라"(잠 16:3).

세상에서 힘없고, 돈 없고, 미래가 보이지 않는 자라도 무에서 유를 만드시고, 죄수를 총리로 높이시는 하나님께 소망을 두어야 할 것이다.

고난의 효능

이때 늘 빠지지 않는 질문이 하나 있다. "하나님은 왜 성도들에게 고난과 역경을 허락하시는가? 아예 고난을 주시지 않는다면 얼마나 좋을까?"

실상 아담과 하와의 타락 이후 우리는 실낙원에 살고 있다. 타락한 실낙원에서 가장 중요한 것은 하나님과의 교제의 회복이다. 다시 하나님과 동행하는 일이다. 천국에 가면 하나님과의 동행이 저절로 이루어지지만, 천국에 가는 여정에서는 부단한 노력이 필요하다. 잠시 방심하면 어느새 성경 읽기와 기도 생활을 등한히 하게 된다. 그러면 곧 넘어진다. 마귀는 어떻게 해서든지 하나님과 우리 사이의 친밀한 교제를 깨려고 한다. 방법은 여러 가지다. 세상의 유혹이나 돈에 대한 욕심으로 죄를 짓게 하거나 먹고살기 바쁘게 해서 경건 생활을 못 해 쓰러지게 만든다.

그리스도인은 항상 하나님과 뜨겁게 교제를 나누어야 하는데, 하나님만 바라볼 수 있도록 도와주는 중요한 훈련이 바로 고난이다. 물론 고난당할 때 하나님을 떠나는 어린 신앙인도 없지 않다. 그러나 신앙이 좀 더 자라면 오히려 고난당할 때 하나님께 매달린다. 입시, 취업, 결혼, 자녀 등 어려운 문제를 놓고 하나님께 매달리면서 하나님과 동행하는 법을 배운다. 삶의 크고 작은 일을 겪으면서 하나님과 교제하며 살아간다.

하나님과의 교제는 본인이 직접 체험하고 경험해 보아야 한다. 모태 신앙인에게 뜨거움이 없는 이유는 자기 신앙이 아직 형성되지 않았기 때문이다. 극심한 고난과 역경 속에서 기도로 부르짖으며 하나님을 뜨겁게 만나는 경험은 신앙인에게 절대적이다. 그 경험을 한 사람은 평생 하나님의 은혜를 잊을 수 없고, 늘 하나님께 충성하게 된다. 이때부터 진짜 신앙인으로 살아간다고 말할 수 있다. 이른바 체험 신앙을 갖게 되는 것이다. 그제야 단지 주어진 것이 아니라 자기가 알고 경험한 하나님을 따르게 된다.

하나님의 도우심을 별로 필요로 하지 않은 솔로몬은 하나님을 뜨겁게 만나는 개인적인 체험이 없었다. 그는 하나님을 의지하지 않아도 되는 삶을 살다가 결국은 쓰러졌다. 그에 비해 다윗은 하나님만 바라볼 수밖에 없는 상황에서 하나님과 친밀한 관계가 형성되었기 때문에 왕의 위치에서도 계속 하나님과 동행할 수 있었다.

이런 면에서 세상적으로 잘나가기 전에 고난을 통해 하나님을 깊이 만나야 한다. 그러한 경험이 있어야 지위가 높아져도 끝까지 하나님과 동행할 수 있다. 고난을 경험하기 전에 미리 높아지면 위험하다. 마귀는 어떻게 해서든지 하나님과 우리 사이를 벌어지게 하고 우리를 쓰러뜨리려고 하지만, 하나님은 우리와 동행하기를 원하신다. 고난의 훈련을 통해 우리가 혹시 높아지더라도 하나님을 떠나지 않는 신앙인으로 자라게 하신다.

따라서 고난은 하나님의 선물이며, 우리를 향한 하나님의 부르심이다. 하나님이 우리에게 고난을 보내 주셨다. 고난은 천국에서 파송된 일꾼이다. 나태하거나 정신을 못 차리고 있는 사람들을 찾아가서 그들로 하여금 기도하게 만든다. 대학 입시, 취업, 결혼 문제뿐 아니라 실업으로 몇 년간 고생을 했다든지, 자녀 문제로 오랜 시간 힘들었다든지, 불치병에 걸려서 삶이 힘들고 고통스러워 울었다면 하나님 아버지의 뜻이 있다고 이해해야 한다. 고난의 시간에 우리가 할 일은 하나님께 더 가까이 가는 일이다. 고난은 우리를 하나님께로 밀어 주는 역할을 한다. 이때 좌절하거나 울면서 해결할 것이 아니라 주님께 나아가 부르짖어야 한다.

그런 의미에서 우리는 고난이 올 때 오히려 고난 때문에 감사할 수 있어야 한다. 앞날을 두려워하지 말고 기도해야 할 것이다. 요셉도 고난을 통해 하나님께 가까이 갔다. 힘들 때 위축되거나 우울해하지 말고, 바로 이때가 하나님을 의지할 때임을 기억하고 기도로 나아가라. 현재 어려움이나 낙심 중에 있는가? 그렇다면 하나님을 더 의지하라는 신호로 받아들여라. 내 힘으로 안 되는 일이 너무 많다고 고백하라.

"여호와여 주의 이름을 아는 자는 주를 의지하오리니 이는 주를 찾는 자들을 버리지 아니하심이니이다"(시 9:10).
"내 영혼아 네가 어찌하여 낙심하며 어찌하여 내 속에서 불안해하는가 너는 하나님께 소망을 두라"(시 42:5).

시편 기자는 고난이 찾아와 낙심하려는 자신을 꾸짖고, 하나님의 도우심으로 하나님을 여전히 찬양한다고 고백했다. 우리도 고난이 와서 힘들 때면 자기의 연약함을 보고 스스로를 야단쳐야 한다. "내 영혼아, 네가 어찌하여 낙심하느냐? 왜 이렇게 우울해하며 힘들어하느냐? 네 아버지가 누구이시냐? 너는 네 하나님께 소망을 두라!"

2. 연단은 우리를 하나님 나라에 합당한 자로 만든다

17세부터 30세까지 무려 13년 동안 온갖 어려움과 환란을 겪은 요셉은 하나님께 은혜를 입어 드디어 애굽의 총리가 되었다. 총리가 된 후 예견한 대로 7년 풍년에 이어 7년 흉년이 찾아왔다. 어느 날 요셉은 애굽으로 곡식을 사러 온 10명의 형들을 만나게 되었다. 요셉은 모른 체하면서 정탐꾼으로 몰아 시므온을 볼모로 잡은 후 양식을 주어

남은 형들을 돌려보냈다. 그러면서 막냇동생을 데려오도록 명했다.

그런데 요셉이 총리가 된 후에 일어난 복잡한 이야기를 성경이 계속 기술하는 이유는 무엇일까? 성경은 요셉의 고난을 성공 이야기로 결론지어 해피엔딩으로 끝내지 않는다. 이는 요셉이 하나님의 은혜를 힘입어 고생 끝에 총리가 된 것이 핵심이 아니라는 의미다. 오히려 성경은 13년간의 연단과 은혜를 받은 뒤에 요셉이 어떤 사람이 되었는지를 보여 주려고 한다. 연단의 결과, 요셉은 하나님 나라에 합당한 훌륭한 인물이 되었다. 그래서 성경은 형들을 보내고 다시 돌아오게 하는 복잡한 과정을 일부러 기술하면서 요셉의 성숙함을 보여 준다.

곡식이 다 떨어지자 형들은 아버지 야곱을 설득해 막냇동생 베냐민을 데리고 다시 애굽으로 갔다. 요셉은 음식을 차려 놓고 함께 식사한 후 다시 양식을 주어 보내되, 베냐민의 양식 자루에 일부러 은잔을 넣어서 도둑질한 혐의로 그들을 다시 돌아오게 만들었다. 그리고 그 과정에서 막냇동생에 대한 형들의 사랑을 확인하고서 드디어 자신의 정체를 밝혔다. 그리고 요셉은 자기에게 범했던 죄로 인해 근심하지 말라면서 두려워하는 형들을 안심시켰다.

사실 형들의 입장에서는 얼마나 놀랐겠는가? 굉장히 높고 두려운 애굽 총리의 입에서 "제가 요셉입니다"라는 말을 듣게 되었으니 말이다. 요셉은 하나님이 생명을 구원하시려고 자신을 형들보다 먼저 애굽에 보내신 것에 불과하다고 하면서 형들을 안심시켰다(창 45:5). 더 나아가 향후 5년간 흉년이 지속되므로 아버지와 모든 가족을 데려와 부양하겠다고 했다. 베냐민의 목을 안고 울었던 요셉은 이어 형들과 입 맞추며 그들을 안고 울었다(창 45:15).

용서의 실체를 보여 주는 삶

결국 요셉 이야기의 핵심은 요셉이 고생 끝에 총리가 된 내용이 아니라 형들을 용서하는 창세기 42장 이후의 장면에 있다. 요셉이 형들을 용서하는 장면을 통해 우리는 주께서 말씀하신 용서를 생생하게 목격하게 된다. 아마도 성경에서 가장 아름다운 장면 중 하나일 것이다.

요셉은 자신을 나락으로 밀어 넣어 13년 동안 비참하게 노예로, 죄수로 살게 한 형들에게 자신의 권력을 이용해 복수하지 않았다. 형제의 의를 끊는다거나 분노를 품은 채 응징하지 않고 형들을 용서했다. 성경은 이 과정을 길게 설명하면서 요셉이 영적으로 성숙한 자임을 드러내 준다. 성경이 전하고 싶은 이야기가 바로 이것이다. 왜 요셉이 굳이 노예 자격증과 죄수의 학위를 얻어야만 했는가? 그 과정을 통해 요셉은 하나님 나라의 총리로 성장했던 것이다.

만약 요셉이 고생 끝에 애굽 총리가 된 것으로 성경의 이야기가 끝난다면 오늘날의 성경 독자들은 '성경은 하나님을 의지하면 일이 잘 된다는 사실을 가르치기 원하는구나'라고 생각하기 쉬울 것이다. 노예로 팔려 온 이방 소년이 갖은 고생 끝에 총리가 된 것은 세상 사람들의 눈에는 그야말로 대박 사건이다. 그런데 성경의 관점은 전혀 다르다. 신앙인이 하나님께 순종하면 총리도 될 수 있다는 것을 전하려는 것이 아니다.

요셉이 총리가 된 것보다 더 중요한 것은 요셉이 형들을 용서한 점이다. 요셉의 생애에서 가장 중요한 부분이다. 요셉은 주님이 우리에게 요구하시는 용서의 실체를 보여 주었다. 참 신앙인은 이렇게 살아야 한다.

신앙인으로서 나의 목표는 무엇인가? 세상에서 잘나가서 총리가 되는 일인가? 아니다. 이 땅에서 하나님의 자녀 됨을 드러내는 것이다. 세상에서 인정받는 지위에 올라 잘 사는 것은 신앙의 영역이 아니라 세상의 영역이다. 성경의 관점은 우리가 어떤 지위에 있는가가 아니라, 지금 있는 자리에서 하나님의 아름다운 덕을 얼마나 잘 드러내는가에 중점을 둔다. 이 점을 간과해서는 안 된다.

오늘날 한국 교회에는 하나님을 의지해 형통하게 되었다는 식의 간증들이 가득하다. 그렇다면 하나님을 의지하지만 고난 중에 힘든 삶을 살고 있는 사람들은 어떻게 해야 하나? 우리는 무엇보다 하나님의 자녀로서 하나님을 드러내는 데 관심을 가져야 한다. 노예면 노예로서, 죄수면 죄수로서, 총리면 총리로서 하나님이 함께하심을 드러내야 한다.

주님의 용서로 용서한다

"용서"라는 주제에 대해 생각해 보자. 요셉이 왜 하필 못된 형들을 만났는지 이해할 수 없듯이 우리도 이 땅을 살아가면서 어쩔 수 없이 사람을 잘못 만날 수 있다. 내 뜻은 아니지만 부모, 형제, 배우자, 혹은 목사나 성도를 잘못 만날 수 있다. 공중의 권세 잡은 자가 통치하는 이 땅은 뒤죽박죽이다. 인생길에서 때로는 비켜 갈 수 없는 일들이 많이 벌어진다.

문제는 이럴 때 우리의 반응이다. 어떤 사람은 혼자 삐쳐서 곱씹고 있다가 어느 날 분노심으로 가득 차 복수하려고 한다. 부글부글 속을 끓이다가 전혀 예상하지 못할 때 타격을 입힌다.

그러나 성경이 우리에게 요구하는 것은 용서다. 요셉이 자기를 죽이려 했고 노예로 팔아먹은 형들, 자기의 젊음을 고통 중에 보내게 했던 형들에게 입 맞추고 선물을 나누어 주던 모습처럼 용서하라고 가르친다.

오랫동안 미워하는 사람이 있는가? 용서하지 않은 채 마음에 상처로 남아 있는가? 이제 마음속에 미움으로 남아 있는 그 사람을 내보내야 한다. 그를 풀어 주어야 한다. 주님의 용서로 용서해야 한다. 과거에 나를 괴롭히고 내 마음을 아프게 한 자를 이제는 용서해 주겠다고 결심하라.

"새 계명을 너희에게 주노니 서로 사랑하라"(요 13:34).

연단을 받은 후 하나님의 은혜를 받은 요셉의 모습은 과연 어떠한가? 아버지 야곱이 죽은 다음에 형들은 요셉이 복수할지 모른다고 생각해 요셉에게 이렇게 말했다.

"요셉에게 말을 전하여 이르되 당신의 아버지가 돌아가시기 전에 명령하여 이르시기를 너희는 이같이 요셉에게 이르라 네 형들이 네게 악을 행하였을지라도 이제 바라건대 그들의 허물과 죄를 용서하라 하셨나니 당신 아버지의 하나님의 종들인 우리 죄를 이제 용서하소서 하매"
(창 50:16-17).

야곱이 정말 이렇게 말했는지는 확인할 수 없지만 이는 분명히 형들이 원하는 내용이다. 이 말을 들은 요셉은 울었다고 성경에 기록되어 있다. 왜 울었을까? '내가 형들을 용서한 이후 많은 시간이 지났는데도 내 진심을 몰라주다니 정말 억울하다'라는 마음 때문에? 그보다는 오랜 세월 그 문제에서 벗어나지 못하고 죄의식을 끌어안은 채 자기를 볼 때마다 힘들어했을 형들에 대한 연민의 정 때문이었을 것이다.

이것이 '영적 총리'로서 요셉의 모습이다. 그에게는 이런 눈물이 있었다. 총리가 되고 국사로 바쁘다 보면 순전한 마음이 사라지고 교만해지기 쉬운데, 요셉은 여전히 울 수 있는 마음을 갖고 있었다.

"두려워하지 마소서 내가 하나님을 대신하리이까……당신들은 두려워하지 마소서 내가 당신들과 당신들의 자녀를 기르리이다"(창 50:19, 21).

용서는 참음으로 끝나는 것이 아니다. 상대에게 혜택을 베풀어야 한다. 악은 악으로 이기는 것이 아니라 선으로 이기는 법이다. 세상 사람들은 이 방법을 배우지 못했다. 혹시 주변에 요셉처럼 이 위로의 말을 들려주어야 할 사람이 있는지 살펴보라. 용서를 뛰어넘어 오히려 베풀기까지 하는 마음이 필요하다. 형들과 마음을 같이했던 요셉 같은 자가 바로 하나님의 은혜를 받은 자다.

"요셉이 그들이 그에게 하는 말을 들을 때에 울었더라"(창 50:17).

한결같이 하나님을 의지하라

요셉은 110세로 인생을 마감하면서, 하나님이 약속하신 땅에 이르게 하실 때 자신의 해골을 메고 가도록 이스라엘 자손에게 맹세하게 했다. 요셉은 애굽의 총리가 된 30세부터 110세까지 80년 동안 온갖 부귀영화를 누렸지만 결코 거기에 마음을 빼앗기지 않았다. 마음 중심으로부터 하나님의 약속을 기억하고 하나님 나라를 생각하고 있었다. 그는 지위가 높아져도 낮은 위치에 있을 때처럼 똑같이 하나님을 잘 섬겼다. 노예, 죄수일 때나 총리일 때나 한결같았다. 그의 중심은 달라지지 않았다.

이것은 쉬운 일이 아니다. 입시나 취업을 앞두고 하나님께 매달리다가 해결되면 자기가 잘난 줄 알고 하나님을 등한히 하는 경우가 얼마나 많은가? 이에 비해 요셉은 변질되지 않고 한결같이 주님을 의지하다가 죽었다. 이런 면에서 요셉은 성공했다.

사실 힘들 때 하나님을 의지하는 것보다 평안할 때 하나님을 의지하는 것이 더 어렵다. 많은 사람이 이 부분에서 실패한다. 한때 절실하게 매달렸던 사람들도 일이 잘 풀리면 쉽게 교만해지고 하나님을 멀리한다. 우리는 여기서 실패하면 안 된다. 잘나갈 때 어떤 모습인가를 보면 그 사람의 본모습을 알 수 있다.

혹시 문제가 해결된 이후 마음이 높아져서 하나님을 등한히 하고 있지는 않은가? 자신이 대단한 사람이라도 되는 양, 스스로 능력을 갖춘 양 자신을 신뢰하고 있지는 않은가? 애굽에서 온갖 부귀영화를 누렸지만 한결같이 하나님 앞에 신실했던 요셉을 보면서 하나님을 끝까지 의지하는 사람이 되겠다고 결심하라.

10

은혜 없이 한순간이라도 살 수 있다면 그것은 기적!
『모세 1』

모세는 애굽에서 노예로 살던
이스라엘 민족을 이끌어 내어
약속의 땅 가나안으로 인도한
이스라엘의 위대한 지도자이자 하나님의 종이다.
이스라엘의 구원자로 등장해
불평하는 이스라엘 민족의 광야 40년을 이끈
모세의 탁월한 리더십과 온유한 성품에 대해 알아보자.

1. 물에서 구원받은 자

모세의 출생은 다소 기이했다. 그가 태어날 때 애굽 왕 바로가 히브리 사람이 갓 낳은 아들은 모두 죽이라는 명령을 이미 내린 상황이었다. 모세의 부모는 아들을 낳고 3개월간 몰래 키우다가 더 이상 숨길 수 없게 되자 갈대 상자에 담아 나일강가 갈대 사이에 두었다.

때마침 바로의 딸이 목욕을 하러 나일강에 나왔다가 그 상자를 보고 시녀를 시켜 가져오게 했다. 열어 보니 뜻밖에 아기가 울고 있었다. 공주는 그 아기가 히브리 사람의 아기인 것을 알았지만, 아기를 보자 불쌍한 마음이 들었다. 바로 그때 모세의 누이가 나타나 "내가 가서 당신을 위하여 히브리 여인 중에서 유모를 불러다가 이 아기에게 젖을 먹이게 하리이까"(출 2:7)라고 제안했다. 그래서 공주의 보호 아래 결국 모세는 애굽 왕 바로의 궁전에서 자라나게 되었다.

바로는 이스라엘의 갓 태어난 남자 아기를 다 죽이려 했지만, 정작 공주가 그 명령을 거역하고 히브리인 남자 아기를 데려다 키웠다. 더구나 아기의 친어머니가 젖을 먹이면서 히브리식 교육까지 받게 했다. 이 사건은 궁극적으로 무엇을 의미하는가? 이 땅의 모든 일은 다 하나님의 뜻대로 된다는 사실이다.

만약 히브리 사람이나 애굽의 평민이 아기를 발견했다면, 만약 바로의 딸이 목욕하러 강가로 나오지 않았다면, 목욕은 하러 왔지만 갈대 상자를 보지 못했다면, 보았더라도 '저게 뭐지?' 하는 호기심이 생기지 않았다면, 갈대 상자를 보았더라도 시녀를 시켜서 가져오라고 하지 않았다면, 열어 보았는데 "이는 히브리 사람의 아기로다"(출 2:6)라고 하며 불쌍한 마음이 들지 않았다면, 불쌍한 마음이 들었더라도 공주가 용감하지 않았다면 모세의 인생은 거기서 끝났을 것이다. 또 모세의 누이가 따라가지 않았다면 공주가 아이 모세를 돌보았기에 자연스럽게 애굽의 아이로 키웠을 것이다.

이처럼 여러 가지 변수가 다 맞아 들어가서 모세는 죽음의 한복판에서 보호받으며 자라났다. 하나님이 하시는 일은 절대로 인간이 막을 수 없다.

또한 하나님이 보시는 관점과 우리의 관점은 전혀 다르다. 당시 히브리 사람들은 절망했지만, 하나님은 상황에 영향을 받지 않으신다. 이는 오늘날 우리에게도 동일하다. 성도에게 절망스러운 일은 있지만, 결코 절망은 없다.

현재 어떤 문제로 힘들어하며 한숨짓고 있는가? 기도로 하나님께 나아가라. 하나님께는 불가능한 일이 전혀 없으시다. 하나님을 믿으면서 한숨짓는 것은 불신앙이나 마찬가지다. 하나님이 다 하실 수 있는데 왜 낙심하는가? 대신 그 상황을 전능하신 하나님께 다 아뢰라.

2. 절대 놓아서는 안 될 것, 하나님의 은혜

하나님의 은혜로 물에서 건짐 받은 모세는 애굽의 바로 궁에서 40년을 살았다. 이제 40세가 된 모세는 동족을 돌아보려고 나갔다가 한 애굽 사람이 자기 형세, 곧 히브리 사람을 치는 것을 보고 그를 쳐 죽여 모래 속에 감추어 두었다.

그다음 날 다시 나가 보니, 이번에는 두 히브리 사람이 싸우고 있었다. 그래서 모세가 잘못한 사람에게 "네가 어찌하여 동포를 치느냐"라고 묻자 그가 "누가 너를 우리를 다스리는 자와 재판관으로 삼았느냐 네가 애굽 사람을 죽인 것처럼 나도 죽이려느냐" 하며 대들었다. 애굽 사람을 죽인 일이 탄로 난 것을 알게 된 모세는 자기를 죽이려는 바로왕을 피해 도망쳤다(출 2:11-15).

40년 동안 바로의 궁에서 살았던 모세는 자신을 민족의 해방자로 생각했던 것 같다(행 7:25). 그 이유가 무엇일까? 우선 그의 출생이 기이했고, 그가 자라 온 배경이 아주 특별했기 때문이다. 더구나 모세는 "애굽 사람의 모든 지혜를 배워 그의 말과 하는 일들이 능하더라"(행 7:22)라고 성경에 기록될 정도로 잘 준비되어 있었다.

모세는 자라면서 애굽인이 히브리인을 괴롭히는 모습을 목도했을 것이며, 또한 히브리인 어머니의 영향을 받아 자기 민족의 구원 문제를 생각했을 것이다. 누가 보더라도 이스라엘 민족의 구원에 있어서 모세가 가장 적합하고 가능성 있는 인물이었다.

하지만 실제적으로 그가 어떻게 이 민족을 구원할 수 있겠는가? 군대 통솔권을 가진 것도 아니고, 이스라엘인으로 구성된 조직을 만들어 놓은 것도 아니다. 기껏 애굽 사람 한 명을 죽였고, 그나마 그것마저 탄로 날 정도로 어설프게 행동했다. 이것이 모세가 행했던 일의 전부다. 민족을 구원하려는 마음은 있었지만 대안이 없었다. 이스라엘 민족의 구원은 고사하고, 당장 자기 목숨부터 구해야 했다.

이후 모세는 광야로 갔다. 그곳에서 미디안 제사장의 딸 십보라를 만나 결혼했다. 게르솜이라는 아들을 낳았는데, 그의 이름 뜻은 '내가 타국에서 나그네가 되었다'이다. 안정되어 있지 않은 모세의 삶을 그대로 반영한 이름이다.

결국 모세는 40년을 미디안 땅에 머무르면서 낮아지고 낮아졌다. 광야에 있으면서 그는 자신을 돌아볼 시간이 많았을 것이다. 자신이 한없이 무모하고 한심하게 여겨졌는지 모른다. '이것이 독립운동인가? 매일 한 명씩 몰래 애굽인들을 죽이는 것이 맞나? 원래 시작은 이렇게 하는 것인가? 그런데 왜 나는 이스라엘 민족을 돌보는 대신 도망쳐서 양이나 낙타를 돌보고 있는 것인가?'

광야로 도망치기 전만 해도 모세는 자신감으로 꽉 차 있었다. 자기가 민족의 해방자라도 된 듯이 나섰다. 마음속 깊이 우쭐함과 교만이 자리 잡고 있었다. 그러나 정작 나서서 애굽인을 한 명 죽였는데 금방 탄로 나고 말았다. 결국 모세는 이스라엘의 구원자로서 실패했다.

원래 모세가 이스라엘 민족을 구원할 수 있는 방법은 자기가 나서는 것이 아니라 하나님께 탄원하는 것이었다. 그에게 무슨 힘이 있었겠는가? 모든 것이 다 하나님께로부터 받은 것이 아닌가? 바로의 궁에서 자라난 것도 하나님의 특별한 은혜였다. 부모가 목숨을 걸고 3개월간 숨겨서 키워 주었고, 누나가 용맹을 발해 바로 공주에게 나아가 제안을 했던 모든 과정이 있었기에 모세가 존재했다. 모든 것이 하나님의 은혜였다!

우리도 마찬가지다. 처음부터 끝까지 하나님의 은혜로 산다. 그런데 하나님이 어느 정도 이루어 주시면 마치 자신의 힘으로 무엇인가 할 수 있을 것처럼 착각한다. 그러면 실패한 모세처럼 되는 것이다.

자전거를 처음 배울 때는, 누군가가 뒤에서 붙잡아 주다가 어느 정도 앞으로 나가면 붙잡은 손을 놓는다. 그러나 번지점프는 아무리 폼이 근사하며 잘한다고 해도 절대 줄을 끊어서는 안 된다. 이처럼 놓을 것이 있고 놓아서는 안 될 것이 있다. 절대 놓아서 안 될 것이 바로 하나님의 은혜다. 은혜의 줄은 끊어지면 안 된다. 하나님과의 관계는 느슨해져서는 안 된다. 어떻게 해서든지 하나님과 깊은 관계를 맺고 있어야 한다.

보통 실패 없이 잘 풀린 사람들, 즉 원하는 대학에 합격하고, 연봉 높은 직장에 취업하고, 제때 결혼해서 자식도 잘 낳은 사람들은 어느 정도 자신을 믿는다. 하나님께 간절히 매달리지 않는다. 이처럼 스스로 무엇인가를 할 수 있다는 생각을 버려야 한다. 이러한 생각을 갖고 있는 한 하나님의 은혜는 중단된다. 그러면 망하고 만다. 교만이 패망의 선봉인 이유다(잠 16:18).

하나님의 입장에서 생각해 보자. 모세의 유능함이 하나님께 뭐 그렇게 중요하겠는가? 모세가 가진 능력과 지위는 다 하나님이 주신 것이다. 모세가 없어도 하나님은 얼마든지 일하실 수 있다. 지금까지 역사를 살펴보아도 그렇다. 하나님은 겸손한 사람을 사용하셨지, 자신감으로 꽉 찬 사람을 사용하신 적은 없다.

그러니 모세도 이때 사용될 수는 없었다. 모세는 자기 자신을 믿었기 때문이다. 히브리 사람들 중 최고의 교육을 받았고 최고의 조건을 가졌으니 '내가 이 정도야!'라는 마음이 있었을 것이다. 이런 자는 실패한다. 그러므로 광야로 가서 거품을 다 빼야 한다. 낮아지고, 낮아지고, 또 낮아져야 하나님 앞에서 사용될 수 있다.

그렇다면 나는 지금 어느 정도 낮아져 있는가? 열등감이 아니라, 하나님의 은혜가 아니면 한순간도 살 수 없다는 겸비한 마음을 갖고 있는가?

"하나님의 도우심이 단 1분, 1초라도 없다면 저는 망합니다. 하나님 없이 제 힘으로 할 수 있는 것은 아무것도 없습니다. 저는 오직 하나님만 의지합니다"라고 고백할 수 있는지 자신에게 물어보라. 하나님은 바로 그러한 사람을 사용하신다.

3. 나는 못하지만 하나님은 하신다

결국 모세는 광야로 갔다. 하나님은 모세를 광야에 40년 동안 두시면서 때 빼시고, 거품 빼시고, 낮아질 대로 낮아지게 하신 다음 그를 부르셨다. 하나님이 호렙산에서 모세를 부르실 때 아주 신기한 일이 일어났다. 떨기나무에 불이 붙었는데, 불붙은 나무가 타지 않고 그대로 있는 것이었다. 모세가 이 신기한 광경을 보러 갔을 때 하나님이 "모세야 모세야"(출 3:4) 하고 부르시고는 이렇게 말씀하셨다.

> "네가 선 곳은 거룩한 땅이니 네 발에서 신을 벗으라……내가 애굽에 있는 내 백성의 고통을 분명히 보고 그들이 그들의 감독자로 말미암아 부르짖음을 듣고 그 근심을 알고"(출 3:5-7).

모세를 부르신 하나님은 모세를 보내 이스라엘 백성을 인도해 내겠다고 하셨다(출 3:10-4:17). 그러자 모세는 무려 다섯 번이나 그 일을 할 수 없다고 거절했다. 하나님께로부터 이스라엘 백성을 구하라는 말씀을 들었을 때 그는 그 일이 얼마나 불가능한지를 알고 있었다. 바로의 궁이 어떤 곳인지, 바로의 권력과 군대의 힘이 얼마나 막강한지 누구보다도 잘 알고 있었기 때문이다.

그러니 자신 같은 일개 목동이 어떻게 애굽에서 이스라엘 백성을 구원해 낼 수 있겠는가? 게다가 이미 한 차례 도전했다가 실패한 경험이 있지 않은가? 원래 선한 뜻을 품고 일을 시도했다가 실패하면 더 낙심해서 다시 시도하지 않으려는 경향이 있다. 그래서 모세는 다섯 번씩이나 이런저런 이유를 들어 가며 하나님의 부르심을 피해 보려고 했다.

하나님은 끊임없이 우리를 부르신다

첫 번째 반응

"모세가 하나님께 아뢰되 내가 누구이기에 바로에게 가며 이스라엘 자손을 애굽에서 인도하여 내리이까"(출 3:11).

40년 광야 생활을 하는 동안 모세는 바뀌었다. 자신감이 없어졌다. 처음에는 자신이 대단한 사람이라서 이스라엘을 애굽에서 해방시킬 수 있을 줄 알았다(행 7:25). 그러나 이제는 풀이 꺾일 대로 다 꺾였다. 그런 모세에게 하나님은 "내가 반드시 너와 함께 있으리라"(출 3:12)라고 말씀하셨다. 사실 하나님의 입장에서 볼 때 모세의 능력은 전혀 중요하지 않았다. 하나님이 함께하시면 다 이룰 수 있기 때문이다.

두 번째 반응

모세는 도대체 하나님이 어떤 분이신지, 과연 그 일을 하실 수 있는지 여쭈어 보았다. 다음은 모세와 하나님의 대화다.

"그들이 내게 묻기를 그의 이름이 무엇이냐 하리니 내가 무엇이라고 그들에게 말하리이까"(출 3:13).

"나는 스스로 있는 자이니라"(출 3:14).

"너희 조상의 하나님 여호와 곧 아브라함의 하나님, 이삭의 하나님, 야곱의 하나님께서 나를 너희에게 보내셨다 하라"(출 3:15).

'여호와'는 '주인'이라는 뜻으로, 하나님이 '온 우주의 주권자'라는 의미다. "저더러 가서 이스라엘 백성을 구하라고 하시는데, 당신은 누구이십니까?"라는 모세의 질문에 하나님은 "나는 창조자이고 온 우주 만물의 주인이다"라고 대답하신 것이다. 하나님은 모세에게 이스라엘 장로들을 보아 하나님이 주인이심을 실명하라고 하셨다. 그리고 장차 이스라엘 백성이 어떤 방법으로 애굽에서 해방될지 미리 알려 주셨다. 하나님은 만국의 통치자이시다(출 3:19-22).

세 번째 반응

"그들이 나를 믿지 아니하며 내 말을 듣지 아니하고 이르기를 여호와께서 네게 나타나지 아니하셨다 하리이다"(출 4:1)라는 모세의 말에 하나님은 "네 손에 있는 것이 무엇이냐"(출 4:2)라고 물으셨으며, 모세의 지팡이를 뱀으로 만드셨다. 또 손을 품에 넣었다가 빼니 나병이 생기고, 다시 넣었다가 빼니 원래대로 돌아오게 하셨다. 하나님은 이런 이적을 보이면 믿을 것이고, 그래도 믿지 않거든 나일강 물을 떠다가 땅에 부으면 피가 되는 이적을 보이라고 하셨다.

지팡이가 뱀이 되는 이적은 하나님이 생명을 창조하시는 분임을 보여 주는 듯하다. 그리고 손에 나병이 생겼다가 없어지고, 강물이 피가 되는 이적은 하나님이 생명을 유지하게 하시는 분임을 나타내는 듯하다. 이처럼 하나님은 믿음 없는 이스라엘 백성에게 이적을 통해 하나님이 어떠한 분인지 보여 주어 그들을 설득해 모세의 말을 듣도록 하겠다고 하셨다. 사실 모세는 이 정도에서 순종하고 애굽으로 떠나야 했다. 지팡이가 뱀이 되고, 나병이 생겼다가 없어지고, 강물이 피가 되는 이적까지 보여 주시지 않았는가?

네 번째 반응

하지만 모세는 "나는 입이 뻣뻣하고 혀가 둔한 자니이다"(출 4:10)라고 핑계를 댔다. 사실 앞의 3가지("제가 무슨 능력으로 이 일을 합니까?", "당신은 누구이십니까?", "백성이 저를 따라오겠습니까?")는 어느 정도 이유가 된다. 그런데 네 번째 반응에는 억지가 느껴진다. 하나님이 말을 잘하는 사람을 뽑으시려는 것이 아니지 않은가? 하나님이 함께하시는데 더듬더듬 말한다 해도 무슨 상관인가? 청산유수 같은 말솜씨가 필요한 것이 아니라, 하나님의 명령을 따라 개구리나 파리를 불러 올리면 되는 일이었다. 어떻게든 사명을 회피하려는 모세를 향해 하나님은 이렇게 말씀하셨다.

"누가 사람의 입을 지었느냐 누가 말 못하는 자나 못 듣는 자나 눈 밝은 자나 맹인이 되게 하였느냐 나 여호와가 아니냐"(출 4:11).

모세가 말을 잘 못한다는 핑계를 대자 하나님이 답변하신 말씀이지만, 여기에 하나님의 생명의 법칙이 잘 나타나 있다. 장애, 낙태 문제를 어떻게 보아야 하는가?

임신 시기에 기형아 검사를 해서 아이에게 장애가 있으면 낙태하는 임산부가 있는데(물론 불법이지만) 낙태는 살인 행위다. 그리고 시각장애나 지체부자유 등의 장애는 하나님이 허락하신 것이다. 사람들의 외모도 하나님의 계획 가운데 허락되었다. 어떤 사람은 키가 작아서, 또 어떤 사람은 키가 너무 커서 힘들어한다. '내 피부는 왜 이렇게 까맣지?', '내 눈은 왜 이렇게 작아?' 하며 불평하곤 한다. 그런데 이 모든 것을 창조주 하나님이 허락하셨다. 나는 하나님의 완전한 작품이다. 광대뼈가 툭 튀어나올 수도 있고, 피부가 검을 수도 있다. 어떤 모습이든지 그런 내가 하나님의 작품임을 인정하는 것이 중요하다. 다 이유가 있으니 감사함으로 받아들여야 한다.

말을 잘 못하는 것은 큰 문제가 아니다. 주님의 일을 하는 데 있어서 중요한 것은 말을 잘하는 것이 아니라 주님의 말씀을 잘 듣는 일이다. 그런 모세에게 주님은 "그것도 내가 다 하는 일이 아니냐? 그러니 너는 가라!"라고 말씀하셨다.

다섯 번째 반응

더 이상 할 말이 없었던 모세는 마지막으로 어떤 말을 더 했는가?

"오 주여 보낼 만한 자를 보내소서"(출 4:13).

하나님이 가라고 말씀하셨는데, 보낼 만한 자를 보내시라고 대답한 것은 결국 못하겠다는 뜻이다. 모세는 계속 이 일을 회피하고 싶었다. 그러나 일련의 과정을 거쳐 모세는 결국 이스라엘의 구원자로 등장했다.

이제 우리를 향한 하나님의 부르심에 대해 생각해 보자. 하나님이 모세에게 이스라엘 민족을 구하라고 하셨다면, 신약 시대에 와서는 우리에게 온 열방을 구원하라고 말씀하셨다. 예수님이 하신 일을 이어받아 우리가 등장했다. 그런데 이러한 하나님의 부르심을 알면서 자신의 능력이 부족하다는 이유로 선뜻 나서지 못하고 있는 것은 아닌가?

혹시 우리도 모세처럼 "그런 일을 하기에는 적합하지 않습니다"라고 반응하는가? 하나님은 분명히 원하시는데 본인은 계속 피하고 있는 것은 아닌지, 하나님 앞에서 자기 자신을 들여다보라.

그런데 하나님은 왜 계속 거절하는 모세를 포기하지 않으셨는가? 굳이 모세가 아니라 순종하는 다른 사람을 보내시면 끝날 일인데……. 어차피 하나님이 당신의 능력으로 일하실 텐데 왜 계속 싫다는 모세를 굳이 사용하려고 하셨는가?

아마도 하나님이 인간의 연약함을 받아 주신 것 같다. 당시 모세는 처음 민족을 구하려고 나섰을 때와 달리 영적으로 매우 침체되어 있었다. 하나님이 그러한 모세의 연약함을 긍휼히 여기시고 다시 기회를 주신 것 같다. 사실 하나님이 모세를 불러 사명을 부여하신 이 사건은 모세의 입장에서 볼 때 죽었던 자신이 다시 살아난 것이었다.

모세는 80년 전 나일 강가 갈대 상자에서 첫 번째 구원을 받았고, 장성한 후 사람을 죽여서 바로에게 잡힐 뻔했을 때 도망감으로써 두 번째 구원을 받았다. 이번에는 세 번째 구원인데, 그 성격이 약간 다르다. 그가 40년 동안 광야에서 아무 생각 없이 살고 있을 때, 다시 말해 영적으로 죽어 있을 때 하나님이 새로운 비전을 주어 그를 살리신 것이다.

영적 비전이 없는 사람은 그냥 살아갈 뿐이다. 그러나 영적 비전을 갖고 주님의 일을 하는 자는 그 일이 얼마나 축복인지를 잘 알고 있다. 바울은 디모데를 매우 사랑하기 때문에 자신이 참수를 당하는 마지막 순간에도 그에게 "피하라"라고 말하지 않고, "복음과 함께 고난을 받으라"(딤후 1:8)라고 당부했다. 다시 말해 "너도 나처럼 죽어야 한다"라는 말이다. 왜냐하면 복음을 전하는 일이 매우 영광스럽고 복되기 때문이다.

하나님이 주신 사명을 붙잡고

모세의 모세다움은 200-300만 명 되는 이스라엘 민족을 출애굽시키고, 광야 여정에서 하나님의 명을 받아 그들을 이끌 때 드러났다. 그는 이스라엘 백성을 끌고 광야 길을 가면서 온갖 불평을 다 들었다. 사람들은 물과 음식이 없다고 불평했다. 음식을 주면 만날 똑같은 음식이라고 투덜거렸다. 어떤 때는 함께 일하던 지도자급 250명이 모세에게 대항하고 권위에 도전하기도 했다. 그럼에도 모세는 끝까지 그들을 이끌고 나갔다.

"이 사람 모세는 온유함이 지면의 모든 사람보다 더하더라"(민 12:3).

이것이 모세의 모세다움이다. 모세의 온유함이 드러나고, 그의 인내가 드러나고, 하나님을 향한 부르짖음이 드러났다. 이 사명이 없었다면 모세의 삶에 어떤 의미가 있었겠는가? 만약 모세가 이 사명 없이 살았다고 하자. 그는 장인 집에서 양 떼를 잘 돌보았을 것이다. 양 떼뿐 아니라 소 떼도 많아져 거부가 되었을지 모른다. 그러나 모세가 이 사명을 받지 못했다면, 하나님의 부르심이 없었다면 그는 아무것도 아니다. 그냥 보통 사람들처럼 이 땅에 태어나 먹고 살다가 죽은 범인(凡人)일 뿐이다.

당신에게도 "이 땅에서 이 일을 하다가 죽어야겠다. 주님을 만날 때 내가 맺은 열매를 보여 드려야지!"라고 말할 만한 영적 비전이 있는가? 물론 주님을 위해 일하는 것은 힘들다. 모세도 바로에게 가서 욕을 먹었고, 이스라엘 민족에게서도 비난을 들어야 했다. 이스라엘 백성을 이끌고 가나안 땅까지 가는 여정은 매우 힘들었다. 그들은 순종은 잘 못하면서, 불평은 아주 잘했다. 그래도 모세는 하나님이 주신 비전 때문에 모든 어려움을 잘 견뎌 냈다.

그렇다면 당신은 어떤 비전을 갖고 있는가? "만약에 이 일을 하지 않고 죽는다면 무엇이 억울할 것 같은가?" 이 질문에서 '억울한 그 무엇'이 있는가? 지금 이렇게 살다가 죽어도 괜찮은가? 도대체 당신은 왜 숨을 쉬고 무엇을 위해 먹고, 자고, 일하는가? 만약 이러한 꿈이 없다면 우리의 삶은 광야 40년의 연장에 불과하다.

그리스도인은 작은 예수로, 온 세상을 책임질 사람으로 부름 받은 자다. 그러므로 고생을 각오해야 한다. 주를 위해 젊음과 생을 드려서 보람 있는 삶을 살다가 죽어야 한다. 그냥 살면서 시간만 흐르는 것을 두려워해야 한다. '시간아, 흘러가라' 하는 마음으로 그럭저럭 하루하루를 보내지 말라. 그렇게 살면 타는 불 못에서 끄집어 내 주신 주님을 뵐 낯이 없다. "나는 왜 이 땅에 태어나 살아야 하는가? 나는 주님을 만났을 때 무슨 이야기를 할 것인가? 하나님이 우리 모두에게 한 달란트 이상을 주셨는데, 나는 무엇을 남겨 놓아야 하는가?" 당신은 하나님 앞에 이러한 영적인 비전을 갖고 있는가?

다시 한 번 강조하겠다. "왜 나는 대학생이고, 왜 나는 직장인이며, 왜 나는 가정주부인가? 도대체 나는 왜 사는가? 오늘 생을 마쳐도 후회하지 않겠는가?" 이 부분에 대해 생각하고 고민하라. 일거리, 주의 나라 확장을 위한 비전을 얻었는지, 그리고 그것을 위해 뛰고 있는지 생각하라. 이는 부담이 아니라 축복이다. 이렇게 사는 사람은 불평이 없다. 일을 시켜 주시는 하나님께 매우 감사해서 남은 생애를 다 드리겠다고 결단하며 살아간다. 다른 사람이 어떻게 사는지는 상관없다. 오직 나만은 하나님이 주신 사명을 붙잡고 남은 생을 힘 있게 살아갈 뿐이다.

11

비난과 고난이 있지만 기도도 있다
『모세 2』

오랫동안 애굽에 거주했던 이스라엘 백성은
온갖 미신에 찌들었기에
약속의 땅에 들어가기에 앞서
하나님의 연단이 필요했다.
광야에서 원망하는 이스라엘 백성에게
모세는 어떻게 대처했는가?
모세가 원망 중에도 하나님을 믿는 믿음으로
승리하는 인생을 살 수 있었던 비결은 무엇인가?

1. 고난 앞에서 하나님의 사람은 어떻게 해야 하는가?

모세는 하나님의 부르심을 받고 애굽 왕 바로에게 나아가 10가지 재앙을 통해 이스라엘 백성을 구원했다.

연단은 인생의 기본 코스다

애굽에서 이스라엘을 구원하신 하나님은 이스라엘 백성을 곧바로 가나안 땅으로 인도하지 않으셨다. 사실 이 길은 이스라엘 백성이 거주하던 고센에서 가나안까지 가는 아주 가까운 길이었다. 그러나 하나님은 백성이 전쟁을 하게 되면 두려운 마음에 애굽으로 돌아갈까 봐 홍해의 광야 길로 우회해 가나안 땅으로 가게 하셨다(출 13:17-18).
그런데 여기서 한 가지 의문이 생긴다. 애굽에서 나오기 직전에

"여호와께서 애굽 사람들에게 이스라엘 백성에게 은혜를 입히게 하사 그들이 구하는 대로 주게 하시므로 그들이 애굽 사람의 물품을"(출 12:36) 취하게 하셨다. 이처럼 인간의 마음, 즉 애굽 사람들의 마음까지도 통제하신 하나님이 왜 이번에는 이스라엘 백성의 두려워하는 마음을 바꾸지 않으셨을까? 백성에게 담대한 마음을 주시면 애굽으로 돌아갈 생각조차 하지 않았을 텐데 말이다. 그 이유가 무엇일까?

그동안 이스라엘 백성은 오랫동안 애굽에 거주하면서 이방인들과 별반 다르지 않게 살았을 것이다. 그래서 하나님은 온갖 미신에 찌든 그들을 훈련한 후 가나안 땅에 들여보내기를 원하셨던 것 같다. 따라서 단번에 가나안 땅에 들여보내시지 않고 연단되어 그 땅에 들어가게 하신 것이다.

모세에게 광야의 40년 세월이 필요했듯이, 이스라엘에게도 광야 훈련이 필요했다. 하나님은 오늘날에도 동일하게 일하신다. 우리가 영광스러운 하나님 나라에 들어가기 위해 연단받아 성숙하기를 원하신다. 우리의 삶은 한마디로 '연단'이라는 단어로 요약될 수 있다.

전문의가 되기 위해서는 예과나 본과뿐 아니라 인턴, 레지던트의 과정을 꼭 거쳐야 하듯이, 우리도 하나님 나라에 갈 때까지 여러 연단의 과정을 겪는다. 그러므로 이 땅에서 어려움을 당할 때는 이상히 여기지 말고, 오히려 정상으로 여겨라. 교회에 다닌 지 1-2년 정도 되었을 때 할 수 있는 기도("하나님의 뜻은 무엇입니까? 왜 제게 이런 고통과 고난을 허락하십니까?")가 아니라, 성숙한 자의 기도("이런 고난 가운데 제가 어떻게 해야 승리하겠습니까?")로 바뀌어야 한다.

'왜 하필 제게 고난을 주십니까?'가 아니라, '하나님의 뜻이라면 고난받을 때 잘 연단되어야겠다. 낙심하지 말자'라고 생각을 전환해야 한다. "의대생이 대학을 졸업하면 되었지, 인턴은 왜 합니까?"라고 질문할 사람이 없듯이 그리스도인이라면 연단을 당연하게 여길 수 있어야 한다. 이 땅은 수고와 슬픔이 있는 곳이다(시 90:10). 다만 세상 사람들은 수고와 슬픔 가운데 울고, 그리스도인은 성령의 능력으로 기쁘게 살아갈 뿐이다. 비신자와 그리스도인의 차이가 이것이다. 애당초 연단, 고난, 시련은 모든 인생의 기본 코스다.

비난은 우리를 기도의 자리로 몰아간다

출애굽한 이스라엘 백성을 기다리고 있는 것은 홍해 훈련이었다. 애굽 군대의 추격을 당하던 그들은 홍해를 맞닥뜨리자 심히 두려웠다.

"그들이 또 모세에게 이르되 애굽에 매장지가 없어서 당신이 우리를 이끌어 내어 이 광야에서 죽게 하느냐 어찌하여 당신이 우리를 애굽에서 이끌어 내어 우리에게 이같이 하느냐 우리가 애굽에서 당신에게 이른 말이 이것이 아니냐 이르기를 우리를 내버려 두라 우리가 애굽 사람을 섬길 것이라 하지 아니하더냐 애굽 사람을 섬기는 것이 광야에서 죽는 것보다 낫겠노라"(출 14:11-12).

'애굽 사람을 섬기는 것이 광야에서 죽는 것보다 낫겠다'라는 말은 이스라엘의 노예근성을 보여 준다. 바로 전에 수차례의 이적과 구름 기둥, 불 기둥으로 인도해 주신 하나님을 경험했으면서도 막상 어려움이 닥치니까 눈에 보이는 모세를 원망했다.

이것이 바로 인간의 보편적인 죄성이다. 이스라엘 백성은 말도 안 되는 이유를 들어 가며 모세를 왜곡하고 비방했다. 아무려면 모세가 애굽에 매장지가 없어서 그들을 데리고 나와 죽이려고 했겠는가? 그들의 마음 상태는 그만큼 삐뚤어져 있었다.

이런 모습은 당시 이스라엘 백성만 아니라 오늘날 우리에게도 있다. 자기 마음 상태가 좋지 않으면 어떤 상황이나 말을 비비 꼬아서 강하게 표출한다. 상대방이 상처를 크게 받도록 일부러 원망의 감정을 실어 아주 심하게 뒤틀어서 말한다. 예수님을 믿은 지 얼마 안 되었을 때는 아직 성화의 초기 과정이므로 그럴 수 있지만 어느 정도 신앙생활을 한 상태라면 고쳐야 한다. 우리는 워낙 까칠한 데다가 말까지 비꼬는 성향이 있어서 자칫하면 주위 사람들을 독한 말로 쓰러뜨릴 수 있기 때문이다. 조장, 구역장, 심지어 목사까지 쓰러뜨릴 수 있다. 기도 생활을 통해서 독을 빼야 한다.

원래 남 탓을 잘하는 본성을 지닌 우리는 상황이 어려울수록 남 탓을 잘하게 되어 있다. 따라서 평소에 객관적으로 말하려는 자세를 가지도록 훈련하라. 정직하게 행동하고 남 탓을 하지 말라. 어떤 문제든 그대로 받아들이려고 노력하라.

이러한 상황에서 모세는 어떻게 대처했는가? 그는 기도할 뿐이었다. 지금까지 모세는 이스라엘 백성을 위해 애굽의 바로왕과 싸우면서 숱한 모욕을 참아 왔다. 순수한 동기로 그들을 섬겼고, 하나님의 인도하심을 따라 구름 기둥, 불 기둥을 좇았을 뿐이었다. 그러나 모세는 잘못한 것 없어도 백성으로부터 비난과 원망을 들었다. 이는 시작에 불과했다. 그 후로도 모세는 계속해서 비난과 원망을 들어야 했다.

여기서 명심해야 할 점이 있다. 자신이 잘못하지 않아도 상대방의 미성숙 때문에 비난을 들을 수 있다는 것이다. 즉 주님의 일을 제대로 하면 모세처럼 비난을 듣기 십상이다. 만약 비난받기 싫다면 가만히 있으면 될 일이다. 원망하는 이스라엘 무리에 속해 있으면 원망을 들을 일은 없을 것이다. 그러나 아무 일도 하지 않고 원망하기보다는 차라리 주님을 위해서 일하다가 원망을 듣는 편이 70배, 100배 낫다.

원망을 들을 때는 '이 땅에는 완전한 것이 없구나. 공의로우신 하나님의 최후 평가를 기다리는 수밖에 없다'라는 생각을 하게 된다. 사실 비난은 우리를 계속해서 기도의 자리로 몰아간다. 하나님께 계속해서 아뢸 수밖에 없다. 앞으로 조장, 구역장, 집사, 장로 혹은 목회자나 선교사가 되려는 사람은 원망 듣는 것을 이상히 여기지 않겠다고 결심하라. '왜 이런 원망을 들어야 하나?'에서 '원망 듣는 것은 기본이다'라는 생각으로 전환해야 한다. 상대의 미성숙함, 불안한 심리, 남을 탓하는 본성, 불평을 잘하는 습관 때문에 충분히 원망을 들을 수 있다.

혹시 자신이 원망을 듣고 있지 않다면 워낙 인격이 훌륭해서일 수도 있지만, 한편으로는 아무 일도 안 한다는 방증일 수 있다. 주님을 위해 하는 일이 아무것도 없으니까 원망 들을 일도 없는 것이다. 그러니 차라리 원망을 들을지언정 주님의 일을 하는 것이 더 복되다.

영적 경험은 축적되지 않는다. 날마다 갱신하라

이 사건에서 애굽 군대의 모습을 살펴보자. 그들은 완전히 눈이 멀어 있었다. 도대체 왜 바다에 뛰어들었는가? 그들은 이미 10가지 재앙을 겪으면서 하나님의 능력을 충분히 경험했다. 이제 그들 앞에 구름 기둥이 가로막혀 있다가 비켜났는데, 이번에는 바다가 갈라져 있었다.

홍해 바다가 갈라진 것은 우리나라 진도 앞바다가 썰물 때 바닥을 드러내는 것과 전혀 다르다. 애굽 군대가 본 갈라진 홍해는 바닷물이 흐르다가 막혀서 좌우에 높은 물 벽이 생긴 것이었다.

"물은 그들의 좌우에 벽이 되니"(출 14:22).
"그러나 이스라엘 자손은 바다 가운데를 육지로 행하였고 물이 좌우에 벽이 되었더라"(출 14:29).

바닷속에 50-100m, 혹은 200-300m의 거대한 물 벽이 쌓여 있는 상태였다. 이는 말도 안 되는 상황이었다. 그런데 애굽 군대는 물 벽이 세워져 있는 장면을 보고도 무모하게 무리해서 바다로 뛰어들었다. 이것이 바로 인간이 갖고 있는 영적 무지의 실체다. 과거의 영적 경험은 전혀 축적되지 않는다. 이적의 약효는 길지 않다는 사실을 알아야 한다. 그때뿐이다. 우리의 의심은 한이 없고, 영적 무지는 끝이 없다.

신앙생활을 할 때는 영적 분별력이 매우 중요하다. 많은 청년에게 비신자와 결혼하지 말라고 부지런히 가르쳤건만 비신자와 결혼해서 신앙적으로 고생하는 사람들이 너무 많다. 또한 미지근한 신앙을 바로잡으라고 수없이 권면해도 계속 미지근한 신앙을 유지하는 사람들도 있다. 나중에 주님을 만날 텐데, 주님이 "너는 무엇을 했느냐?"라고 물어보실 텐데, 성경은 주님 앞에 서게 될 날이 분명히 있다고 수없이 말하는데 계속 미지근하게 버티는 사람들이 있다. 그 이유는 영적 분별력이 부족한 데다가 영적 무지 상태에 머물러 있기 때문이다.

다시 애굽 군대 이야기로 돌아가 보자.

> "그들의 병거 바퀴를 벗겨서 달리기가 어렵게 하시니 애굽 사람들이 이르되 이스라엘 앞에서 우리가 도망하자 여호와가 그들을 위하여 싸워 애굽 사람들을 치는도다"(출 14:25).

애굽 군사들이 하나님의 이적을 한두 번 경험했는가? 그 이적이 아주 오래전 일인가? 아니다. 바로 조금 전에도 구름 기둥이 그들을 막는 것을 체험했다. 그런데 다 잊어버렸다.

교회에 다닌다고 해서 저절로 영적으로 밝아지는 것이 아니다. 꾸준히 성경을 읽고 공부해야 한다. 매일 말씀을 묵상하고, 성경을 10장씩 읽고, 1시간씩 기도하면 영적으로 밝은 삶을 살 수 있다. 시멘트를 바를 때 양생 기간이 필요하듯 신앙에도 굳히는 기간이 필요하다. 일반적으로 성도들에게는 경건의 습관이 잘 배어 있지 않다. 말씀 생활, 기도 생활이 들쑥날쑥해 신앙이 잘 자라지 않는다. 그리스도인은 경건을 연습해야 한다(딤전 4:8).

영적 훈련의 목적은 결국 영적 무지를 깨기 위함이다. 밥이 먹고 싶어서 잘 먹는 사람이나 먹기 싫은데 억지로 먹는 사람이나 결과적으로 영양분은 똑같이 섭취된다. 성경을 읽고 싶은 마음이 없어도 목회자가 워낙 강조해서 억지로라도 매일 10장씩 읽다 보면 그 말씀에서 얻게 되는 능력이 있다. 매일 1시간씩 기도하는 일이 처음에는 힘들었는데 기도하다 보니 능력이 나타나 나중에는 즐거워서 기도하게 된다.

그런데 왜 잘 준비된 애굽 군사들은 죽고, 오합지졸인 이스라엘 백성은 살았는가? 이 사건은 무엇을 의미하는가? 승리는 인간에게 달려 있는 것이 아니라 전적으로 하나님의 능력에 달려 있다는 것이다. 우리는 일을 이루시는 분이 하나님이심을 알아야 한다.

그런데 애굽 군대는 묘하게도 물에서 죽었다. 이스라엘의 갓 낳은 남자 아기들을 나일강에 던져 죽인 이들이 더 깊은 홍해 바다에 빠져 죽었다. 게다가 스스로 들어가서 죽었다. 여기서 하나님의 기이하심이 드러난다. 하나님은 항상 완벽하게 일하신다.

"너의 행사를 여호와께 맡기라 그리하면 네가 경영하는 것이 이루어지리라……사람이 마음으로 자기의 길을 계획할지라도 그의 걸음을 인도하시는 이는 여호와시니라"(잠 16:3, 9).

지금도 하나님이 모든 것을 결정하시고 재가하신다(약 4:15). 최종적으로 도장을 찍는 분은 하나님이시다. 세상 사람들은 자기 힘으로 해 보려고 하지만, 그리스도인들은 기도를 통해서 생의 중요한 문제를 하나님 앞에 갖다 놓는다.

진정 성공하기를 원하는 사람은 기도에 시간을 투자해야 한다. 모든 일의 허락은 위에서 떨어지기 때문이다. 지혜로운 사람은 기도하는 자다. 자신을 의지하지 말고 하나님만 전적으로 의지하라.

지금 간절히 원하는 바가 있는가? 답답한 일이나 오랫동안 끌어 온 문제가 있는가? 그렇다면 열심히 기도하라. 문제가 해결될 때까지 기도하라. 하나님께 매달리는 자가 가장 영리한 자, 현명한 자, 지혜로운 자다

진정한 투자의 귀재는 기도에 시간을 투자하는 사람이다. 마르틴 루터는 일찍이 이 중요한 원리를 깨닫고는 하루에 3시간씩 기도했고, 영국의 성직자 찰스 시므온은 새벽 4시부터 8시까지 4시간 동안 말씀과 기도에 시간을 투자했다.

잠이 보약이고 자는 것이 남는 것이라며 잠을 자느라 기도하지 않는 사람은 지혜로운 자가 아니다. 그저 잠꾸러기일 뿐이다. 똑똑한 자는 명문대 출신이 아니라 기도에 시간을 드리는 사람이다. 세상에서 어리석은 자 중에 1, 2위를 다투는 사람은 기도하지 않는 사람, 하루에 겨우 10-20분 기도하고 그것으로 버티는 사람이다. 이런 사람이 진짜 어리석은 자다.

2. 인생의 공식에서 해답은 기도다

마라를 만났는가? 모세처럼 기도하라

홍해를 건넌 이스라엘 백성은 하나님을 찬양했다(출 15장). 그들이 홍해를 건넌 것은 하나님의 놀라운 역사였다.

모세는 홍해에서 이스라엘을 인도한 후 광야로 들어가 사흘 길을 걸었다. 그런데 물을 얻지 못했다. 그러다가 '마라'라는 곳에 이르렀는데 그곳 물이 써서 마실 수가 없었다(출 15:23). 사실 하루만 물을 마시지 못해도 힘든데 3일이나 참은 것은 이스라엘 백성에게는 대단한 일이었다. 그런데 물을 계속 얻지 못했다면 차라리 기대라도 안 했을 텐데, 3일 동안 참다가 드디어 물을 발견했는데, 그 물이 쓴 물이었다. 불평할 충분조건이 갖추어졌다. 이쯤 되면 더 이상 참을 수 없었다. 이스라엘 백성의 주특기가 나올 만했다. 그것은 바로 지도자 모세를 원망하는 것이었다. 원래 지도자는 동네북이다.

백성의 원망을 들은 모세는 하나님께 즉시 부르짖었다. 하나님의 지시대로 나뭇가지를 물에 던지니 물이 달게 되었다(출 15:25). 이 일은 하나님이 이스라엘을 시험하신 사건이었다.

"네 하나님 여호와께서 이 사십 년 동안에 네게 광야 길을 걷게 하신 것을 기억하라 이는 너를 낮추시며 너를 시험하사 네 마음이 어떠한지 그 명령을 지키는지 지키지 않는지 알려 하심이라"(신 8:2).

불평할 만한 상황이 닥쳤을 때 불평할 수도 있지만 불평하지 않는 것이 성도의 마땅한 자세다. 이 정도면 불평할 만한 조건이 충분하니까 한바탕 불평을 털어놓을 수 있는데 하지 않는 것이다. 불평하는 자는 아직 어린 사람이다. 교회, 가정, 학교, 회사에 대해서, 아내, 남편, 자식, 부모, 목사, 조장, 구역장, 상사, 부하 직원에 대해서 불평하고 싶을 수 있다. 하지만 하나님은 우리가 속히 성숙해서 비록 불평할 만한 상황일지라도 하나님이 이끄시는 중이라면 가장 좋은 것임을 믿기 원하신다. 하나님께 순종하는 자녀가 되기를 바라신다.

우리는 계속 무엇인가를 얻고자 하지만, 하나님은 계속 우리를 온전하게 만들고자 하신다. '얻고자 함'과 '만들고자 함'의 치이가 있다. 우리는 언지 못하면 자꾸 불평하려고 하는데, 하나님은 계속해서 우리를 온전하게 만들어 가기 위해 연단하신다. 하나님이 우리를 위해 모든 좋은 것을 잔뜩 준비해 두셨기 때문에 하나님 나라에 들어가기까지 그것을 누릴 준비가 필요하다.

만약 자신에게 1천 억이 있고 그 재산을 물려줄 자녀가 있다고 하자. 그런데 자녀가 미숙하고 절제력이 없다면 어떻게 하겠는가? 진정 자녀를 위해 필요한 것은 자신이 죽은 다음에 1천 억을 잘 사용할 수 있도록 자녀의 인격과 능력을 준비시키는 일이다. 그렇지 않으면 허랑방탕하게 살면서 모든 재산을 단번에 날릴 수 있다.

하나님은 이스라엘 백성에게 3일 만에 필요한 물을 공급하시기보다 그들이 하나님 나라의 백성으로서 합당한 인격을 갖추기 원하셨다. 이 사건을 통해서 더 순종하기를 바라셨다. 다시 말하면, 이 땅에서 잘 사는 자가 아니라 하나님 나라의 백성으로 잘 준비되는 자가 되게 하는 것이 하나님의 목표였다.

엘림을 만났는가? 하나님을 찬양하라

하나님은 마라가 끝나자마자 엘림에 이르게 하셨다. 그곳은 물 샘 12개와 종려나무 70그루가 있는 곳이었다. 이스라엘 백성은 나무와 물이 있는 오아시스 같은 곳을 만나 잠시 쉴 수 있었다.

그렇다면 마라 후에 엘림으로 인도하신 하나님의 의도는 무엇인가? 하나님은 마음만 먹으면 얼마든지 우리에게 필요한 것을 주실 수 있음을 보여 주신 것이다. 그런데 주실 수 있는 분이 주시지 않을 때는 다 뜻이 있다. 항상 이 사실을 기억하라. 하나님은 다 주실 수 있으나 우리를 사랑하시기 때문에 계속해서 우리를 훈련시키신다. 연단받은 후에 온전한 자가 되어 하나님 나라에 합당한 인격을 갖추게 하신다. 그러므로 어려움이 찾아오면 냉큼 불평부터 하지 말고 하나님이 무엇을 원하시는지 그분의 뜻을 찾아라. 그리고 '내가 바뀌어야 할 부분이 무엇인가?'를 생각하라.

하나님은 얼마든지 마라의 쓴 물을 단물로 바꾸실 수 있는 분이다. 우리를 회복시키시는 분이다. 따라서 고난만 들여다보며 원망하지 말고 그 시간에 기도하라. 출애굽기를 보면 동일한 상황에서, 백성이 원망할 때 모세는 하나님께 간구했다. 바로 여기에 차이가 있다.

사실 따지고 보면 모세에게 불평할 것이 더 많았다. 그도 똑같이 3일

동안 물을 마시지 못해 목말랐다. 게다가 백성의 불평까지 들어야 했다. 하나님께 순종해 이스라엘을 애굽에서 인도해 냈는데 많은 백성에게 까닭 없이 불평을 들어야 했다. 모세야말로 하나님께 "바로 엘림으로 보내 주시지 않고 왜 마라로 가서 이 고생을 하게 하십니까?" 하며 더 불평할 수 있었다. 자신이 원한 일도 아닌데 이스라엘을 이끌다가 불평까지 들었으니 얼마든지 하나님을 원망할 수 있었다.

그런데 이때 모세는 기도했다. 미성숙한 자는 입을 열어 불평을 하고, 성숙한 자는 입을 열어 기도한다. 이것이 성숙한 자와 미성숙한 자의 차이다. 우리는 힘들고 어려울 때 이스라엘 백성의 방법이 아니라 모세의 방법을 택해야 한다. 세상 사람이나 어린 신자들은 으레 불평을 한다. 교회를 10년 다녀도 어린 자처럼 불평할 수 있다. 하지만 성숙한 신앙인은 힘들 때일수록 하나님을 더욱 의지하고 기도로 나아간다. 우리도 인생길을 가면서 마라와 엘림을 만난다. 이는 인생의 공식이다.

"형통한 날에는 기뻐하고 곤고한 날에는 되돌아보아라 이 두 가지를 하나님이 병행하게 하사 사람이 그의 장래 일을 능히 헤아려 알지 못하게 하셨느니라"(전 7:14).

이것이 인생의 두 축이다. 미래를 예측할 수는 없지만, 인생길에서 결국 마라와 엘림을 만난다는 것만은 분명하다. 마라를 만날 때는 모세처럼 기도하고, 엘림을 만날 때는 찬양하자.

12

신앙 여정에서 염려와 불평이 찾아올 때
『모세 3』

모세는 이스라엘 백성의 불평을 들을 때
그 어려움을 가지고 하나님께 나아가 기도했다.
우리 역시 어려움을
기도로 풀 줄 아는 사람이 되어야 한다.
"하나님은 왜 원망을 들으신 후에야 해결하시는가?",
"하나님, 저를 왜 이 고통 중에 몰아넣으십니까?"라는
질문에 대한 답을 들어 보자.

1. 하나님의 뜻을 알리는 자

엘림에서 나온 이스라엘 백성은 이번에는 양식이 없다는 이유로 모세와 아론을 원망했다. 모세는 그들의 원망의 대상이 모세와 아론이 아니라 하나님이라는 사실을 이스라엘 백성에게 알려 주었다.

"여호와께서 자기를 향하여 너희가 원망하는 그 말을 들으셨음이라 우리가 누구냐 너희의 원망은 우리를 향하여 함이 아니요 여호와를 향하여 함이로다"(출 16:8).

이스라엘 백성의 불평을 들으신 하나님은 모세에게 말씀하셨다.

"내가 이스라엘 자손의 원망함을 들었노라 그들에게 말하여 이르기를 너희가 해 질 때에는 고기를 먹고 아침에는 떡으로 배부르리니 내가 여호와 너희의 하나님인 줄 알리라 하라 하시니라"(출 16:12).

하나님은 이스라엘 백성이 원망하자 그제야 문제를 해결해 주셨다. 여기서 "하나님은 왜 원망을 들으신 후에야 해결하시는가? 미리 해결해 주시면 안 되는가?"라는 질문이 생긴다. 당시는 하나님의 인도하심이 가시화되던 때였다. 하나님이 구름 기둥과 불 기둥으로 이스라엘 백성을 이끌고 계시는 그곳에는 당연히 물과 먹을 것이 있어야 하지 않나? 하나님은 메추라기와 만나를 주실 수 있는 분 아닌가?

그러나 만약 하나님이 그렇게 하셨다면 우리는 하나님이 우리를 돌보아 주신다는 사실을 간과하게 된다. 지금도 세상 사람들은 하나님의 돌보심을 놓치고 있다. 당연히 숨 쉴 공기가 있고, 때맞추어 해와 달이 떠올라야 한다고 생각한다. 인간으로 태어나면 누구나 심장이 뛰고, 시력과 청력이 있으며, 말을 할 수 있어야 한다고 생각한다. 모든 것을 당연히 여긴다.

하나님이 미리 알고 다 해주시면 우리는 하나님이 우리에게 모든 것을 주시는 분이라고 생각하지 않게 된다. 우리가 살고 있는 이 땅은 실낙원이다. 우리는 불의와 모순, 아픔과 갈등을 겪으면서 천국을 사모해 그곳을 향해 가고 있는 중이다. 이때 하나님은 자신이 살아 있으며 모든 것을 공급하는 분임을 알리기 원하신다. 그래야 인간이 하나님을 찾고 그분과 동행하게 되기 때문이다. 그때 우리는 하나님을 의지하고 신뢰하는 법을 배우게 된다.

그래서 하나님이 이 나그넷길에서 먹고마시는 기본적인 문제를 숙제로 주셨는지도 모른다. 대학생은 열심히 공부해서 직장에 들어가야 하고, 직장인은 결혼해서 가족을 부양해야 한다. 만일 이 과제가 없다면 어떻게 될까? 우리의 본성은 게을러서 나태해지고 죄를 짓게 된다. 로또 복권 1등에 당첨된 사람들의 삶이 해피엔딩인 경우는 흔하지 않다. 당첨금을 다 날리고 알코올중독자나 마약중독자가 되는 경우도 많다. 갑자기 주어진 거액으로 인생이 편해지니까 방탕하게 살다가 도로 가난해지고 마는 것이다. 돈이 많을 때는 굳이 하나님을 의지하며 기도할 필요가 없어진다고 해도 과언이 아니다. 그래서 주님이 부자는 천국에 들어가기 힘들다고 말씀하신 것이다(마 19:23).

결국 하나님이 먹고사는 가장 중요한 문제를 우리에게 던져 주셨기에 우리가 타락하지 않는 것이라고 볼 수 있다. 결코 우리를 힘들게 하시려는 것이 아니라 나그넷길에서 하나님을 의지하고 게으르지 않도록 지켜 주시려는 것이다.

염려가 많은 사람은 신앙이 없는 사람이다

양식을 요구하는 이스라엘 백성에게 하나님은 음식을 주셨다. 매일 아침에는 만나를 주셨고, 저녁에는 메추라기를 주셨다. 작고 둥글며 서리같이 가는 만나는 지상에 처음 나타났다가 40년 뒤에 없어졌다. 더 이상 나타나지 않는 하늘의 음식이다. 사람들이 "이것이 무엇이냐?"라고 물었는데, 바로 그 말이 이름이 되었다. '만나'의 뜻은 '이

것이 무엇이냐'(What is it)다.

"이스라엘 족속이 그 이름을 만나라 하였으며 깟씨같이 희고 맛은 꿀 섞은 과자 같았더라"(출 16:31).

질서의 하나님은 만나를 주실 때 사람의 수대로 한 사람에 한 오멜(2-4L 정도)씩 거두라고 하셨다. 또 그것을 아침까지 남겨두지 말라고 하셨다. 매일 아침마다 줄 테니 걱정하지 말고 하나님을 신뢰하라는 뜻에서였다. 하지만 이스라엘 백성 중에 '더러'(일부, some of them)는 만나를 아침까지 남겨두었다. 혹시라도 하나님이 주시지 않으면 먹으려고 저장해 두었을 것이다. 그 결과, 남은 만나에 벌레가 생기고 냄새가 났다(출 16:16-20).

만나를 남겨두지 말라는 명령은 "내일 일을 위하여 염려하지 말라"(마 6:34)라는 예수님의 말씀과 같다. 물론 주님을 알기 전에는 염려할 수밖에 없다. 그러나 그리스도인이 되었다면 앞날에 대해서 염려할 이유가 없다. '내가 처자식 5명을 거느린 가장인데 직장에서 쫓겨나면 굶어 죽는 게 아닐까?'라는 걱정이 드는가? 굶어 죽으면 천국 가면 된다. 걱정하지 말라. 하나님이 모든 것을 책임지신다.

만나를 남기지 말라고 하셨는데, '더러'는 '내일은 먹을 것이 없으면 어떻게 하나?' 하는 생각이 들었던 모양이다. 혹시 우리 중에 '더러'에 속한 사람은 없는가? 내일 일을 염려하는 사람, '이것이 안 되면 어떻게 하나?' 하고 늘 염려하는 사람 말이다. 그는 원래 염려가 많은 사람이라기보다 신앙이 없는 사람이다. 하나님을 신뢰하지 않는 사람이 '더러'에 해당된다. 하나님을 신뢰하지 않을 때 결과는 벌레를 만난다. 다른 사람들은 그렇지 않은데, 그의 집에만 벌레가 생기고 냄새가 난다. 원래 벌레를 좋아한다면 마음대로 하라.

필자는 교회를 섬기기 이전에 대학 캠퍼스 간사 생활을 오래 했다. 그런데 간사는 일정하게 사례비를 받기가 쉽지 않다. 그래도 하나님을 의지하면서 먹고살았다. 걱정할 것 없다. 자녀 문제도 마찬가지다. 가장이 책임지는 것이 아니라 하나님이 다 책임져 주신다. 가장은 다만 가장의 역할을 할 뿐이다.

수많은 하나님의 역사를 보았고 홍해노 선넜던 이스라엘 백성은 여전히 하나님을 의뢰하지 않았다. 다시 강조하지만, 이적을 의지하는 신앙은 축적되지 않는다. 조금 지나면 기억조차 가물가물해진다. 무엇보다 말씀을 잘 깨닫는 신앙이 중요하다(고전 14:19).

안식일의 양식

안식일에 먹을 양식은 어떻게 얻었는가? 안식일에는 하나님을 찬양하고 경배해야 하므로 그 전날 갑절의 양식을 걷어야 했다(출 16:22).

"내일은 휴일이니 여호와께 거룩한 안식일이라 너희가 구울 것은 굽고 삶을 것은 삶고 그 나머지는 다 너희를 위하여 아침까지 간수하라"(출 16:23).

그런데 첫째 날부터 여섯째 날까지는 그다음 날까지 만나를 남겨두면 벌레가 생겼는데, 일곱째 날, 즉 안식일에는 냄새도 나지 않고 벌레도 생기지 않았다. 하나님은 이스라엘 백성이 이런 상황을 겪으면서 "안식일에는 너희가 들에 나가 만나를 찾아보아도 얻지 못한다"라는 사실을 알게 해주셨다.

그런데도 일곱째 날에 '어떤 사람들'이 걷으러 나갔다가 얻지 못한 일이 생겼다(출 16:24-27). '어떤 사람들'은 '더러'로 표현된 사람들과 같은 부류일 수 있다.

"어느 때까지 너희가 내 계명과 내 율법을 지키지 아니하려느냐"(출 16:28).

하나님이 안식일만큼은 하나님을 경외하고, 찬양하고, 예배드리는 날로 정해 놓으셨는데, 그 시간까지 빼서 만나를 더 얻으려는 것은 욕심이었다. 없는 것이 아니라 있는데도 더 얻으려고 하는 것이기 때문이다.

오늘날에도 그런 사람들이 많다. 주일에도 어떻게 해서든지 돈을 더 벌려고 가게 문을 연다. 비단 주일뿐 아니라 마땅히 기도할 때요, 성경 읽고 전도할 시간인데, 자기 앞날을 생각하면서 욕심이 생겨서 다른 일을 더 하는 사람이 바로 '어떤 사람들'이다.

다음 날을 생각해서 음식을 남겨두는 사람들은 결국 하나님에 대한 신뢰가 없는 자들이다. 염려가 많은 사람들이다. 하나님을 신뢰하는 사람에게 무슨 염려가 있겠는가? 염려는 죄악이다. 하나님을 신뢰하지 않으니까 염려가 생긴다. 자신의 마음에 염려가 생기는 것을 경험해 본 적이 있는가? 하루가 멀다 하고 염려가 생기는가? 그만큼 하나님을 신뢰하지 못한다는 반증이다. 하나님을 경외하는 것이 가장 우선시되어야 한다. 우리는 하나님을 사랑하기 때문에 주일에 쉬면서 그분을 경배해야 한다.

2. 신앙 여정에서 어려움을 만나거든

못하는 것은 못하는 것으로 인정하고 받아들이라

이스라엘은 하나님의 명령을 따라 신광야를 떠나 르비딤에 장막을 쳤다(출 17:1). 그런데 그곳에 마실 물이 없자 백성은 다시 모세를 원망했다.

> "거기서 백성이 목이 말라 물을 찾으매 그들이 모세에게 대하여 원망하여 이르되 당신이 어찌하여 우리를 애굽에서 인도해 내어서 우리와 우리 자녀와 우리 가축이 목말라 죽게 하느냐"(출 17:3).

이스라엘 백성이 불평하는 방식은 늘 똑같았다. 애굽에서의 노예 생활이 힘들어 하나님께 울부짖기에 기껏 그들을 구해 주신 하나님과 모세에게 왜 데리고 나와서 이곳에서 죽게 하느냐고 따지는 식이었다. 하나님께 고통을 호소하며 기도하니까 하나님이 출애굽시키신 것이 아닌가?

현재는 가나안 땅으로 가는 여정이니 중간에 만나는 어려움쯤은 감수해야 했다. 물론 수많은 인원이 걸어가야 하니까 여러 어려움이 생기기 마련이었다. 광야에 물이 철철 넘칠 리 만무했다. 목마른 것은 어쩔 수 없는 일이었다. 이 정도의 어려움은 받아들여야 하는데, 그것을 원망했다.

우리도 마찬가지다. 신앙 때문에 결단한 것이라면 밀고 나가야 한다. 예를 들어, 선교사로 떠났다면 선교지에서 어려운 일을 당하더라도 당연하게 받아들여야 한다. 자신이 뜻을 정해 결단해 놓고서는 "하나님, 왜 저를 이 고통 중에 몰아넣으십니까?"라는 식으로 반응해서는 안 된다. 자신이 택한 길을 가면서 자꾸 하나님께 원망하지 말라.

필자는 대학 캠퍼스 간사로 섬길 때 후배 간사들에게 종종 이렇게 말하곤 했다. "간사로 헌신했으면 가난하게 살 것을 각오해야지, 사례비를 제대로 받지 못해 힘들다고 불평하지 마십시오. 뜻을 정했으면 모든 어려움을 참고 사역해야 합니다."

일제시대 당시 독립군들을 생각해 보라. 그들은 고향집에도 못 가고 이국땅에서 쫓겨 다니며 엄청난 고생을 했다. 그렇다고 그들이 대장에게 "우리는 왜 집에 못 들어갑니까? 이게 뭡니까?"라고 원망했겠는가? 누가 독립군으로 지원하라고 했는가? 자신이 결정했으면 일본

군에게 쫓기고 목숨이 위태로운 것도 감수하면서 나라의 독립을 위해 고생해야 하는 것이다. 우리도 마찬가지다. 주를 믿기로 한 이상, 포기할 것은 빨리 포기하고 살아야 한다.

미성숙할 때 자주 불평하고 원망할 수 있다

이런 측면에서 볼 때, 이스라엘 백성은 아직 하나님 나라의 백성으로 잘 준비되어 있지 않았다. 하나님 나라 백성이지만 힘들면 원망했다. 불평은 누구나 할 수 있다. 미성숙한 사람들은 자기가 힘들거나 원하는 것을 얻지 못할 때 쉽게 불평하거나 남을 탓한다. 부부 사이도 마찬가지다. 자신이 힘들면 배우자에게 불평을 털어놓는다. 남편이 돈을 많이 못 벌어 온다고, 아내가 요리를 맛있게 못한다고 불평한다. 가정에서든, 회사에서든, 교회에서든 불평하려고 하면 끝이 없다.

그러나 그리스도인들에게는 불평하지 않을 수 있는 이유가 있다. 사랑, 희락, 화평, 오래 참음 등 성령의 열매가 있기 때문이다. 신앙을 갖기 전에는 벌써 이 정도면 불평이 바로 나왔을 텐데, 신앙을 갖고 나니 성령이 우리를 다스리시므로 불평이 나오지 않는다. 성령의 열매 중에서 '오래 참음'은 남보다 조금 더 오래 참다가 불평하는 것이 아니다. 아예 불평하지 않는다는 뜻이다. 생을 마칠 때까지 불평하지 않겠다고 결단하라. 성령의 능력으로 가능하다.

남을 탓하거나 불평하지 않도록 집에서부터 연습하라. 아내에게,

남편에게 불평하지 말라. 가장 좋은 방법은 감사를 많이 계발하는 것이다. 감사를 잘 하지 못하는 이유는 감사를 해본 적이 별로 없어서일 수도 있다. 자족을 배우라. 특별히 주의 일을 하는 사람들은 열정만 갖고 일해서는 안 된다. 인내를 배워야 한다. 불평하고 원망하는 사람에 대해 오래 참을 수 있을 만큼 성숙해야 한다. 자신이 성숙하지 않고서는 미성숙한 다른 사람을 돌볼 수 없다. 성숙하지 않으면 자주 싸우게 된다.

모세는 이스라엘 백성의 불평을 들을 때 하나님께 기도했다. 만약 모세가 백성의 불평을 듣고 그들과 다투었다면 그에게 문제가 있다고 볼 수 있다. 그러나 오히려 그는 어려움을 가지고 하나님께 나아가 기도했다. 우리도 모세처럼 어려움을 기도로 풀 줄 아는 사람, 즉 기도하는 사람이어야 한다. 가정, 자녀, 회사 문제에 있어서도 마찬가지다.

3. 승리는 기도를 통해서 온다

불평하다가 물을 얻은 이스라엘은 이제 르비딤에서 아말렉과 전쟁을 치르게 되었다(출 17:8-16). 여호수아는 직접 전쟁에 나가서 싸웠고, 모세는 산에 올라가 손을 들었다. 구약에서 '손을 들었다'라는 말은 기도했다는 표현이다.

그런데 모세가 손을 들면 이스라엘이 이겼고, 손을 내리면 이스라엘이 졌다. 상황이 이렇다 보니 모세는 도저히 손을 내릴 수가 없었다. 그래서 아론과 훌이 양옆에서 손을 붙들어 올려 주었다.

"모세의 팔이 피곤하매 그들이 돌을 가져다가 모세의 아래에 놓아 그가 그 위에 앉게 하고 아론과 훌이 한 사람은 이쪽에서, 한 사람은 저쪽에서 모세의 손을 붙들어 올렸더니 그 손이 해가 지도록 내려오지 아니한지라"(출 17:12).

이 말은 아말렉이 패하고 있다는 뜻이었다. 모세가 기도하는 동안 여호수아가 칼날로 아말렉과 그 백성을 쳐서 무찔렀다(출 17:13). 결국 모세의 손이 올라가느냐 내려가느냐에 따라서 승패가 결정되는 싸움이었다. 원래 오합지졸인 이스라엘은 전쟁에서 지게 되어 있었다. 이스라엘은 여행하는 나그네들이었고 아말렉 사람들은 그 지역 족속으로, 전쟁 준비가 되어 있었다. 질 수밖에 없는 상황이었지만 모세가 손을 들어 이겼다.

기도는 실제로 역사하는 힘이다. 기도는 하나님의 도우심을 나의 현장에 끌어들이는 수단이다. 그래서 기도를 사용하는 사람은 세상을 이길 수 있다. 그럼에도 불구하고 아직까지 기도를 사용하는 데 서툰 사람이 있다. 어느 날은 기도를 20분 남짓 하고, 어떤 날은 그마저도 하지 않는다. 며칠 열심히 기도하다가, 아예 하지 않는다. 기도가 들쑥날쑥하다. 아직 기도를 사용할 줄 모르는 사람이다. 기도는 생을 마칠 때까지 지속적으로 해야 한다. 손을 든다는 것, 즉 기도한다는 것은 결국 하나님을 의지한다는 뜻이다.

모든 문제는 기도에 의해 풀린다. 이스라엘 백성이 아말렉을 이길 수 있었던 것은 이스라엘의 칼이 아니라 모세의 기도 덕분이었다는 사실을 기억해야 한다. 우리에게는 먹고사는 문제, 직장, 자녀, 앞날의 문제 등 여러 가지 난제가 있다. 그러나 그 어떤 것도 기도 앞에서는 꼼짝 못한다는 사실을 이 사건이 여실히 보여 준다. 기도가 최강이다.

기도하는 사람에게는 크고 작은 문제들이 별 문제로 다가오지 않는다. 진짜 문제는 기도하지 않는 것이다. 하나님은 분명 기도를 통해 승리하도록 정하셨다. 이 사실을 의심하지 말라. 앞날을 위해 준비하고 공부하고 있는가? 그것은 여호수아가 전쟁에 나가 싸운 것에 해당할지 모르겠다. 그러나 승리는 기도를 통해서 온다는 사실을 꼭 기억하라.

우리 삶이 앞으로 20년, 30년, 50년 계속될 텐데 결국 둘 중 하나로 요약, 정리될 수 있다. 기도해서 모든 문제를 이기고 승리함으로 노래하며 살 것인가, 아니면 기도를 들쑥날쑥 대충 해서 모든 문제에 눌려 우울하게 패배자로 살 것인가? 기도하는 자는 승리하고, 기도하지 않는 자는 패배한다.

굉장히 심각한 문제를 안고 "목사님, 다 죽게 생겼습니다"라고 말하는 성도가 있다. 하지만 필자는 기도라는 강력한 무기가 있으니 걱정하지 말라고 권한다. 기도하면 된다는 사실을 잊지 말라. 원래 이스라엘과 아말렉의 싸움도 이스라엘이 다 죽게 될 상황이었다. 모세가 기도하지 않고 가만히 있었다면, 상식적으로는 지는 것이 당연했다. 그런데 모세가 손을 들어 이겼다.

올라간 모세의 손은 오고 오는 세대에 "열심히 기도하는 사람이 돼라"라는 메시지다. 다시 말해, 기도의 골방이 살아 움직이면 된다는 말씀이다. 따라서 우리는 내려오지 않는 손이 되도록 일정 시간을 정해 규칙적으로 기도해야 한다. 다니엘도 하루 세 번씩 시간을 정해 꾸준히 기도했기에, 왕조가 네 번이나 바뀌어도 총리직을 고수할 수 있었다. 또한 사자 굴에 던져졌어도 사자들이 다니엘을 건드리지 못했다. 기도로 다 이겼다.

지금부터라도 자신의 기도 생활을 점검하라. 승리자로 살 길이 이처럼 명확한데, 왜 놓치고 있는가? 많은 일거리에 파묻혀서 고군분투할 것이 아니라 기도에 파묻혀야 한다. 그때 승리한다.

우리는 이스라엘 백성이 아말렉과의 전쟁에서 기도로 승리한 사건을 통해 하나님이 이스라엘을 돕고 계신다는 사실을 알 수 있다. 하나님은 르비딤에서 물이 없다고 원망하던 이스라엘 백성을 갈증에서 구하셨을 뿐 아니라, 이번에는 적군 아말렉의 칼날에서도 살리셨다. 이 사건은 하나님은 우리의 행동에 따라 반응하시는 분이 아님을 분명히 보여 준다.

우리가 어떻게 감히 하나님 앞에 설 수 있겠는가? 하지만 하나님은 인자가 많으신 분이며, 오래 참으시는 분이다. 그분은 잘못하는 우리에게 관용을 베풀기를 기뻐하신다. 하나님은 우리를 포기하지 않으신다.

"여호와여 주께서 죄악을 지켜보실진대 주여 누가 서리이까 그러나 사유하심이 주께 있음은 주를 경외하게 하심이니이다"(시 130:3-4).

자신이 세운 기준에도 못 미치는 자신을 보며 '이렇게 살면 안 되는데, 나는 참 불성실하고 나태한 것 같다. 이런 나를 하나님이 기뻐하실까?'라고 생각할지도 모르겠다.

그러나 하나님은 우리의 행동에 따라 우리를 더 사랑하시고 덜 사랑하시는 분이 아니다. 어떤 경우든 하나님의 사랑은 계속된다. 하나님은 르비딤에서 불평하고 원망하던 이스라엘 백성을 여전히 사랑하시고 적의 칼날에서 보호해 주셨듯이 우리를 용서하시고 받아 주신다.

우리는 하나님을 믿고 죄의식에서 벗어나 하나님을 의지해야 한다. 잘못했어도 하나님은 우리를 용납하시는 분임을 확신하며, 약하게 살지 말고 담대하게 살아야 한다. 나에 대한 하나님의 무궁한 사랑은 바뀌지 않는다. '하나님이 나를 미워하실 것 같아. 나에 대한 사랑이 식을 거야' 하며 괜히 움츠러들지 말라. 우리의 사랑은 식을 수 있지만 하나님의 사랑은 식을 수 없다. 르비딤 사건이 이를 증명해 주지 않는가?

그렇기 때문에 우리는 열심이 없거나 미지근한 자신을 자책할 것이 아니라 그런 나를 받으시는 하나님 앞에 다시 일어나서 충성하겠다고 결단해야 한다. 그것이 하나님이 기뻐하시는 모습이다.

4. 구경꾼의 자리에서 참여자의 자리로

전쟁은 모세 혼자 하지 않고, 아론과 훌이 함께 했다. 모세의 손이 계속 올라가야 이길 수 있었던 것은 결국 누군가의 도움을 받도록 하려는 하나님의 의도였다. 사실 하루 종일 손을 들고 있는 것은 벌 서는 일이다. 하나님이 그렇게 정하신 이유는 싸움을 함께하라는 뜻에서였다.

마찬가지로 우리 각자에게는 하나님 나라의 영적 전투에서 맡겨진 몫이 있다. 내가 맡은 일이 무엇인지 생각해 보라. 이 시대에도 영적 전투가 벌이지고 있다. 아말렉과 이스라엘이 싸운 것처럼, 우리나라의 비신자 4천만 명에 대해 영적 전쟁을 선포하고 치러야 한다. 1천만 명은 불교 신자이고 나머지 많은 사람도 어둠 가운데 있다. 이 영적 전쟁에서 내가 맡은 일은 과연 무엇인가? 직접 손을 들지 못한다면 옆에서 도와줄 일이 있지 않을까?

직분이 없는 평범한 신자라고 뒤로 빠져서는 안 된다. 나 개인의 문제가 급하다고 영적 전쟁을 등한시해서도 안 된다. 서로 돕고 힘을 합해 함께 일해야 한다. 주님의 이름을 건 주님의 공동체에서 구경꾼으로 앉아 있어서는 안 된다. 우리는 다시 한 번 정신을 차려야 한다.

"부지런하여 게으르지 말고 열심을 품고 주를 섬기라"(롬 12:11).

필자가 섬기고 있는 교회만 하더라도 비신자들을 주님께 돌아오게 하려고 토요일마다 전도하며 영적 전투를 치르고 있다. 비록 한 주에 소수를 건져 낼 뿐이지만 우리의 싸움은 4천만 명을 대상으로 하고 있다. 이 명령을 내리신 분은 우리의 지도자이신 예수 그리스도다. 예수님은 우리에게 "너희는 가서 모든 민족을 제자로 삼으라"라고 명하셨다(마 28:19). 매년 A국에 단기선교를 가서 100여 명의 대학생들을 주님께 인도하는 일도 매우 미미할 수 있다. 그러나 주께서 주신 명령이기에 비록 열매가 적을지라도 그 일에 참여해야 한다.

복음을 전하는 일을 등한히 해서는 안 된다. 우리 뒤에는 주님의 이름이 걸려 있다. 우리는 하나님 나라의 확장을 위해서 전투하는 중이다. 때로 유치하거나 무모해 보일 수 있다. 그러나 영혼을 구원하기 위해 열심을 내야 한다. 그 누구도 주님의 일에서 멀리 떨어져 있어서는 안 된다.

요한계시록을 보면, 주께서 교회와 교회 지도자들을 붙잡고 계신다는 것을 알 수 있다. 주님은 교회의 주인이자 머리이시다. 교회는 주님의 몸이며 당당하게 예수님의 이름을 걸고 있다. 그러므로 "부지런하여 게으르지 말고 열심을 품고 주를 섬기라"(롬 12:11)라는 말씀에 순종하며 교회를 통해 영적 전투에 임해야 한다.

모세와 아론, 훌이 이 싸움에 필요했던 것처럼, 우리 중에 단 한 명도 예외 없이 다 필요하다. 이스라엘 백성 중에는 모세와 아론, 훌처럼 기도한 사람이 있었고, 여호수아처럼 싸운 사람이 있었다. 그러나 다 함께 전투를 치렀다. 우리도 영적인 일에서 물러나 주님의 일에 구경꾼이 되지 않도록 깨어 있어야 한다. 누가 시켜서가 아니라 주님의 일이기 때문에 가진 것은 없지만 마음을 다해 섬기면 된다.

지금까지 주님의 일에 소홀했고 구경꾼 자리에 있었다면 이제는 새 마음을 가지고 지금 벌어지고 있는, 우리나라 4천만 명의 비신자와 아시아의 수많은 비신자를 위한 영적 전투에서 한 몫을 감당하게 되기를 바란다. 비록 작은 일이라 할지라도 열심히 해서 언젠가 주님을 만났을 때 부끄럽지 않도록 준비하는 지혜로운 성도가 되자.

13

기도하는 자에게 민족의 운명이 주어진다
『모세 4』

모세는 자신의 영혼과 민족의 영혼을
맞바꾸어 달라고 간구했다.
하나님 앞에서 기도하는 한 사람을 통해 민족이 바뀌었다.
죄악에 분노하면서도,
죄를 행한 이들을 위해 중보한
모세의 탁월한 지도자적 기도를 배워 보자.

1. 다른 사람과 소통하며 함께 일하는 법

　모세는 조언을 들을 줄 아는 사람이었다. 장인 이드로가 모세 혼자 하루 종일 백성을 재판하는 모습을 보고 천부장 제도를 권면하자 그는 곧바로 순종했다(출 18:14-21). 그동안 모세는 이스라엘의 지도자로서 200-300만 명이나 되는 백성을 이끌고 홍해를 건너 많은 역사를 이룬 용장이었다. 그런 지도자가 남의 조언, 더구나 장인이지만 이방인인 이드로의 조언을 따르는 것은 쉽지 않은 일이었다.

　장인 이드로는 비록 이방인이었지만 여호와께서 큰 은혜를 베푸시어 이스라엘을 애굽 사람의 손에서 구원하시는 모습을 보고 함께 기뻐하며 찬송했던 사람이다. 여호와께서 모든 신보다 크시므로 이스라엘에게 교만하게 행하는 그들을 이기게 하셨다면서 번제물과 희생제물들을 하나님께 드렸다(출 18:9-12). 이런 행동을 볼 때 이드로는 하나님을 경외하는 사람임을 알 수 있다. 그래서 모세도 그의 조언을 받아들여 천부장, 백부장, 오십부장, 십부장, 조장을 세웠다(신 1:15).

그런데 한 가지 의문이 생긴다. 지금까지 하나님은 늘 모세와 긴밀하게 소통하셨는데, 왜 이번에는 직접 말씀하시지 않고 이드로를 통해서 말씀하셨을까? 성경에는 쓰여 있지 않지만, 하나님이 모세로 하여금 다른 사람과 소통하며 함께 일하는 법을 가르쳐 주신 것 같다. 그때까지 모세는 인간과는 조금 다른 존재, 거의 천사처럼 여겨지는 위치에 있었다. 그래서 하나님은 그가 주위 사람과 동역하도록 아론과 훌을 붙여 주셨고, 그 옆에 여호수아와 이드로가 있게 하셨다. 다른 사람의 바른말을 수납하는 법을 배우게 하셨다고 추측할 수 있다.

하나님의 인도하심을 어떻게 받는지 정리하면 다음과 같다.

하나님의 큰 뜻 안에서 결정하라

하나님은 큰 명령을 우리에게 주시지만, 살아가는 동안 겪게 되는 이런저런 세밀한 문제들은 하나님의 큰 뜻 안에서 스스로 결정하게 하신다. 하나님은 우리가 로봇이기를 원하지 않으신다. 모든 상황을 세세하게 지시하실 수 있지만 그렇게 하시지 않는다.

요즘 '하나님의 음성을 듣는 법'이라면서 하나님이 그때그때 일일이 지시하시는 것처럼 가르치는 경우가 있다. 그것은 옳지 않다. 하나님이 큰 범위를 정해 주시면 그 범위 내에서 우리가 하나님의 뜻을 잘 분간해 나가야 한다. 홍해를 갈라 주셨으면 건너가면 된다. 건너갈지 말지에 대해서도 하나님이 음성을 들려주셔야 하는가? 만나와 메추라기를 보내 주셨으면 먹으면 되고, 샘으로 인도해 주셨으면 물을 마시면 된다.

신앙생활을 하다 보면 뻔한 것을 가지고 혼자 고민하는 사람들이 있다. 하나님의 큰 뜻을 분별해서 행하면 되는데 고민하다가 엉뚱한 결과를 낳기도 한다. 신앙생활을 할 때는 세세한 부분을 잘 분별해야 한다.

하나님은 신실한 자를 통해 깨달음을 주신다

하나님은 신실한 자를 통해 귀한 깨달음을 얻게 하신다. 그래서 나그넷길을 가면서 신실한 사람을 많이 만나는 일은 복되다. 성경 연구를 한 후 함께 나눔을 하면 다른 신실한 사람을 통해 깨닫는 바가 많다. 내가 미처 생각하지 못했던 하나님의 은혜를 알게 된다. 설교를 듣는 것은 한 번이지만 5-6명이 소그룹으로 모여서 말씀을 함께 나누면 나머지 사람들이 다 나의 교사가 될 수 있다.

"그리스도의 말씀이 너희 속에 풍성히 거하여 모든 지혜로 피차 가르치며 권면하고"(골 3:16).

성화된 성경 지식이 분별에 도움이 된다

어려운 문제를 해결할 때는 신실한 사람의 조언뿐 아니라 성화된 성경 지식이 필요하다. 다시 말해, 성경 66권 중에서 최소한 3분의 1인 22권 이상은 연구해야 영적 분별력이 생긴다. 구구단을 배워야 곱셈, 나눗셈 등 사칙연산을 할 수 있는 것과 같다. 한국 교회 성도들은 이 부분에서 매우 약하다. 모태신앙인 필자가 대학 시절에 신앙적으로 헤맸던 이유는 내게 닥친 문제를 어떤 근거로 결정해야 할지 몰랐기 때문이었다. 그러나 성경을 10권, 20권, 30권 계속 연구하면서 하나님에 대해 알아 가니까 배운 말씀으로 삶의 여러 문제를 해결할 수 있게 되었다.

그러나 한국 교회의 실상은 대체적으로 성경을 많이 가르치지 않는 분위기다. 더군다나 신학교에서도 신학 이론 위주로 가르치다 보니 성경 말씀 자체는 잘 가르치지 않는다. 내가 신학대학원에 가서 고민한 것이 바로 이 문제였다. 사역자들을 보니 꾸준히, 체계적으로 성경 공부를 한 사람이 많지 않았다. 그래서 안타까운 마음으로 사역자들과 성경 공부를 시작했다. 그렇게 시작된 모임이 목회자들의 성경 공부 모임인 '아나톨레'다.

우리는 성경을 알아 가는 데 힘써야 한다. 동시에 우리가 모든 것을 다 경험하지 못하기 때문에 중요한 문제에 대해서는 신실한 믿음의 선배들을 통해 조언을 들어야 한다. 대표적인 것이 우리 앞날에 관한 문제다. 아직 살아 보지 않은 영역이기에 더욱 신앙적 조언이 필요하다. 대학 생활, 직장 선택, 결혼에 있어서 배우자의 선택 기준, 부부 간의 하나 됨, 자녀 양육 등 많은 문제가 있다. 또한 "어떻게 내 생을 보낼 것인가?"라는 질문에 대한 답을 찾는 것도 중요하다.

그런데 자신의 주장이 확고할 때 다른 방향의 조언을 받아들이기란 쉽지 않다. 바울도 마가의 문제로 바나바와 심하게 다투다가 헤어진 적이 있었다(행 15:39). 또한 아가보 선지자가 바울이 결박당할 것이라는 성령의 말씀을 전하자 동역자들은 예루살렘에 가지 말라고 권유했다. 하지만 바울은 받아들이지 않았다.

"나는 주 예수의 이름을 위하여 결박당할 뿐 아니라 예루살렘에서 죽을 것도 각오하였노라"(행 21:13).

이는 영적 분별력의 차이다. 동역자들은 결박당힐 테니 가면 안 된다는 입장이었지만, 바울은 결박당할지라도 주님의 일을 하는 데는 문제가 없다고 생각했다. 그런데 바울이 옳았다. 동역자들도 신령했지만 바울에 비하면 급이 낮았다. 바둑으로 따지자면 아마추어 3급과 프로 9단의 차이였다.

그런데 성경에는 바울이 아무리 권면해도 듣지 않는 사람이 있었다.

"형제 아볼로에 대하여는 그에게 형제들과 함께 너희에게 가라고 내가 많이 권하였으되 지금은 갈 뜻이 전혀 없으나 기회가 있으면 가리라" (고전 16:12).

바울의 판단으로는 아볼로가 분명히 고린도 교회를 방문해야 하는데 그는 갈 뜻이 없다고 했다. 그러자 바울은 더 이상 권하지 않았다.

기회가 생기면 갈 것이라고 생각했다.

그렇다면 다른 사람의 조언이 나의 의견과 다를 때 어떻게 대응해야 할까? 여기에는 몇 가지 기준이 있다. 일단 조언자가 나보다 영적으로 깨어 있는 사람인지, 그리고 지금 그에게 열매가 있는지를 생각해 보라. 열매가 없거나 깨어 있지 않은 사람의 이야기라면 오히려 반대로 하는 것이 좋다. 신앙을 고려하지 않은 채 인간의 지혜에서 나온 인본주의적 조언은 듣지 말아야 한다. 필자도 대학 시절에 비슷한 경험을 한 적이 있다. 성경 공부도 하지 않고 기도 생활도 안 하던 선배의 조언을 따라갔다가 결국 좋지 않은 결과를 빚었다. 다행히 나중에 주님이 은혜를 주셔서 주님이 기뻐하시는 삶을 살 수 있었다.

신앙 서적도 마찬가지다. 최근 출간되는 외국 목회자나 신학자들이 저술한 책 중에는 성경적 관점이 아니라 자유주의나 인본주의적 가치관에 입각한 내용이 꽤 많다. 그러므로 잘 선택해서 읽어야 한다. 기독교 부흥 시절에 출간된 책이나, 혹은 청교도 신앙을 가졌던 사람들의 신앙 고전을 읽으면 안전하고 유익하다.

주위에 깨어 있는 사람들의 조언을 함께 살펴보라. 그들의 공통된 조언이 나의 주장과 다르다면 내가 주장하던 바를 꺾어야 할 수 있다. 신념을 넘어 나의 고집일지 모르기 때문이다.

가정생활 가운데서도 조언을 잘 들을 수 있어야 한다. 질서상 아내는 남편에게 복종해야 하고, 자녀들은 부모를 공경해야 한다. 만약 남편이 영적 가장으로서 말씀과 기도 생활을 하던 중에 "말씀과 기도 가운데 정한 것이니 이렇게 합시다"라고 말하면 아내는 거역하지 말아야 한다.

교역자를 대할 때도 마찬가지다. 교역자는 질서상 하나님이 세우신 지도자다. 목자장이 나타나실 때까지 부득불 목자로서의 역할을 하는 사람이다. 그가 정말 깨어 있고, 기도하고, 말씀을 연구하는 사람이라면 하나님이 직분을 허락하신 이상 최대한 순종하려고 노력해야 한다.

장로, 집사도 질서상 교회에서 세워진 직분이다. 집사가 늘 깨어 기도하기를 힘쓰고 성경을 읽는다면 그의 말을 쉽게 거부해서는 안 된다. 교회 내에는 집사, 권사, 장로, 구역장, 조장, 팀장 등 다양한 직분이 있는데, 언제나 자신과 동등한 1표로 부지 말고 상대는 7표, 나는 1표나 0.5표 정도로 계산하라.

또한 자신이 어떤 사람인지를 잘 파악해야 한다. 계속 우기려는 경향이 있다면, 평소에 자신이 주장하는 내용이 얼마나 합리적인지, 그 결과 열매가 있었는지 살펴보라. 만약 긍정적이라면 자신의 생각을 고수하라. 그때는 다른 사람의 견해를 받아들이지 않아도 좋다. 결박당할 것을 알고도 만류하는 동역자들의 조언을 따르지 않고 예루살렘행을 감행했던 바울처럼 말이다. '하나님이 하신다!'라는 확신이 있다면 자기주장을 밀고 나가라.

다윗이 골리앗 앞에 나갈 때도 마찬가지였다. 다른 사람들의 눈에는 다윗이 무모한 도전장을 내미는 것으로 보였다. 형들은 그런 다윗에게 화를 냈다. 형들의 눈에 다윗은 전쟁 경험이 없는 연소한 막냇동생에 불과했기 때문이다. 하지만 다윗은 양을 칠 때 하나님이 사자와 곰의 발톱에서 자기를 건져 주신 풍부한 경험을 갖고 있었다. 심지어 그는 곰과 사자를 찢어 죽이기까지 했다. 그래서 다윗은 골리앗 앞에 나갈 때 달랑 물매와 돌 5개만 가지고 나갔으나 두렵지 않았다. 하나님과 동행해 승리했던 경험이 있었기 때문에 주위 사람들이 아무리 막아도 소용없었다. 물론 자신의 고집과 하나님의 뜻 안에서의 경륜을 잘 분간해야 한다. 고집이 센 사람은 주위에서 올바른 조언을 해줄 때조차 고집으로 밀고 나갈 수 있기 때문이다.

모세는 장인의 조언을 들을 때 '나는 민족의 대지도자로서 하나님의 음성을 직접 듣고 그분을 대면했는데, 감히 누가 나에게 조언을 해?'라고 반응하지 않았다. 오히려 상대방의 조언을 잘 받아들였다. 이후 재판을 혼자 하지 않고 천부장 제도를 도입해 일을 서로 나누었다.

천부장이나 백부장은 주로 재판과 관련된 일을 했다. 그들이 모여서 가나안에 들어갈지 말지를 의논해 결정했던 것은 아니다. 일정이나 노선, 가나안 족속과의 전쟁 여부는 하나님이 정하셨다. 이런 일은 순종할 문제이지 의논할 문제가 아니었다.

신앙생활을 할 때 '순종'과 '의논' 부분에서 헷갈려하는 경우가 많다. 이미 성경에서 가르쳐 주기 때문에 순종하면 되는데, 자기가 어떻게든 바꾸어 보려고 의논 쪽으로 굳이 방향을 트는 경우를 말한다.

우리는 두 영역을 잘 구분해야 한다. 이때야말로 영적인 분별력이 필요하다. 신앙이 어린아이 단계에서는 어렵지만, 말씀과 기도로 하나님과 동행하는 사람, 영적으로 깨어 있는 사람은 이를 잘 분별할 수 있다.

2. 증거판을 던져 깨뜨린 자

　모세가 하나님의 산에 올라가 40일을 지내는 동안 이스라엘 백성은 금송아지를 만들어 우상을 섬기는 죄를 범했다(출 32장). 모세가 시내산에서 더디 내려오자 아론에게 자신들을 인도할 신을 만들어 달라고 했고, 아론은 금귀고리를 모아서 그것으로 금송아지를 만들었다. 그리고 단을 쌓고 "내일은 여호와의 절일이니라"(출 32:5)라고 공포했다.

　금송아지는 애굽 신 중에 하나인 '아피스'라는 황소였다. 금송아지를 만든 사건은 애굽 문화에 젖어 있던 이스라엘의 모습을 여실히 드러냈다. 우상 숭배는 인간의 기본 성향이다. 사람은 보이는 것을 의지하고 싶어 한다. 우리나라에 왜 1천만 명이 넘는 불교 신자가 있는가? 보이는 부처상이 있기 때문이다.

　이스라엘 백성은 훗날 사무엘에게 왕을 세워 달라고 요구했다. 이스라엘 백성에게는 하나님이 왕이 되시기 때문에 다른 왕이 필요 없었다. 그러나 그들은 보이는 왕을 요구했다. 그때 하나님은 섭섭해하시면서 사무엘에게 "그들이 너를 버림이 아니요 나를 버려 자기들의 왕이 되지 못하게 함이니라"(삼상 8:7)라고 말씀하셨다.

　이런 현상은 21세기인 오늘날도 여전하다. 우리나라 곳곳에 왜 기도원이 그처럼 많고, 또 잘 운영되는가? 어떤 기도원에 가면 여선지자 같은 사람이 있어서 앞날을 예언해 준다. 듣다 보니 그 말이 맞는 것 같아 계속 의지하게 되는 것이다. 하나님의 말씀을 성경을 통해 들어야 하는데 여선지자만 바라보고 있다. 때로는 교회 목사가 그런 역할을 하기도 한다. 마치 신령한 존재라도 되는 것처럼 행동하는데, 이 부분에 있어서는 항상 조심해야 한다. 아무튼 눈에 보이는 것은 다 조심해야 한다. 우리에게는 하나님 외에는 없다. 중간에 다른 사람이 개입해서는 안 된다.

이스라엘 백성이 금송아지를 만들어 제사를 지내는 모습을 보면서 우리의 영적 무지가 얼마나 깊은지 알 수 있다. 좀처럼 깨지기 어렵다. 그렇게 많은 이적을 경험한 이스라엘 백성이 아닌가? 10가지 재앙을 통해 엄청난 하나님의 역사를 보았고, 홍해 바다가 갈라지는 이적도 경험했다. 게다가 이스라엘 백성이 홍해를 다 건너간 후 홍해가 덮이면서 애굽 군사들이 몰사하는 모습까지 보았다.

그 후 이스라엘 백성은 하나님이 마라의 쓴 물을 달게 해주셔서 그 물을 마시기도 했다. 광야 생활 중에 어떻게 먹고사나 걱정할 때는 하나님이 200-300만 명이 먹을 수 있는 만나와 메추라기를 주셨다. 이스라엘의 장로 70명은 모세와 함께 하나님을 뵙고 먹고 마시는 체험도 했다(출 24:10). 원래 이 정도면 이스라엘 백성의 영적 무지가 깨져야 했다. 하지만 이렇게 많은 경험을 했는데도 인간의 깊은 영적 무지는 여간해서 깨지지 않았다.

하지만 구약 시대와 달리 신약 시대에는 성령이 우리 안에 계신다. 성령이 계시는 동안 우리에게는 영적 분별력이 생기고 영안이 밝아진다. 인간은 너무나 깊은 어둠에 있기 때문에 오직 성령으로 충만한 동안에만 영적으로 밝을 수 있다.

지금도 "이 세상의 신이 믿지 아니하는 자들의 마음을 혼미하게"(고후 4:4) 하고 있다. 그렇기 때문에 비신자는 말할 것도 없고 신자라 하더라도 하나님의 말씀을 가까이하지 않거나 평일에는 성경을 책장에 꽂아 두었다가 주일에만 교회에 들고 오는 사람 역시 영적으로 어둡기는 마찬가지다. 성령의 조명 없이는 어둠에서 헤어 나올 수 없다.

"주의 말씀은 내 발에 등이요 내 길에 빛이니이다"(시 119:105).

그렇다면 말씀을 읽는 주기는 어떠해야 할까? 고혈압 환자가 하루에 알약을 한 알씩 먹어 혈압을 조절하는 것처럼, 짙은 어둠의 환자인 우리는 매일 말씀의 영향을 받고 살아야 한다. 매일 경건의 시간(QT)을 갖고, 성경을 10장씩 통독하지 않으면 금방 어두워진다.

전등이 없는 어두운 계단을 올라가다가 스마트폰의 플래시 기능을 살짝 누르니 금세 환해져서 편하게 올라갔던 적이 있다. 우리 생도 마찬가지다. 성경을 보지 않으면 빛 없이 생활하듯 인생이 막막하고 답답하다. 말씀은 우리 생활의 빛이다. 성경은 하나님의 말씀을 주야로 묵상하라고 하지 않는가?(시 1:2) 우리의 깊은 영적 무지를 그대로 놔두면 안 된다. 아무리 깊은 영적 무지라 할지라도 빛이 들어오면 밝아져 앞으로 나아갈 수 있다. 단숨에 멀리까지 가지는 못하더라도 바로 앞은 보여 계속 갈 수 있다. 그렇게 우리는 말씀을 따라 앞으로 한 발, 한 발 나아가야 한다.

"또 우리에게는 더 확실한 예언이 있어 어두운 데를 비추는 등불과 같으니 날이 새어 샛별이 너희 마음에 떠오르기까지 너희가 이것을 주의하는 것이 옳으니라"(벧후 1:19).

주님이 오시는 날까지 항상 진리의 빛을 따라가야 한다. 그러므로 말씀 생활을 등한히 하고 있다면 지금부터라도 매일 말씀을 가까이 하라. 말씀 묵상만 했다고 끝이 아니다. 가능하다면 매일 1-2시간씩 성경 연구를 하라. 베뢰아 사람들은 날마다 성경을 상고했다(행 17:11). 이단들도 말씀을 부지런히 공부한다. 예수 그리스도를 구세주와 주인으로 받아들이지 않는 이상한 방향으로 공부해서 문제이지만 말이다.

3. 기도하는 한 사람에 의해서 역사가 바뀐다

이스라엘 백성은 하나님의 말씀을 가르칠 모세가 없어지자 금방 어두워져서 자신들을 인도할 신을 만들어 달라고 했다. 하나님은 이러한 백성을 보시고 진멸하기로 결정하셨다. 그러나 모세의 간절한 기도로 노를 그치고 뜻을 돌이키기로 하셨다(출 32:12-14).

산에서 내려온 모세는 금송아지 우상과 이스라엘 백성의 춤추는 장면을 보고 크게 노해 두 증거판을 산 아래로 던져 깨뜨렸다(출 32:19). 돌판을 깨뜨린다는 것은 이 민족과의 계약을 파기한다는 의미였다.

그리고 금송아지를 불살라 가루로 만들어 물에 뿌려 이스라엘 자손에게 마시게 한 것은(출 32:20) 우상은 아무것도 아니며 없애야 할 물건임을 보여 준 것이었다. 하나님은 이를 통해 이스라엘이 죄악에 깊이 관여되어 있음을 그들로 알게 하셨고, 방자한 백성을 레위인들을 통해 죽이셨다. 그날 3천 명가량이 죽임을 당했다(출 32:28).

그 후 위대한 일이 일어났다. 모세가 하나님 앞에 다시 나아가 이스라엘 백성의 죄 용서를 구한 것이다. 모세가 일단 하나님의 진노를 막기는 했지만 백성이 아직 죄 용서를 받지는 못한 상태였다.

> "모세가 여호와께로 다시 나아가 여짜오되 슬프도소이다 이 백성이 자기들을 위하여 금 신을 만들었사오니 큰 죄를 범하였나이다 그러나 이제 그들의 죄를 사하시옵소서 그렇지 아니하시오면 원하건대 주께서 기록하신 책에서 내 이름을 지워 버려 주옵소서"(출 32:31-32).

모세는 자신의 영혼과 민족의 영혼을 맞바꾸어 달라고 간구했다. 이 대목은 바울이 "나의 형제 곧 골육의 친척을 위하여 내 자신이 저주를 받아 그리스도에게서 끊어질지라도 원하는 바로라"(롬 9:3)라고 기도하면서 동족의 구원을 간청하던 모습과 흡사하다. 결국 하나님은 모세의 간구를 들으셨고, 하나님이 지시하시는 곳으로 백성을 인도하라고 말씀하셨다. 그러면서 "내 사자가 네 앞서 가리라"(출 32:34)라고 말씀하셨는데, 이는 하나님이 그들을 다시 받아 주신다는 뜻이다.

사실 모세처럼 죄악에 대해 분노하면서, 동시에 죄를 행한 이들을 위해 기도하는 두 가지 일을 병행하기란 쉽지 않다. 죄악을 보면 관계를 끊어 버리고 싶을 텐데, 모세는 끝까지 하나님 앞에서 백성을 대신해 용서를 구했다. 그 결과 하나님은 이스라엘에게 진노를 쏟지 않으시고 그들을 다시 인도해 주겠다고 약속하셨다. 진멸당할 200-300만 명의 이스라엘 백성의 죄를 사해 주시든지, 아니면 자신의 목숨을 가져가시라는 모세의 기도를 하나님이 응답해 주신 것이다.

모세 한 사람의 기도가 얼마나 중요한가! 하나님 앞에서 기도하는 한 사람을 통해 민족이 바뀐다. 앞으로 우리나라의 미래는 어떻게 될까? 하나님의 손안에 달려 있다. 그렇기 때문에 가만히 있지 말고 나라를 위해 기도해야 한다. 우리 민족의 운명은 절대적으로 우리의 손에 달려 있다. 우리가 얼마나 기도하느냐에 따라 달라진다.

이러한 관점에서 볼 때 우리는 능력이나 학벌이 뛰어나지는 않더라도 하나님의 자녀이기 때문에 세상을 움직일 수 있는 사람들이다. 자신이 온 세계를 움직일 수 있는 통치자의 아들과 딸임을 기억하라. 우리 손에 세계가 달려 있다. 미국과 중국이 부상하고 국제 정세가 시시각각 변하지만, 그들에 의해서 우리나라의 운명이 결정되는 것은 아니다. 기도하는 한 사람에 의해서 역사가 바뀔 수 있다. 통일 문제도 마찬가지다. 우리는 기도의 능력자들이다. 하나님이 그렇게 허락하셨다.

우리는 이러한 관점에서 자신의 위치를 생각해야 한다. 나는 무엇을 위해 기도하고 있는가? 격에 맞는 기도를 해야 한다. 군대에서 이병이나 일병은 주로 병사를 상대한다. 선임이라고 해봐야 병장이다.

반면 군사령관이나 사단장은 다른 부대의 사령관들을 만난다. 차원이 다르지 않은가? 기도에 있어서 다른 차원은 본인이 만들기에 달렸다. 스스로 결정하는 것이다. 밤낮 먹고사는 문제, 자기중심적 문제만 놓고 기도하는 사람은 2-3명 정도를 책임지는 수준에 머무를 뿐이다.

우리의 격에 맞는 기도는 이렇다. "우리나라 1천만 명의 불교 신자를 어떻게 하시겠습니까? 그들이 주님께 돌아오게 해주십시오. 500만 명의 가톨릭 신자들이 돌아오게 해주십시오! 중국의 15억을 하나님께로 돌이켜 주십시오! 인도의 10억 힌두교인들을 변화시켜 주십시오! 15억의 무슬림이 주님께 돌아오게 해주십시오!" 우리가 바로 영적인 사령관이며 사단장이다.

"하나님, 오늘 친구를 만나는데 잘 놀다 오게 해주십시오", "제가 연봉을 더 받아야 하는데 도와주십시오"라는 기도에 머물 뿐이라면 그 사람은 스스로 이병이나 일병을 자처하는 셈이다. 주로 자신과 가정의 범위를 벗어나지 못하는 기도는 영적으로 이병이나 일병에서 상병으로 진급할까 말까 하는 수준이다. 물론 이 땅을 살아가면서 이러한 부분을 무시할 수는 없다. 하지만 어느 정도 자기 문제가 정리된 구원받은 자로서 기도의 눈이 세계를 향하게 해야 우리의 격에 맞지 않겠는가? 우리가 작은 나라에서 태어났다고 해서 생각의 테두리까지 좁힐 필요는 없지 않은가?

먹고사는 문제는 누구에게나 있는 것이다. 그 문제가 어느 정도 해결되면 이어서 인간관계, 결혼, 승진, 자녀 문제 등 기도 제목이 줄

줄이 등장한다. 그런데 주님 나라에 갈 때까지 밤낮 이런 문제만 붙들고 기도하면 그 수준에서 벗어날 수가 없다. 이제는 기도의 내용을 상향 조정해야 한다. 자신에게 걸맞은 기도를 하라. 교회를 다닌 지 3년이 되었는데 아직도 자기 문제만 갖고 기도한다면 신앙의 초보에 머물러 있는 성도일 뿐이다.

모세에게는 민족에 대한 깊은 사랑이 있었다. 한심한 민족, 이스라엘 때문에 광야를 돌아다녀야 했지만, 그는 그들을 위해 자기의 가장 고귀한 생명을 내놓았다. 생명책에 적혀 있는 자신의 이름까지 내어놓았다. 이것은 부모의 마음이다. 모세는 하나님 대신 금송아지를 만들어 섬긴 어리석은 이스라엘, 밤낮 원망만 하는 자기 민족을 사랑했다. 부모가 자식을 위해서 목숨을 주듯이 민족을 사랑한 그는 자기 목숨을 바쳤다. 모세가 위대한 하나님의 종으로서 전 세대에 걸쳐 칭송받는 것은 바로 이러한 이유 때문이다.

우리는 누구를 사랑하고 있는가? 정말 민족을 사랑하는가? 나의 사랑의 범위가 어디까지 뻗쳐 나가고 있는가? 나와 내 가족을 벗어나 더 넓은 영역으로 계속 발전하고 있는가? 모세는 이스라엘 백성 200-300만 명을 일일이 만나지는 못했겠지만 마음속에 그들 모두를 품고 있었다.

우리도 모세 같은 지도자가 되어야 한다. 한국의 비신자 4천만 명을 다 만나 보지는 못하겠지만 마음속에 충청도, 전라도, 제주도 사람 등 전 국민을 품고 있어야 한다. 그들 모두 하나님을 알아야 하며, 그들 역시 생명책에 이름이 기록되고 구원받아야 한다는 안타까움이 있어야 한다. 그뿐 아니라 2,400만 명의 북한 동포들을 사랑해야 한다. 중국인, 인도인, 무슬림들도 사랑해야 한다. 내 사랑은 어디까지 인가?

모세의 사랑은 결국 주님의 모습을 보여 준다. 주님이 온 인류를 위해 자신의 목숨을 버리신 것처럼 모세도 이스라엘 민족을 위해서 자기 목숨을 버리려고 했다. 바울도 마찬가지였다. 그렇다면 우리의 기도는 어떠한가? 자신의 문제에 너무 빠져 있지 말고 빨리 벗어나서 주님을 따라야 한다. 자기를 부인하고 십자가를 지고 주님을 따라야 한다. 이 말은 우리는 이미 죽었으니 더 이상 자신을 위해 살지 말라는 뜻이다.

"그는 허물과 죄로 죽었던 너희를 살리셨도다"(엡 2:1).

어차피 덤으로 사는 인생인데 이 땅에 연연할 이유가 무엇인가? 어떻게 하면 주님이 보여 주신, 자기를 부인하고 모든 인류를 사랑하는 길을 따라갈 수 있을지 고민해야 한다. 앞날의 문제도 이러한 관점에서 결정하라. 세상에서 인정하는 편하고 연봉 높은 직장에 목표를 두지 말고 모세처럼 주님의 사랑을 더 깨닫고, 주위 사람들을 사랑하며 이 길을 가야 할 것이다. 이렇게 기도하자.

"주님, 제가 주님의 사랑을 깨닫게 해주십시오. 앞으로 이 민족을 사랑하며 기도하겠습니다."

14

계속되는 비난, 계속되는 기도
『모세 5』

비난받아도 그 백성을 위해서 기도한
지도자 모세의 모습을 보면서
우리가 도달해야 할 지점이 어디인지 알게 된다.
우리는 현재 수준에 머물러서는 안 되고
점점 자라 주님을 닮아야 한다.

1. 백성에게 버림받은 자

모세가 가나안 땅에 12명의 정탐꾼들을 보냈을 때 갈렙과 여호수아를 뺀 나머지 10명은 부정적인 보고를 했다(민 13-14장). 그 땅 거주민은 강하고 거인인 아낙 자손인 데다가 성읍은 견고하고 심히 커서 이기지 못한다고 말했다. 그러나 갈렙은 능히 이길 테니 올라가서 그 땅을 정복하자고 했다. 10명의 정탐꾼들은 싸워 보지도 않고 그 땅을 악평했다.

정탐꾼들의 보고를 들은 이스라엘 백성의 반응은 어떠했는가? 모든 백성이 밤새도록 통곡하고 모세와 아론을 원망하며, 차라리 애굽 땅이나 광야에서 죽었으면 좋았을 것이라며 신세 한탄을 했다.

낙심되는 상황에 처할 때 이스라엘 백성의 주특기는 원망이었다. 또 그들의 밥은 지도자 모세였다. 이스라엘 백성은 다시 모세를 원망하기 시작했다. 아직 전쟁이 벌어지지도 않았는데 처자가 사로잡힐 것을 걱정해 한 지휘관을 세워 애굽으로 돌아가자고 했다. 이때 모세와 아론은 이스라엘 온 회중 앞에 엎드렸다. 아마 기도하기 위함이라기보다는 그들을 잠시 피하기 위해서였던 것 같다.

사실 한 지휘관을 세워서 애굽으로 돌아가자는 말은 모세를 완전히 거부하겠다는 뜻이었다. 지금까지 200-300만 명의 백성을 이끌고 온 모세의 말을 더 이상 듣지 않겠다는 불신임이었다. 신임 투표로 치면 백성의 99.99%가 반대하고, 여호수아와 갈렙만 찬성한 상황이었다. 목숨 다해 백성을 사랑하고 섬겼는데 이제 와서 거부하고, 대신 다른 사람을 세워 애굽으로 되돌아가겠다고 하니, 모세가 참으로 낙심할 만했다.

그런데 이때 모세를 대신해서 두 명의 정탐꾼들이었던 여호수아와 갈렙이 나서서 옷을 찢고 사람들을 설득했다.

"우리가 두루 다니며 정탐한 땅은 심히 아름다운 땅이라"(민 14:7).

다른 정탐꾼들은 그 땅이 거주민을 삼키는 땅이라고 했지만, 여호수아와 갈렙은 정말 아름다운 땅이라고 말했다.

"여호와께서 우리를 기뻐하시면 우리를 그 땅으로 인도하여 들이시고 그 땅을 우리에게 주시리라"(민 14:8).

이것이 믿음이다. 하나님이 홍해 바다는 가르시지만 거인에게는 약하신 분인가? 아니다. 하나님이 함께하시면 가나안 땅에 들어갈 수 있다. 그러면서 여호수아와 갈렙은 "다만 여호와를 거역하지는 말라"(민 14:9)라고 경고했다.

"그 땅 백성을 두려워하지 말라 그들은 우리의 먹이라 그들의 보호자는 그들에게서 떠났고 여호와는 우리와 함께하시느니라 그들을 두려워하지 말라"(민 14:9).

누가 시킨 것이 아니었다. 무엇인가 일이 잘못되고 있는 상황에서 견딜 수 없는 마음에 여호수아와 갈렙 두 사람이 나선 것뿐이었다. 밤새도록 통곡한 이스라엘 백성의 마음에는 절망과 분함, 억울함이 가득했다. 그들은 믿음이 없으니까 "우리를 왜 여기서 죽게 하느냐?"라고 하며 원망했다. 당시 분위기가 매우 살벌했음을 알 수 있다. 이러한 때에 모세의 편에 섰다가는 무슨 봉변을 당할지 알 수 없었다. 거의 모든 이스라엘 백성이 하나가 되었기 때문이다.

그런데 이처럼 매우 험악한 분위기, 위험한 상황에서 여호수아와 갈렙은 불타는 마음으로 나서서 이스라엘 백성과 반대되는 의견을 말했다. 나서야 할 때는 나서는 것이 신앙인의 자세다. 그때 온 회중의 반응은 어떠했는가? 그들을 돌로 치려고 했다.

그러나 결과적으로 가나안 땅에 대해 악평한 자들은 여호와 앞에서 재앙으로 죽었고, 그 땅을 정탐하러 갔던 자들 중에서 오직 여호수아와 갈렙만 생존했다(민 14:37-38). 나서야 할 때 나선 두 사람은 생명을 얻었다. 죽이려 했던 자는 죽었고, 하나님의 이름을 위해 목숨을 걸고 죽을 뻔한 자들은 살아났다. 하나님은 99.99%의 이스라엘 백성이 아니라 여호수아와 갈렙의 신앙을 기뻐하셨다.

상황이 잘못되어 갈 때 그리스도인인 우리도 여호수아와 갈렙 같은 심정으로 올바른 견해를 명확히 말할 수 있어야 한다. 신앙인으로서 주일에 예배를 드리고, 평일에 말씀을 묵상하고, 기도하고, 성경 공부도 하지만 중요한 것은 그 신앙생활의 결과물로 시대를 향해 도전하고 있는가다.

지금 한국 사회의 분위기는 어떠한가? 얼마나 많은 사람이 불의와 타협하고 있는가? 그런 중에 한국 교회 지도자들이 범죄로 인해 세간의 지탄을 받는 일이 종종 생기고, 성도들은 연약해지고 있으며, 기독교인의 수가 점점 줄고 있는 상황이다. 한국 교회의 중고등부 숫자는 절반 이상 줄었다. 그나마 부모가 교회에 다니니까 따라 나가는 것이지 자기의 신앙으로 다니는 아이들은 많지 않다. 이 땅 가운데 이단이 들끓고 있고, 매일 하루에 1,500명이 지옥에 가고 있는 현실이다. 정말 큰 영적 싸움이 벌어지고 있다. 우리는 이런 현실에 대해 분한 마음을 가져야 한다. 그리고 가만히 있을 것이 아니라 기도하면서 한국 교회의 부흥을 위해 각자의 몫을 감당해야 한다.

원망하는 이스라엘 백성을 보면, 그들이 이때만큼은 한마음이 되었음을 알 수 있다. 불신은 불신끼리 통한다. 그들 중에는 분명히 홍해를 경험하면서 신앙이 생긴 사람도 있었을 것이다. 그런데 거인이 거주한다는 이야기를 듣고 이렇게까지 부정적으로 반응하다니 너무한 것 아닌가? 더구나 바른말을 들으면 그때라도 잘못을 깨닫고 돌이켰어야 했는데, 오히려 여호수아와 갈렙을 돌로 치려고 했다.

이런 면에서 볼 때 신앙은 상황에 따라 유동적이다. 신앙을 지속적으로 유지하기란 매우 힘든 일이다. 이스라엘 백성 가운데는 그토록 많은 체험을 하고도 정작 하나님이 원하시는 신앙을 가진 자가 거의 없었다. 사실 홍해를 건넌 체험만으로도 충분하지 않은가? 그렇게 많은 사람이 마라의 쓴 물이 단물로 바뀌는 기적을 경험했다. 그뿐 아니라 광야에서 무엇을 먹고 살지 염려할 때 하나님이 만나를 주셨고, 고기를 먹고 싶다고 하자 메추라기를 보내 주셔서 질리도록 먹었다. 그럼에도 불구하고 그들은 어느새 다 잊고 모세를 향해 돌을 들고 있었다.

다시 말하지만 믿음 생활을 제대로 하기란 정말 쉽지 않다. 한번 생긴 믿음을 유지하는 데 우리의 모든 것을 걸어야 한다. 예수님을 믿고 나서 믿음을 성장시키는 성도가 있고, 유지하지 못할뿐더러 거의 죽이는 사람도 있다. 그러므로 믿음을 잘 관리하라.

건강도 건강할 때 지켜야 하는 것과 마찬가지다. 고혈압, 당뇨가 생기기 시작하면 약을 먹어도 낫기가 힘들다. 신앙이 생겼을 때 잘 지켜라. 신앙이 있으면 기도하고 싶어진다. 기도하면 계속 기도하게 되고, 말씀을 읽으면 계속 말씀을 읽게 된다. 시험공부를 할 때 마음먹고 공부하면 할수록 더 공부할 내용이 많아지는 법이다. 반면 애당초 시험공부를 하지 않으면 할 내용이 없다.

"너의 성숙함을 모든 사람에게 나타나게 하라"(딤전 4:15).

교회에 다닌 지 1년 6개월밖에 안 되었어도 신앙생활을 잘하는 사람이 있고, 수십 년 교회에 다녔어도 영적으로 자고 있는 사람이 있다. 우리는 전자의 평가를 들을 수 있어야 한다. 신앙은 액체다. 한 번 올라갔다고 멈추는 것이 아니라 얼마든지 도로 내려올 수 있다. 이스라엘 백성도 이전에는 신앙이 좋아서 하나님을 찬양했지만 지금은 돌을 던지려 한다.

신앙의 둔화란 예를 들어 이런 것이다. 가령 어떤 사람이 오랜 회사생활을 끝내고 퇴직하면서 퇴직금으로 5억을 받았다고 하자. 그에게는 연금이나 저축 등 다른 노후 자금이 없었기에 이 돈으로 노후를 잘 보내야 했다. 그런데 퇴직금을 엉뚱한 곳에 투자했다가 사기를 당해 다 날려 버렸다. 몸은 늙었고 가진 돈은 없으니 이제부터는 국가에서 주는 노령연금으로 근근이 생계를 이어 갈 수밖에 없게 되었다.

우리 신앙의 관리도 이와 같다. 대학, 청년 시절에는 신앙 훈련을 받을 수 있는 시간과 기회가 많다. 열심히 신앙생활을 하다가 사회에 나가 직장생활을 하다 보면 신앙이 미지근해지기 쉽다. 이런 생활이 계속되다 보면 점점 더 열심이 식는다. 그럴수록 더욱 회복하기 어려워진다. 그러므로 신앙이 좋을 때 잘 관리해 신앙을 계속 성숙하게 해야 한다. 건강을 잃으면 회복이 어려운 것처럼 신앙에 있어서 잠을 자면 좀처럼 회복되기가 어렵다.

믿음도 있을 때 이 믿음을 잘 지켜야 한다. 기도 생활을 하지 않다

보면 어느새 기도의 필요성조차 느끼지 못하게 된다. 영적으로 잠을 자기 때문에 깨닫지 못하는 것이다. 그러나 기도하던 사람은 기도를 하지 않으면 견딜 수 없어 한다. 두 사람 다 못 견디기는 마찬가지다. 기도를 안 하는 사람은 기도하는 것을 못 견디고, 기도하는 사람은 기도를 안 하는 것을 못 견뎌할 뿐이다.

바울이 "항상 성령 안에서 기도하고"(엡 6:18), "쉬지 말고 기도하라"(살전 5:17)라고 명령한 이유는 그러한 삶이 꼭 필요했기 때문이다. 혹시 지금까지 기도 생활을 등한히 했다면 이 순간부터 다시 깨어나라.

혹자는 "그렇다면 꼭 교회에서만 기도해야 합니까? 집에서 해도 되지 않나요?"라고 말할지 모르겠다. 물론 집에서 기도하면 고마운 일이다. 그러나 우리는 게으른 죄성을 지니고 있기 때문에 집에서 기도하게 되면 건너뛸 수 있다. 교회에서 이루어지는 새벽기도회나 금요기도회에 참여해 기도하면 더 집중해서 기도할 수 있다. 또한 성경은 "두세 사람이 내 이름으로 모인 곳에는 나도 그들 중에 있느니라"(마 18:20)라고 말한다. 그렇기 때문에 교회에서 함께 기도하면 더 좋다. 성도들은 합심해 나라와 교회와 세계 복음화를 위해 기도해야 한다.

혹시 현재 영적 건강을 잃은 상태는 아닌가? 감각이 사라지기 전에 불씨를 살려야 한다. 앞서 언급한 예처럼, 퇴직금을 살려서 먹고살아야 한다. 지금 주님이 오시면 안 될 것 같고, 주님께 드릴 열매도 없다는 생각이 조금이라도 든다면 아직 기회는 있다. 기도하라! 말씀을 보라!

이스라엘 민족이 바른말 하는 사람을 돌로 치려고 하다니 말이 되는가? 그들 역시 홍해가 갈라지는 장면을 볼 때 신앙이 좋아 하나님을 찬양했다. 그런데 이렇듯 쉽게 신앙을 잃어버리고 말았다.

2. 배신자를 위해서도 기도의 무릎을 꿇으라

비난을 받으면서 99.99%나 되는 사람들의 불신임을 받았던 모세는 마음이 어떠했을까? 하나님의 약속을 의지해 가나안 땅으로 들어갈 수 있는데도, 밤새도록 통곡하더니 한 지휘관을 세워서 애굽으로 돌아가겠다는 이스라엘 백성을 보며 할 말을 잃었을 것이다. 더군다나 자신을 비방까지 하니, 그의 마음이 얼마나 아팠겠는가? 거의 모든 사람이 자신을 거절하는 상황, 더군다나 자기가 그동안 이끌어 온 백성 모두에게서 배신을 당했으니 정말 고통스러웠을 것이다.

하나님이 모세에게 백성을 멸하겠다고 말씀하셨을 때 모세의 입장에서는 "아멘! 잘되었습니다" 했어야 하지 않을까? 그렇지 않아도 사랑하는 여호수아와 갈렙을 죽이려 했고, 자신도 죽이려 했으니 말이다. 모세는 거의 모든 사람에게 완전히 거부당했다. 그런데 그때 하나님이 그 못된 민족을 다 멸하시겠다니, 얼마나 감사한 일인가?

믿었던 사람에게 배신당했던 경험이 있다면 당시의 아픔을 떠올려 보라. 모세가 겪은 아픔은 그보다 더했을 테고 복수하고 싶을 만도 한데 모세는 다르게 반응했다. 여기서 모세의 훌륭한 점이 나타난다. 모세는 자기를 거부한 이스라엘 민족을 버리고 싶어 하지 않았다. 그들이 멸망당하기를 원하지 않았다. 오히려 그들을 변호했다.

"이제 주께서 이 백성을 하나같이 죽이시면 주의 명성을 들은 여러 나라가 말하여 이르기를 여호와가 이 백성에게 주기로 맹세한 땅에 인도할 능력이 없었으므로 광야에서 죽였다 하리이다 이제 구하옵나니 이미 말씀하신 대로 주의 큰 권능을 나타내옵소서 이르시기를 여호와는 노하기를 더디 하시고 인자가 많아 죄악과 허물을 사하시나 형벌받을 자는 결단코 사하지 아니하시고 아버지의 죄악을 자식에게 갚아 삼사 대까지 이르게 하리라 하셨나이다"(민 14:15-18).

출애굽기에는 인자를 천대까지 베풀며 형벌받을 자는 그냥 놔두지 않고 아버지의 악행을 자손 삼사 대까지 보응하리라는 말씀이 있다(출 34:7). 이 말씀은 하나님의 속성을 천명한 것이다. 즉 하나님은 축복 주시기를 좋아하시는 분임을 드러낸 말씀이다. 따라서 모세는 자신을 배척한 민족을 위해서 하나님의 인자하심을 떠올리며 그 인자하심에 따라 죄악을 사해 달라고 기도했다(민 14:19).

자신을 이토록 철저히 거부했는데도 모세는 이스라엘 백성을 위해서 기도했다. 사실 그들의 모세를 향한 비방과 배척은 어쩌다 한 번이 아니었다. 이스라엘 백성을 구원하기 위해서 애굽으로 들어갈 때부터 시작되었다. 바로가 모세와 백성 사이를 이간질하려고 백성에게 벽돌을 더 굽도록 가혹하게 명할 때 백성은 모세를 비난했다. 그들이 너무 힘들어 하나님께 구원해 달라고 해서 하나님이 모세를 보내셨는데, 정작 그들을 도우러 온 모세의 말을 듣지 않았다.

홍해 앞에서도 마찬가지였다. 이스라엘 백성은 "애굽에 매장지가 없어서 당신이 우리를 이끌어 내어 이 광야에서 죽게 하느냐"(출 14:11)하며 모세를 원망했다. 광야 생활 중 마라의 쓴 물 때문에 원망했고, 먹을 것이 없을 때도 동일했다. 이스라엘 백성은 계속해서 모세를 비방하다가 가나안에 들어가는 마지막 순간까지도 마찬가지였다. 이런 면에서 이스라엘 백성은 참 꾸준했다. 혹시 우리 주위에도 틈만 나면 부모나 직장 상사를 원망하고, 교회 목사나 성도를 비방하는 사람, 말씀 묵상은 걸러도 비난만큼은 꾸준하게 하는 사람들이 있는가? 혹시 그 사람이 바로 나인가?

비난하는 이스라엘도 꾸준했지만, 인내하는 모세는 더 꾸준했다. 그래서 아마 모세가 "이 사람 모세는 온유함이 지면의 모든 사람보다 더하더라"(민 12:3)라는 평을 들었던 것 같다. 모세는 흡사 예수님 같았다.

사람들이 비난할 때는 원래 논리가 없는 법이다. 감정 때문에 비난하는 것이다. 좋은 마음이 있으면 그럴 수 있다고 넘기는데, 미워하는 마음이 있으면 사사건건 꼬투리를 잡는다. 그러므로 애당초 비난을 하지 말아야 한다. 우리는 독사의 독을 갖고 있는 존재다. 그 독을 평생 쓰지 않고 죽는다면 좋을 텐데, 너무 자주 쓰는 사람들이 있다. 불평 많은 사람은 독사의 독을 계속 쓰는 사람이다. 불평하지 않는 사람은 입술의 독을 사용하지 않을뿐더러 더 나아가 범사에 감사하는 사람이다.

또한 비난받아도 백성을 위해서 기도하는 모세의 모습을 보면서는 우리가 도달해야 할 지점이 어디인지 알게 된다. 신앙이 현재 수준에 머물러서는 안 되고, 우리는 사랑의 인물로 점점 자라 가야 한다. 예수님도 이 땅의 많은 사람에게 비난을 받으셨다. 그럼에도 불구하고 오래 인내하셨고, 온 인류를 사랑해 십자가에서 죽으셨다. 모세에게서 예수님의 모습을 볼 수 있다. 우리도 계속해서 성경을 공부하고 기도에 힘쓰면서 점점 모세처럼 되어야 할 것이다. 결국은 주님을 닮아 거룩해지는 것이 우리의 목표다.

15

최종 평가 때 가장 높은 점수는 바로 '순종'
『모세 6』

모세는 하나님을 깊이 만난 사람이었기에
누구보다 하나님께 잘 순종했다.
하나님을 깊이 알수록 깊은 부분까지 순종이 가능하다.
모세를 통해 하나님을 깊이 만나
잘 순종하는 비결을 배워 보자.

1. 동역자로부터 배척당할 때

이스라엘을 가나안 땅으로 인도하던 모세는 그 여정에서 수많은 원망을 들었다. 하지만 이번에는 생사고락을 함께했던 지도자들의 비난과 도전에 직면했다. 지도자급이었던 레위의 증손 고핫의 손자 이스할의 아들 고라와 르우벤 자손 엘리압의 아들 다단과 아비람과 벨렛의 아들 온이 지휘관 250명과 함께 일어나 모세를 대항했다(민 16:1-2). 250명의 지휘관들이 누구인지는 정확하지 않지만 만약 천부장이었다면 적어도 25만 명을 대표하는 지도자였을 수 있다. 그들은 왜 모세와 아론을 대항했는가?

대항하는 자들조차 품에 안으라

"그들이 모여서 모세와 아론을 거슬러 그들에게 이르되 너희가 분수에 지나도다 회중이 다 각각 거룩하고 여호와께서도 그들 중에 계시거늘 너희가 어찌하여 여호와의 총회 위에 스스로 높이느냐"(민 16:3).

모세는 자신을 스스로 높인 적이 없었다. 단지 하나님이 맡기신 직책을 충성되게 감당했을 뿐이었다. 그러나 그들은 하나님이 모세와 아론을 이스라엘의 지도자로 세우셨다는 사실을 무시해 버렸다.

그동안 모세는 비방과 원망을 듣는 일이 일상사였다. 이번에도 '이 백성이 또 원망하는구나' 하고 넘어갈 수도 있었다. 하지만 이번만큼은 무척 힘들어한 것 같다. 일반 백성이야 자기를 잘 몰라서 그렇다지만, 이번에는 가까이서 자주 만나던 동역자들이었다. 그래서인지 모세의 반응은 보통 때와 같지 않았다. 그동안 비난을 받으면 대응하지 않고 하나님께 기도했지만, 이번에는 레위 자손들을 꾸짖었다.

"여호와의 성막에서 봉사하게 하시며 회중 앞에 서서 그들을 대신하여 섬기게 하심이 너희에게 작은 일이겠느냐"(민 16:9).

그들의 비난은 연약함 때문이 아니라 인간이 갖고 있는 기본 죄성에서 비롯한 것이었다. 주님의 일꾼들은 주님의 일을 하다 보면 당연히 비난받게 되어 있다. 그런 비난은 참고 넘어갈 수 있다. 하지만 지휘관들의 비난은 죄성에 기인한 것이었다. 물론 연약함 속에 죄성이 깃드는 것은 맞다. 인간은 약하면서 악하기 때문이다. 그런데 그들은 하나님이 주신 권위에 도전하는 죄를 범했다.

이럴 때 지도자는 그들의 잘못을 지적해 주어야 마땅하다. 바울도 연약함이 아니라 죄성에서 비롯된 잘못인 경우에는 교인들을 꾸짖었다. 지도자가 무조건 가만히 있는 것은 옳지 않다. 비난을 들을 때 가만히 있으면 상대방을 망칠 수 있다. 자녀가 잘못했을 때 부모가 야단을 쳐야 하는 상황과 마찬가지다.

모세는 야단쳤을 뿐만 아니라 문제를 해결하기 위해 다단과 아비람을 불렀다. 하지만 그들은 올라가지 않겠다며 거절했다(민 16:12). 모세에게 도전한 것이었다. 일시적인 것이 아니라 고의적이며 의도적인 거절, 불순종이었다. 모세는 문제를 풀어 보려고 했지만 그들은 계속 대립 관계를 유지했다.

> "네가 우리를 젖과 꿀이 흐르는 땅에서 이끌어 내어 광야에서 죽이려 함이 어찌 작은 일이기에 오히려 스스로 우리 위에 왕이 되려 하느냐"
> (민 16:13).

그야말로 모세의 리더십에 대한 도전이었다.

> "네가 우리를 젖과 꿀이 흐르는 땅으로 인도하여 들이지도 아니하고 밭도 포도원도 우리에게 기업으로 주지 아니하니 네가 이 사람들의 눈을 빼려느냐 우리는 올라가지 아니하겠노라"(민 16:14).

한마디로 "이제는 당신의 명령을 따르지 않겠다"라고 말한 것이다.

어느 순간부터 이렇게 변해 버렸다. 모세는 문제를 풀어 보려고 애썼지만 완전히 거절당했다. 심히 노한 모세는 하나님께 억울함을 토로했다. 잘 몰라서가 아니라 의도적으로 대항하는 그들과 싸울 수는 없었다.

그러자 마지막 순간에 하나님이 개입하셨다. 땅이 입을 열어 그들과 그들의 집, 그들에 속한 모든 사람과 재물을 삼켰다(민 16:32). 곧이어 여호와께로부터 불이 나와서 분향하는 250명의 지휘관들을 불살랐다(민 16:35). 그러자 온 회중이 모세와 아론을 원망하면서 "너희가 여호와의 백성을 죽였도다"(민 16:41)라고 하면서 그들을 쳤다. 지도자들에게 임한 심판을 보고서 조심했어야 했는데 우매한 백성은 다시 모세를 공격했다. 그들의 의도적인 반역을 보신 하나님은 그들을 염병으로 멸하기 시작하셨다.

그런데 이스라엘 민족이 멸망당하는 순간, 모세는 가만히 있지 않고 자기에게 대들었던 백성을 위해 속죄 사역을 했다. 아론에게 명하여 향로를 가져다가 제단의 불을 담고 그 위에 향을 피워 가지고 급히 회중에게로 가서 그들을 위해 속죄하라고 했다. 온유함이 이 땅에서 뛰어난 사람답게 모세는 백성의 죄를 속죄받게 함으로 결국 하나님이 보내신 염병을 그치게 했다.

옳은 일을 하다가 비난을 받거든

모세는 비난을 잘 헤쳐 나갔다. 우리는 비난에 어떻게 대처하는가?

크든지 작든지 누구에게나 비난은 따라온다. 가장이라면 아내와 자녀에게서, 회사의 상급 직원이면 아랫사람에게서, 교회에서 팀장이라면 팀원에게서, 목사라면 성도들에게서 나름대로 비난과 원망을 듣기 마련이다. 그때 우리는 모세를 기억해야 한다. 모세는 까닭 없이 비난을 들었다. 우리가 아무리 비난을 많이 받는다 해도 모세만큼 받겠는가? 하나님의 종, 위대한 일꾼인 모세도 비난을 많이 들었는데 나라고 비난을 피해 갈 수 있겠는가?

사역을 하다 보면 까닭 없이 비난받을 때가 참 많다. 일반적으로 상대방의 신앙이 어릴 때 비난을 많이 받게 되곤 한다. 주님의 일을 하는 사람은 비난을 피해 갈 수 없다. 물론 자신의 말실수로 비난받을 때도 있고, 상대방의 잘못에서 기인하는 경우도 있다. 성숙하면 자신의 잘못이 점점 줄어들지만 상대방이 미성숙하다 보면 그의 어그러짐 때문에 비난을 받게 되기도 한다. 사람들은 악하고 어리석다. 자기밖에 모르고 근시안적이기 때문에 괜히 비난하기도 한다. 하나님을 떠난 인생은 다른 사람을 비난하기를 주저하지 않는다. 원망을 잘하고 까칠하다. 그렇기 때문에 하나님의 백성 된 우리는 이처럼 연약한 모습을 고치고, 또 고쳐야 한다.

그러므로 비난받을 때 '내가 왜 비난받아야 하는가?' 하며 따지지 말라. 천국에는 비난이 없지만 실낙원에 마귀가 활동하는 한 참소는 계속된다. 따라서 비난이나 원망을 들을 때면 위축되지 말라. 하나님 앞에서 자신의 말이나 행동이 떳떳하다면 당당한 태도를 취하라. 예수님께도 그런 어려움이 많이 있었다. 유대인들은 예수님을 증오해 죽이려 했다. 바울도 마찬가지였다. 그러므로 하나님 앞에서 옳은 일을 하다가 비난을 받거든 견디라. 그러한 사람이 성숙한 자다. 미성숙한 자는 주님의 일을 하려다가 비난을 받으면 쉽게 넘어지고 만다.

2. 성숙한 자는 성숙한 자답게

그동안의 모든 비난을 견디면서 이스라엘 백성을 인도하던 모세는 가데스에 이르러 물이 없다고 불평하는 백성에게 하나님의 거룩하심을 나타내지 못한 죄로 약속의 땅에 들어가지 못하는 벌을 받고 말았다(민 20:12).

늘 그러했듯이 이스라엘 백성은 마실 물이 없으니까 모세에게 왜 광야로 인도해 다 죽게 만드느냐고 원망했다(민 20:4). 사실 그들은 곧바로 가나안 땅에 들어갈 수 있었는데 불순종함으로 광야를 돌아 가던 중이었다. 그런 스스로의 잘못은 생각하지 않고 오히려 나쁜 곳으로 인도해 파종할 곳이 없고 무화과, 포도, 석류도 없고 물도 없다며 모세와 아론을 원망했다(민 20:5). 상황이 이렇게 되자 모세는 하나님 앞에 엎드렸고 하나님이 응답해 주셨다.

"지팡이를 가지고 네 형 아론과 함께 회중을 모으고 그들의 목전에서 너희는 반석에게 명령하여 물을 내라 하라"(민 20:8).

이전에는 하나님이 지팡이로 반석을 치라고 하셨는데(출 17:6), 이번에는 "반석에게 명령하여 물을 내라 하라"라고 말씀하셨다. 그런데 모세는 하나님과 동행하는 상징인 지팡이를 잡고 반석을 두 번 쳤다. 그런데 하나님은 바로 이 행동에 대해 "너희가 나를 믿지 아니하고 이스라엘 자손의 목전에서 내 거룩함을 나타내지 아니한 고로 너희는 이 회중을 내가 그들에게 준 땅으로 인도하여 들이지 못하리라"(민 20:12)라고 말씀하셨다. 40년 동안 오직 가나안 땅에 들어가기만을 학수고대하고 여기까지 온 모세에게 그곳에 들어가지 못하는 벌을 주셨다.

모세가 잘못한 점이 무엇일까? 그는 지팡이를 가지고 반석에게 "물을 내라!"라고 명령했어야 했다. 그런데 모세가 그만 마음의 화를 누르지 못하고, "내가 이 반석에서 물을 내야만 하느냐?"라는 투로 지팡이로 반석을 두 번 치면서 짜증을 냈던 것 같다. "이는 그들이 그의 뜻을 거역함으로 말미암아 모세가 그의 입술로 망령되이 말하였음이로다"(시 106:33)라는 말씀을 통해 유추해 볼 수 있다. 모세가 망령되이 말했다는 것은 사실 그가 한 말만 가지고 정확하게 해석하기는 어렵다. 어쨌든 성경은 이를 두고 '망령되이 말했다'라고 말한다.

전반적으로 볼 때 모세가 말을 잘못하고 화를 냈던 것 같다. 결국 이 사건 때문에 모세는 가나안 땅에 들어가지 못했다. 어쩌면 '그게 뭐 그렇게 잘못되었나? 사람이 그럴 수도 있지'라는 생각이 들 수도 있다. 그동안 모세가 이스라엘 백성에 대해 얼마나 인내했던가? 백성 가운데 99.99%가 모세에게 도전했고, 심지어 그를 죽이려고도 했다.

그때마다 기도하며 견뎌 왔는데, 이렇게까지 한다면 인간인 이상 화를 낼 법도 하지 않은가? 모세의 심정이 얼마든지 이해가 간다.

그런데 여기서 한 가지 살펴볼 점이 있다. 모세는 하나님과 40년을 동행한 자다. 아마 초기의 모세라면 이 정도의 사건으로 하나님으로부터 이처럼 엄한 벌을 받지는 않았을 것이다. 그러나 지금의 모세는 하나님과 동행하는 자로서 성숙한 인격을 지니고 있어야 했다. 신앙을 가진 지 얼마 안 되었다면 몰라도, 성숙한 자는 성숙한 자의 기준에 부합해야 한다. 하나님 앞에서 그 기준에 따르는 책임이 있다는 뜻이다.

물론 이스라엘 백성이 먼저 크게 잘못했다. 그렇기 때문에 참다못해 모세도 화를 냈을 수 있다. 그러나 서로 다 잘못한 상태에서 하나님은 모세를 책망하셨다. 성경이 말하듯, 많이 받은 자는 많이 내야 한다(민 35:8). 만약 나는 100을 받았고 다른 사람은 5를 받았다고 치자. 5를 받은 사람이 1을 낸다고 해서 100을 받은 나도 1을 내서는 안 된다. 많이 받은 자는 많이 내야 한다.

모세가 여기에 해당된다. 그동안 모세가 하나님과 누린 친교와 특권들에 비추어 볼 때 이쯤이면 당연히 거룩한 행동을 드러냈어야 했다. 그런데 모세는 이전의 나약한 모습, 하나님과 동행하지 않는 듯한 모습을 보여 주었다. 인본주의자들은 이 대목에서 "모세도 인간인데"라고 하며 두둔한다. 심리학에서는 화가 날 때 솔직하게 화를 내는 것이 오히려 정신 건강에 좋다고 주장한다. 그러한 죄를 단지 인간의 실수로 본다. 내 주위에도 "목사도 인간인데"라고 말하는 사람들이 있다. 틀린 말이다. 목사가 화를 내면서 "나도 인간인데"라고 변명해서는 안 된다.

성령을 통해 인격이 성숙하면 어떻게 되는가? 신앙생활을 잘하면 절제와 오래 참음이라는 성령의 열매가 맺힌다.

"주의 종은 마땅히 다투지 아니하고"(딤후 2:24).

이 말씀은 찰스 시므온이 54년 동안 영국 케임브리지 대학에서 자신을 공격하는 수많은 자유주의자들과의 싸움에서 끝까지 견디며 붙잡은 말씀이다. 주님의 일꾼은 다투면 안 된다. "목사도 인간인 이상 버럭 화를 낼 수 있다"라는 말은 통하지 않는다. 비단 목사에게만 해당되는 것이 아니라 성숙한 그리스도인도 마찬가지다.

태권도 초보자가 송판을 부수지 못하는 것은 괜찮지만, 20년 동안 태권도를 연마해 태권도 7단이 된 사람이 송판을 부수지 못하면서 어쩔 수 없다고 말하는 것은 이해하기 어렵다. 그 사람은 다시 흰 띠를 매는 편이 낫다. 세계적으로 유명한 축구 선수가 동네 청년들과 축구를 하면서 한 골도 넣지 못하고는 "나도 그럴 수 있지 뭐"라고 말할 수 있겠는가? 우리는 자신의 죄성을 발휘할 때 신앙의 연단 기간을 다시 0으로 돌려놓아서는 안 된다.

모세도 마찬가지다. 모세가 왜 이 사건 때문에 가나안 땅에 들어가지 못하게 되었는가? 40년 동안이나 가나안 땅을 바라보며 수고했음에도 불구하고 들어가지 못하게 된 이유는 오랜 기간 하나님과 동행한 사람이 이런 실수를 저질렀다는 사실 자체가 하나님을 우습게 만드는 일이기 때문이다. 모세는 감히 신앙이 어린 자들이 따라올 수 없는 성숙한 자리에 서 있어야 마땅했다. 비록 그동안 너무 많이 당해서 고통스러웠겠지만 이럴 때에도 화를 내서는 안 되었다. "너희가 목마르니 하나님이 주시기를 기대하자. 반석이여, 물을 내라"라고 위엄 있게 명했어야 옳다.

신앙생활을 한 지 7년이 되었다면 7년에 걸맞은 수준이어야 한다. 그래야 신앙이 어린 사람들이 '나도 교회를 오래 다니면 저렇게 온유해지는구나. 성경 공부를 많이 하면 저렇게 겸손해지는구나'라는 소망을 품게 된다. 장로나 권사라면 성실하고, 충성되고, 베풀고, 섬기고, 감사하고, 긍정적인 말을 해야 한다. 그들이 명랑하고 기쁘게 섬겨야 교회에 오는 새 신자들이 '역시 신앙생활을 오래 한 사람은 다르구나' 하며 소망하게 된다.

신앙생활을 몇 년 했는가? 그 햇수만큼 변화되었는가? 신앙생활을 한 지 벌써 5년이나 되었는데 여전히 구두쇠이거나, 한 번 입 밖에 낸 말을 뒤집거나, 욕심을 따라 살아서는 안 된다. 절제된 멋있는 모습, 즉 항상 진실하고, 잘 섬기고, 기뻐하고, 넉넉하고, 오직 살아도 주를 위해 살고 죽어도 주를 위해 죽는 삶, 주님께 충성을 다하며 사는 삶을 보여 주어야 한다.

이런 관점에서 그동안의 신앙 연수에 걸맞은 삶을 지금 살아가고 있는가? 신앙생활을 한 지 10년, 20년이 되었는데도 아직도 주위 사람들을 기도하게 만들고 있지는 않은가? 아직도 옛 성품 그대로 게으르고 나태하게 지내는가? 아니면 작은 일에도 충성하며 열심을 내고 있는가? 다시 한 번 점검해 보라.

모세의 잘못은 그 자체로 크게 나쁘다기보다는, 그의 성숙도에 비추어 너무 어처구니없는 행동을 했다는 데 있다. 보통 사람과 같은 수준의 행동을 했기 때문에 하나님 앞에 죄가 되었던 것이다. 하나님은 "내 거룩함을 나타내지 아니한 고로"(민 20:12)라고 이유를 밝혀 주셨다. 모세는 하나님을 하나님답게 드러내지 못했기 때문에 결국 가나안 땅에 들어가지 못했다.

3. 말씀 그대로 행했던 사람

모세의 마지막 인생을 살펴보자(신 34장). 그는 이스라엘 백성에게서 원망을 많이 받았다. 죄를 범하기도 했지만, 그것은 옥의 티였다. 모든 사명을 잘 감당했는데 반석 사건 하나 때문에 가나안 땅에 들어가지 못했다. 모세의 입장에서는 평생의 소원을 이루지 못하게 된 셈이다. 힘든 광야를 거쳐 가면서 그는 가나안 땅에 들어가 자신의 사명을 끝내고 싶었다. 그래서 하나님께 가나안 땅에 들어가 그 아름다운 땅을 보게 해달라고 간구했다(신 3:25). 그러나 하나님은 "이 일로 다시 내게 말하지 말라"(신 3:26)라고 단언하셨다. 이런 상황에서 모세는 낙심하고 섭섭할 수 있었겠지만, 그 후에도 계속해서 하나님께 순종했다.

최후의 순간, 모세는 모압 평지에서 느보산에 올라가 길르앗 온 땅을 바라보기만 했다(신 34:1). 그리고 "내가 네 눈으로 보게 하였거니와 너는 그리로 건너가지 못하리라"(신 34:4)라는 하나님의 말씀을 따라 그는 모압 땅에서 죽었다. 모세가 죽을 때 나이가 120세였는데 그의 눈이 흐리지 않았고 기력도 쇠하지 않았다고 성경은 기록하고 있다(신 34:7). 정정했다는 뜻이다. 멀리 보아야 하니까 눈이 흐려서는 안 되었다.

그런데 모세는 아직 기력이 쇠하지도 않았는데 죽었다. 이는 기적이다. 보통 기력이 쇠해서 죽음을 맞이하게 되는데, 기력이 쇠하지 않고도 죽은 것은 하나님의 은혜다. 하나님이 끝까지 그에게 은혜를 베푸셨던 것이다.

그토록 모세를 비방하던 이스라엘 백성은 모세가 죽은 후 한 달 동안 애곡했다. 그러나 오늘날까지 모세의 묘를 아는 사람이 없다. 만일 묘가 있었다면 후손들이 우상 숭배를 했을지도 모른다.

모세에 대한 성경의 평가는 어떠한가?

"그 후에는 이스라엘에 모세와 같은 선지자가 일어나지 못하였나니 모세는 여호와께서 대면하여 아시던 자요 여호와께서 그를 애굽 땅에 보내사 바로와 그의 모든 신하와 그의 온 땅에 모든 이적과 기사와 모든 큰 권능과 위엄을 행하게 하시매 온 이스라엘의 목전에서 그것을 행한 자이더라"(신 34:10-12).

모세는 하나님을 깊이 만난 사람이었다. 그렇기 때문에 누구보다도 하나님께 잘 순종했다. 여기서 '깊이'와 '잘'을 기억하라. 깊이 만났기 때문에 잘 순종할 수 있다. 순서를 잊으면 안 된다. 무작정 하나님의 일을 잘해 보려고 충성을 발휘한다고 해서 되는 것이 아니다. 하나님을 깊이 알수록 깊은 부분까지 순종이 가능하다.

왜 나는 고집이 세고, 욕심이 많고, 하나님께 충성스럽지 못한가? 하나님을 깊이 만나지 않았기 때문이다. 따라서 그 무엇보다 하나님을 깊이 만나는 데 우선순위를 두어야 한다.

그렇다면 하나님을 깊이 만나려면 어떻게 해야 하는가? 모세가 살던 시대에는 하나님이 나타나 주셔야 하나님을 만날 수 있었다. 그러나 신약 시대에는 내가 원하면 하나님이 만나 주신다. 하나님은 지금도 영과 진리로 예배하는 자를 찾으신다(요 4:24). 마음만 먹으면 성경을 깊이 묵상하면서 하나님과 대면할 수 있다. 이처럼 하나님께 깊이 들어가기 위해서는 말씀 집회나 수련회에 길게 참여하면 좋다. 할 수만 있다면 한 달이나 두 달짜리 수련회라면 좋겠다. 여건이 안 된다면 40일 기도회도 좋다.

구약 시대에는 하나님의 원하심대로 만남이 이루어졌다면, 신약 시대인 지금은 '자녀의 원함'대로 된다. 거듭 강조하지만, 우리가 원하면 하나님을 깊이 만날 수 있다. 원하지 않으면 피상적으로 만날 수밖에 없다. 대신 깊이 만나면 충성이 가능하다. 모세가 "온 이스라엘의 목전에서 그것을 행한 자이더라"(신 34:12)라는 평가를 받은 것은 그가 하나님의 명령을 다 실행했기 때문이었다. '하나님이 시키시는 대로 하는 것'이 성도에게 가장 귀한 본분이다. 모세오경의 맨 마지막 말씀인 "그것을 행한 자이더라"야말로 모세에 대한 최고의 표현이다.

　인생의 성공과 승리는 하나님의 말씀을 듣고 얼마나 전적으로 그분을 신뢰해서 행하는가에 온전히 달려 있다. 나의 고집과 욕심, 판단을 다 없애고 오직 말씀만 따라간다면 하나님이 기뻐하시는 삶을 살 수 있다. 비록 이스라엘 백성은 모세를 원망하기는 했지만 40년 동안 그를 지도자로 생각하고 따라갔다. 그의 지도력이 탁월했다는 말인데, 왜 성경에는 그런 평가가 없는가? 중요하지 않기 때문이다. 인간이 보기에는 중요하지만 진실로 귀한 것은 모세가 하나님의 말씀을 잘 순종했는가다.

　우리도 마찬가지다. 생을 마칠 때 하나님께 어떤 평가를 받기 원하는가? 한국 최초로 노벨상을 받았다든가, 사회 발전에 공헌했다든가, 아니면 남북통일에 기여했다든가 등 여러 평가를 기대할 수 있겠지만 하나님께는 그것이 중요하지 않다. '하나님의 말씀을 잘 순종해 그것을 행한 자'야말로 가장 중요한 평가이자 최고의 평가다.

　모세도 인간의 연약함을 갖고 있었기에 힘든 부분이 많았을 테고, 잠 못 드는 밤도 많았을 것이다. 그러나 그는 민족의 연약함 때문에 광야를 40년 동안 방황할 때도 끝까지 하나님이 하라는 대로 행했고, 순종함으로 생을 마감했다. 40년 동안 200-300만 명이나 되는 미성숙한 백성을 이끌고 원망이 가득하고 척박한 땅, 광야를 지나가면서 속상하고 답답한 일이 많았을 테지만, 그는 원망과 비방을 참아 가며 순종했고, 끝까지 충성했다.

우리는 모세의 마지막 평가를 보면서 생을 마칠 때 과연 어떤 평가를 기대하는가? '하나님의 말씀 그대로 행했던 사람'이라는 평가를 받는다면 하나님 앞에 최고로 드려진 삶이 될 것이다.

16

상황보다 우선 되는 말씀

『여호수아』

여호수아는 믿음의 눈을 가진 사람이었다.
가나안 땅을 정탐하고 왔을 때
다른 정탐꾼들은 그 땅을 정복할 수 없다고 말했지만,
그는 하나님을 의지해 그 땅을 얻자고 말했다.
순종의 사람 여호수아,
그가 어려운 상황에서도 하나님을 떠나지 않고
말씀을 그대로 믿고 행함으로
모세를 잇는 훌륭한 지도자가 될 수 있었던 비결은 무엇인가?

1. 상황보다 말씀에 순종한 자

이스라엘이 요단강을 건넌 후 여호수아는 하나님의 명령에 따라 할례를 행했다(수 5:2-3). 사실 얼마나 어리석어 보이는 전략인가? 대적들은 이미 여호와께서 요단강을 말리셔서 이스라엘 백성을 건너게 하셨다는 소식을 듣고 마음이 녹았고 정신을 잃은 상태였다. 그러니 이럴 때 그들을 공격해서 그 땅을 정복해야 했다. 게다가 할례를 하려면 요단강을 건너기 전에 했어야 하는데 강을 건너와 적 앞에서 하다니 이 얼마나 위험한 행동인가? 그런데 여호수아는 상황보다는 말씀에 순종해 할례를 행했다.

할례받은 백성은 상처가 낫기까지 싸우기는커녕 며칠 동안 제대로 움직이지도 못했다(수 5:8). 그야말로 무방비 상태였다. 이러한 때 대적이 쳐들어오면 바로 죽는다. 목숨을 내놓은 것과 다름없는 이런 행위는 '하나님이 하라고 하시면 목숨도 드릴 수 있다'라는 신앙 고백이다. 하나님 백성의 신앙은 이 정도까지 가야 한다. 이 일을 이끌어 간 사람이 바로 여호수아다. 여호수아는 자기 목숨까지 다 맡길 정도로 순종하는 사람이었던 것이다. 우리도 그를 본받아야 한다. 대입, 결혼, 취직, 승진 등 앞날의 어떤 중요한 문제도 기꺼이 하나님의 뜻에 맡기고 순종해야 한다. 목숨까지 내놓을 정도가 되어야 한다.

그런데 순종은 여호수아만 한 것이 아니라 이스라엘 백성도 했다. 그들이 항의할 줄 알았는데 아무 말 없이 순종하는 모습을 보니, 이제 가나안 땅을 얻어 누리기에 충분한 자격을 갖춘 것 같다. 이스라엘 역사상 이처럼 순종한 예가 별로 없다. 그들은 늘 불순종하는 백성이었다. 우리도 예수님을 믿기 전에는 온통 자기가 하고 싶은 대로 하느라 하나님께 불순종하던 자들이었다. 그러나 예수님을 믿은 후 순종하는 자가 되었다. 순종의 사람, 이 얼마나 아름다운가!

할례 사건을 보면서 하나님은 이스라엘 백성과 올바른 관계를 맺기 원하신다는 것을 알 수 있다. 원래 이스라엘 백성에게는 땅을 차지하는 것이 급선무였다. 광야 40년의 방황 끝에 안정을 취하고 그 땅에 빨리 정착하고 싶었을 것이다. 그러나 전쟁이 코앞에 닥친 상황에서 하나님은 무엇보다 하나님과의 올바른 관계를 중시하셨다. 할례를 행함으로 하나님의 자녀가 되고, 하나님이 아버지가 되시는 관계보다 더 급하고 중요한 것은 없다는 말씀이다.

순서를 기억하라. 땅을 다 정복한 후에 할례를 행하는 것이 아니라, 할례를 행한 후에 땅을 정복하라는 말씀이다. 급한 일을 먼저 처리한 후에 시간 나면 기도하고, 시간 나면 말씀 보고, 시간 나면 전도하고, 시간 나면 주님의 나라의 확장을 위해 일하는 것이 아니다. 자신이 보기에는 먹고사는 일이 급하고, 당장 눈앞에 다가온 취직 시험과 결혼, 자녀의 대학 입시가 더 중요해도 내 신앙을 제대로 유지하는 것이 가장 중요한 일임을 깨달아야 한다.

결국 하나님은 경건한 백성을 귀하게 여기신다. 그렇기 때문에 우리가 나그넷길에서 환난을 많이 당하는 이유는 온전한 인격을 갖추기 위함이다. 성경은 이를 '연단'이라고 말한다. 운동선수들은 운동을 그냥 잘하는 것이 아니다. 그들은 고된 훈련을 거친다. 피아노도 바이엘, 체르니 등 단계를 밟아 가며 꾸준히 연습해야 나중에 어려운 곡을 연주할 수 있다. 수영도 마찬가지다. 운동이나 악기 연주는 연습을 많이 해야 잘할 수 있는 것처럼, 경건도 꾸준히 연습해야 한다.

"경건에 이르도록 네 자신을 연단하라"(딤전 4:7).

저절로 성경을 매일 10장씩 읽고, 1시간씩 기도하고, 늘 전도하게 되는 사람은 없다. 다 연습으로 된다. 물론 드라마나 올림픽 중계를 보는 일은 연습 없이도 할 수 있다. 이런 일은 자리에 앉아 눈을 TV에 고정시키기만 하면 된다. 하지만 경건을 위해서는 전심전력해야 한다(딤전 4:15). 하나님은 우리가 계속해서 성숙하기를 바라신다. 예수님도 사역하시기 전에 40일을 금식하며 기도하셨다. 바울도 기도하면서 사역했다. 우리도 마땅히 그렇게 해야 한다.

할례를 마친 이스라엘 백성은 여리고성을 정복하려고 했다(수 6장). 여기서도 가장 두드러진 모습은 순종이다. 여리고성은 그들이 가나안 땅에 들어와서 처음 공격해야 할 성이었다. 다행히 할례를 행할 때 가나안 사람들이 쳐들어오지 않았기에 이스라엘 백성은 살 수 있었다.

이제 여리고성을 공격해야 했는데 성문은 굳게 닫혔고 출입하는 자가 없었다. 그런데 하나님이 공격 명령을 주신 것이 아니라 성 주위를 하루에 한 바퀴씩 돌고 마지막 7일째 되는 날에는 일곱 바퀴를 돌라는 지시를 내리셨다. 게다가 제사장들에게 언약궤를 메고 나팔을 불며 군사들 가운데서 행진하게 하셨다.

이 방식은 인간적인 눈으로 볼 때 할례를 행하는 것만큼이나 어리석은 일이었다. 성문이 닫혀 있을 때는 장기전을 준비해야 한다. 토성을 쌓든지, 성문을 부수든지, 진지를 구축해서 식량이 떨어질 때를 기다려야 한다. 그런데 하나님은 성 주위를 돌라고 하시니, 말이 안 되었다. 게다가 많은 사람이 성 주위를 돌면 적의 기습을 받을 수 있어 굉장히 위험했다. 갑자기 성안에서 군대가 나오거나 성 위에서 화살로 공격할 수도 있었다.

그러나 중요한 것은 하나님이 여리고성을 돌라고 말씀하셨다는 사실이다. 아마도 이 일을 통해 순종을 가르치시려는 것 같다. 여호수아는 군대를 통솔하는 자였지만 하나님의 말씀에 순종했다. 이것이 바로 여호수아의 훌륭한 점이다.

그런데 우리가 아는 이스라엘 백성은 순종을 잘하는 사람들이 아닌데 어떻게 그들이 이 명령에 순종할 수 있었을까? 그들은 바로 전에 요단강을 건너면서 하나님이 베푸신 기적을 체험했다. 아직 그 감동의 여파가 있어서 곧 이어진 여리고성 작전에 순종하는 일이 가능했을 것이다. 은혜를 받으면 때로는 무모해 보이는 일에 도전할 수 있다.

대학 시절에 전도를 위해 선교 단체 형제들과 함께 기차를 타고 농촌에 간 적이 있다. 그중 한 형제가 기차 안에서 계속 복음을 전해 수십 명의 사람들이 예수님을 영접했다. 목적지에 도착한 우리는 조별로 나뉘어 여러 집을 방문하면서 복음을 소개했다. 그런데 그 형제 팀이 들어간 집에 한 할머니가 중풍으로 누워 있었다. 당시 그 형제는 은혜가 충만해 할머니에게 "예수님의 이름으로 일어나십시오!"라고 말했다. 그 순간 기적이 일어나 할머니가 벌떡 일어났다. 덕분에 온 가족이 다 예수님을 믿는 엄청난 은혜가 임했다. 사실 그 형제가 할머니에게 명해서 중풍에 걸리신 할머니가 일어난 기적은 보통 때는 불가능한 일이었다. 그러나 기차에서부터 하나님과 동행했던 생생한 감동이 있었기에 그런 기적이 따라왔던 것이다.

한 번 은혜를 경험하면 그 은혜를 바탕으로 한 단계 더 나아가게 된다. 의사 초년생 시절에는 수술할 때 떨려도, 경험을 많이 쌓다 보면 능숙하게 수술할 수 있게 되는 것과 마찬가지다.

이런 면에서 볼 때 미지근한 신자들에게는 소망이 없다. 신앙이 미지근하니까 하나님과 동행해 본 경험이 없다. 그렇다 보니 다음 단계로 더 나아가지 못한다. 신앙이 멈추어 있는지의 여부는 본인이 가장 잘 안다. 그런데 이때가 정말 위험하다. 최근 들어 하나님이 함께하셨다는 간증거리가 없는 사람들은 위기를 맞고 있는 셈이다.

간증거리를 만들기 위해서라도 주님의 일을 해야 한다. 교회에서 일주일에 한 번씩 전도하러 나가는 것도 사실은 간증거리를 만들 수 있는 좋은 기회다. 해외 선교도 마찬가지다. 하나님이 동행하신다는 사실을 체험하기 위해서라도 일부러 영적 전투를 벌여야 한다. 선교사들이 국내에서와 달리 선교지에 나가면 많은 이적을 행하는 것도 영적 전투를 치르기 때문에 가능한 것이다.

혹 목사나 선교사가 아니더라도 직장, 학교 안에서 나름대로 영적 전투를 벌여야 한다. 예수님이 명령하신 대로 제자 삼는 일을 해야 한다. 그때 하나님의 큰 은혜를 경험할 수 있다. 그러면 다음 단계, 또 다음 단계로 계속 나아갈 수 있다. 다윗이 골리앗을 이길 수 있었던 이유는 이미 하나님을 의지해 사자와 곰을 쓰러뜨린 경험이 있었기 때문이다. 다른 사람들은 사자도, 곰도 잡아 본 적이 없어 골리앗을 무서워했지만, 이미 경험이 많은 다윗에게는 칼도 필요 없고 물매와 돌 5개면 충분했다. 이처럼 자신이 쌓아 놓은 영적 경험은 매우 중요하다.

"무릇 있는 자는 받아 풍족하게 되고 없는 자는 그 있는 것까지 빼앗기리라"(마 25:29).

신앙은 탈취하는 것이다. 마귀가 빼앗아 가느냐, 내가 지키느냐의 싸움이다. 신앙은 결코 얌전하게 유지되지 않는다. 배가되느냐, 줄

어드느냐 둘 중 하나다. 중간은 없다. 따라서 최근 6개월 동안 하나님과 동행한 경험이 없다면 극히 위험한 단계, 위기의 순간에 다다른 것이라고 볼 수 있다. 어떻게든 간증거리를 만들라. 생생해야 전투할 수 있고, 그래야 힘이 생긴다.

2. 성급해서 실수했던 여호수아

여호수아는 순종의 사람이었다. 그런데 유감스럽게도 아간의 범죄로 인해 아이성 전투에서 실패를 겪어야 했다. 그동안 하나님의 시시를 받고 싸웠던 여호수아가 아이성 전투를 앞두고는 하나님의 말씀 대신 사람들의 말을 들었던 것이다. 만약 여호수아가 "하나님, 저희가 아이성을 쳐들어가도 되겠습니까?"라고 여쭈었다면 하나님이 "안 된다" 하고 막으신 후 아간의 범죄를 알려 주셨을 것이다. 그러나 여호수아는 한순간 방심했다. 여리고성에서와 달리 하나님께 묻지 않고 아이성을 공격했다.

어떤 일을 할 때는 사전에 충분히 기도해야 한다. 이를 위해 아침에 일어나 말씀을 읽고 기도하는 경건의 시간을 갖는 것이 중요하다. 사업상 중요한 모임이나 회사의 인사 문제, 결혼을 위한 이성과의 만남, 자녀의 진학 문제 등 결정할 사항이나 할 일을 하나님께 아뢰라. 그렇게 기도하다 보면 하나님이 기도 중에 깨달음을 주신다. 그러므로 일이 일어나기 전에 먼저 충분히 기도하는 사람이 되어야 한다.

이성 교제에 대한 상담을 하다 보면 이미 마음을 다 주고 나서 "그 형제와 결혼하면 괜찮을까요?" 하고 물어보는 자매들이 종종 있다. 물론 좋은 사람이면 다행인데 아닐 때는 참 곤란하다. 이럴 때는 솔직하게 답해 준다. 물론 이미 마음을 준 상태에서는 아무리 객관적으로 조언해 주어도 소용이 없다. 대체적으로 교제를 시작하기 전에 상담을 받은 경우 도움을 받았고, 이미 마음을 다 결정한 다음에 온 경우에는 조언을 잘 받아들이지 않았다. 유학이나 군대, 이성 교제, 결혼 문제 등 본인이 하고 싶은 대로 결정하고 나서 어려움에 부딪힌 후 "하나님!" 하고 울면서 기도하지 말라. 충분히 기도하면서 먼저 하나님께 물어보라.

그러면 아이성에서 우리가 배울 수 있는 교훈은 무엇인가? 하나님께 범죄한 이스라엘은 여리고성은 무너뜨렸어도 작은 성인 아이성은 이기지 못했다. 우리도 마찬가지다. 하나님으로부터 신뢰와 인정을 받고 떳떳할 때는 세상에서도 힘이 있지만, 하나님과의 관계가 온전하지 않으면 무기력해진다. 소금이 맛을 잃으면, 우리는 세상의 밥이 되고 만다. 성경은 소금이 그 맛을 잃으면 쓸데없어 밖에 버려져 밟힌다고 말한다(마 5:13). 그리스도인이 죄에서 지면 세상에서도 질 수밖에 없다.

아이성 전투의 실패 후 기브온 족속에 관한 이야기가 나온다. 가까이 살고 있던 기브온 사람들은 이스라엘이 강한 민족임을 알고는 마치 멀리서 온 것처럼 위장해 조약을 맺으려 했다. 멀리서 왔다는 거짓 증거로 마르고 곰팡이 난 떡과 해어진 전대, 기운 가죽 포도주 부대를 보여 주었다. 그때 여호수아는 "어떻게 할지를 여호와께 묻지 아니하고"(수 9:14) 그들과 화친 조약을 맺고 말았다. 곧 기브온이 이웃에 사는 민족이라는 사실이 밝혀졌다. 이 사건 역시 여호수아가 범한 또 하나의 실수였다.

만약 여호수아가 "하나님, 먼 데서 사람들이 왔는데, 저희가 보니까 곰팡이 난 떡을 갖고 있고 낡은 옷을 입었습니다. 멀리서 온 사람들이라면서 화친하자는데 어떻게 할까요?"라고 아뢰었다면 기도 중에 깨달음이 왔을 것이다. 여호수아가 미리 기도했더라면 하나님이 그로 하여금 기브온 사람들을 의심하게 하셨을 것이다. 그러나 미리 기도하지 않은 여호수아는 기브온을 정복하지 못하고 화친을 맺는 실수를 범하고 말았다.

기도하지 않을 때는 눈을 뜨고 있기 때문에 낡은 옷과 곰팡이 난 떡만 보인다. 그러나 눈을 감고 기도하면 다른 혜안이 떠오른다. 경험상 어떤 문제를 두고 기도하면 이상하게도 그 문제에 대해 영적 눈이 밝아진다. 느헤미야도 성벽 재건을 방해하려는 대적들에게 깜빡 속을 뻔했다. 하지만 성경은 "깨달은즉 그는 하나님께서 보내신 바가 아니라"(느 6:12)라고 기록하고 있다. 아마 느헤미야 역시 기도하면서 깨달았을 것이다.

우리는 이 땅을 살아가면서 많은 결정을 하게 되는데, 그때마다 기도하면서 결정해야 한다. 먼저 일을 벌이기 전에 기도해야 하고, 일이 발생하면 어떻게 행할지를 기도해야 한다. 우리는 무엇보다 기도의 특권을 잘 누려야 한다. 개인적인 경험으로 볼 때, 어떤 문제에 대해 충분히 기도하고 나면 처음 생각이나 판단과 정반대로 결정하게 되는 경우가 꽤 많다. 기도하다 보면 하나님이 많은 깨달음을 주시기 때문이다.

때로는 우리도 여호수아처럼 속을 때가 있다. 앞으로 우리 생에 수만 가지 일이 벌어진다 할지라도 그때마다 기도를 붙잡으라. 그러면 우리의 인생은 결코 실패하지 않는다. 이때 인본주의적이고 합리적인 결정을 내리지 않도록 조심해야 한다. 기도가 없을 때는 대개 합리적인 결정을 많이 하게 된다. 기도하지 않는 사람에게는 골리앗 앞에서 도망가는 편이 합리적이다. 하지만 경건한 사람에게는 골리앗과 맞서 싸우는 편이 더 합리적이다. 상황이 막힐지라도 기도로 뚫고 나가면 된다. 기도가 없으면 합리적인 이론이나 가능성만 가지고 나갈 뿐이다. 하나님이 은혜로 주신 기도를 잘 활용하라.

3. 내가 무엇을 해야 할지 분명히 아는 것

이스라엘 백성은 가나안 땅을 점령한 후 땅을 분배해야 했다. 그런데 여전히 일곱 지파가 분배를 받지 못한 상황이었다.

"너희가 너희 조상의 하나님 여호와께서 너희에게 주신 땅을 점령하러 가기를 어느 때까지 지체하겠느냐"(수 18:3).

여호수아는 사람들을 뽑아 보내서 땅을 다니며 그려 오게 했다. 그리고 백성을 위해 실로의 여호와 앞에서 제비를 뽑고 그 땅을 분배해 주었다(수 18:10). 당시 이스라엘은 땅을 정복하다가 중단한 상태였다. 시간이 많이 지났다. 땅을 얻으려는 의욕도 별로 없어 보였다. 어느 정도 정착했으니 땅을 얻기 위해 전쟁하는 것이 부담스러웠을 수도 있다.

함께 만나를 먹었고, 함께 요단강을 건넜고, 함께 할례를 행했지만 백성의 생각과 여호수아의 생각은 달랐다. 백성은 머무르려 했지만 여호수아는 가나안 땅 주민들과 전쟁을 해야 했다. 이 전쟁은 단지 이스라엘 백성이 땅을 차지하기 위한 것만이 아니라 가나안 땅 주민을 멸하시려는, 타락한 족속에 대한 하나님의 심판, 하나님의 성전(聖戰)이었기 때문이다.

그런데 이스라엘 백성은 하나님이 자신들을 심판의 도구로 사용하고 계신다는 생각은 전혀 하지 못했다. 그렇기 때문에 가나안 땅을 정복했는데도 하나님의 명령대로 가나안 사람들을 다 죽이지 않고 종으로 삼았던 것이다. 이에 비해 여호수아는 하나님의 뜻과 자신의 사명을 잘 알았다. 여호수아는 기업 분배를 받지 못한 일곱 지파를 책망하면서 그들에게 주신 땅을 점령하게 한 후 땅 분배를 마쳤다.

이제 나이 많아 늙은 여호수아는 이스라엘의 지도자들을 한자리에 모아 하나님이 하신 일과 그분이 어떤 분이신지 알려 주었고, 앞으로 오직 하나님만 섬기며 그분의 말씀을 지켜 행할 것을 맹세시키는 등 자기 사명을 완수한 후 죽었다(수 24:29).

우리가 여호수아를 보면서 배울 점은 일을 시작했으면 끝까지 마무리를 잘 지어야 한다는 점이다. 물론 그에 앞서 내가 무엇을 해야 할지를 분명히 아는 것 또한 중요하다. 우리는 모두 마지막을 향해서 가는 사람들이다. 그리고 여행의 끝을 아는 이들이다. 그렇다면 하나님이 나그넷길을 왜 허락하셨는지, 이 땅에서 무슨 일을 하다가 죽어야 하는지 깨달아야 한다.

아직 이러한 목표가 없다면 세월이 흘러가는 것을 한탄할 것이 아니라, 목표 없이 인생을 보내는 것을 한탄해야 한다. 아무 생각 없이 하루하루 살아가는 것은 세상 사람들도 할 수 있는 일이다. 그러나 그리스도인은 달라야 한다. 내가 왜 이 땅에 태어났는지, 왜 살아야 하는지, 내 본분이 무엇인지, 그 사명을 잘 깨달아야 한다. 신앙의 위대한 인물치고 사명을 깨닫지 못한 사람은 하나도 없다. '나는 이 일 때문에 세상에 왔다'라는 확신이 있어야 한다. '나는 이 일을 하다가 주님을 만나야겠다'라는 생각이 명확해야 한다.

그리스도인 각자에게 하나님이 주신 사명이 있다. 이 사명을 완수하기 위해 끝까지 충성하며 남은 생을 귀하게 보내자.

사명선언문

너희가 흠이 없고 순전하여······세상에서 그들 가운데 빛들로
나타내며 생명의 말씀을 밝혀 _ 빌 2:15-16

1. 생명을 담겠습니다
만드는 책에 주님 주신 생명을 담겠습니다.
그 책으로 복음을 선포하겠습니다.

2. 말씀을 밝히겠습니다
생명의 근본은 말씀입니다.
말씀을 밝혀 성도와 교회의 성장을 돕겠습니다.

3. 빛이 되겠습니다
시대와 영혼의 어두움을 밝혀 주님 앞으로 이끄는
빛이 되는 책을 만들겠습니다.

4. 순전히 행하겠습니다
책을 만들고 전하는 일과 경영하는 일에 부끄러움이 없는
정직함으로 행하겠습니다.

5. 끝까지 전파하겠습니다
모든 사람에게, 땅 끝까지, 주님 오시는 그날까지
복음을 전하는 사명을 다하겠습니다.

서점 안내

광화문점 서울시 종로구 새문안로 69 구세군회관 1층
02)737-2288(T) 02)737-4623(F)

강남점 서울시 서초구 신반포로 177 반포쇼핑타운 3동 2층
02)595-1211(T) 02)595-3549(F)

구로점 서울시 동작구 시흥대로 602, 3층 302호
02)858-8744(T) 02)838-0653(F)

노원점 서울시 노원구 동일로 1366 삼봉빌딩 지하 1층
02)938-7979(T) 02)3391-6169(F)

분당점 경기도 성남시 분당구 황새울로 315 대현빌딩 3층
031)707-5566(T) 031)707-4999(F)

일산점 경기도 고양시 일산서구 중앙로 1391 레이크타운 지하 1층
031)916-8787(T) 031)916-8788(F)

의정부점 경기도 의정부시 청사로47번길 12 성산타워 3층
031)845-0600(T) 031) 852-6930(F)

인터넷서점 www.lifebook.co.kr